PRIMAUTÉ ET COLLÉGIALITÉ
LE DOSSIER DE GÉRARD PHILIPS

BIBLIOTHECA EPHEMERIDUM THEOLOGICARUM
LOVANIENSIUM
LXXII

PRIMAUTÉ ET COLLÉGIALITÉ

Le dossier de Gérard Philips sur la Nota Explicativa Praevia

(Lumen gentium, Chap. III)

Présenté avec introduction historique, annotations et annexes

par

JAN GROOTAERS

Préface de G. Thils

LEUVEN
UNIVERSITY PRESS

UITGEVERIJ PEETERS
LEUVEN

1986

CIP KONINKLIJKE BIBLIOTHEEK ALBERT I, BRUSSEL

ISBN 90 6186 212 4
D/1986/1869/12

Uitgeverij Peeters, Bondgenotenlaan 153, B-3000 Leuven (Belgium)

PRÉFACE

Tous les conciles œcuméniques ont connu des moments lumineux et des heures sombres, des joies unanimes et des tensions mouvementées, voire tumultueuses. La troisième session de Vatican II — qui se déroula du 14 septembre au 21 novembre 1964 — vécut une dernière semaine lourde de surprises désagréables et de déceptions. Ce fut une «semaine noire». *Settimana nera!* répétaient les médias italiens.

Et pourtant, cette session s'annonçait bien: les Pères, absents de leurs diocèses pour la troisième fois, espéraient retourner auprès de leurs ouailles avec les textes définitifs de documents conciliaires majeurs: l'Église, l'Œcuménisme, la liberté religieuse. Mais voilà que, après la Toussaint, quelque chose se met à grincer, et à propos de ces trois schémas précisément. On s'étonne, on s'interroge, on s'inquiète. Les derniers jours, les incidents se succédèrent à un rythme accéléré.

Tout d'abord, à propos de la constitution dogmatique *Lumen gentium*. Les chapitres I et II définitifs avaient été adoptés le 30 octobre. On attendait le fameux chapitre III sur la hiérarchie et la collégialité. Le texte et le rapport sur les amendements furent finalement distribués le samedi 14 novembre, à la satisfaction générale. Mais le lundi 16, début de la «semaine noire», Mgr Felici, secrétaire général du Concile, fit trois communications officielles: la première concernait la régularité de la procédure adoptée lors de l'examen du chapitre III du schéma sur l'Église; la seconde précisait la «qualification théologique» qu'il fallait attribuer à cette constitution dogmatique; la troisième — qui nous intéresse directement — concernait une «note explicative préliminaire» insérée par la Commission théologique au début du fascicule contenant le rapport sur les amendements. Mgr Felici lut cette *Nota Praevia* avec solennité, ostensiblement afin d'en souligner l'importance concernant la conception même de la collégialité. Et il insista encore le 19, soulignant que «le vote d'aujourd'hui et de demain est entendu à la lumière de ces notifications, qui font partie des Actes du Concile». Le choc fut rude. Nous y reviendrons. Mais la suite de la semaine allait apporter d'autres désagréments.

Le jeudi 19 novembre, Mgr Felici annonce à l'Assemblée que le texte définitif du Décret sur l'œcuménisme allait être soumis à l'approbation conciliaire le lendemain ... mais avec 19 modifications venant de «l'autorité-supérieure» et apportées au texte par le Secrétariat pour l'Unité des chrétiens. On imagine l'étonnement, le mécontentement et la gêne des Pères conciliaires, face au groupe des observateurs des diverses Églises chrétiennes, comme bientôt, face à la presse et aux médias. «Chez les observateurs, écrit le P. Congar dans sa chronique du *Concile au jour le jour*, ce fut la consternation. Ils prenaient la chose très calmement, sans aucune récrimination, mais, non moins résolument, témoignaient de leur profond désappointement» (*Troisième session*, Cerf, 1965, p. 122). Quant aux Pères conciliaires, ils furent péniblement surpris d'apprendre que ce document «conciliaire» avait ainsi été amendé *in extremis* sans leur intervention.

Enfin, un sort plus amer allait être fait à la Déclaration sur la liberté religieuse. Le mardi 17, on remit aux Pères le texte amendé de ce schéma. Le mercredi 18, Mgr Felici s'adressa à l'Assemblée dans les termes suivants. «Demain, les Pères doivent voter sur la Déclaration sur la liberté religieuse. Cependant, certains ont fait valoir auprès du Conseil de Présidence que les Pères n'ont pas eu le temps nécessaire, aux termes du règlement, pour étudier ce texte et que, d'autre part, il s'agit en fait non d'un texte amendé mais d'un texte nouveau et qui devrait donc, conformément au règlement, être discuté en Congrégation générale. Au nom du cardinal Tisserant et des modérateurs, les Pères seront invités demain à procéder à un vote préliminaire sur le point de savoir s'il faut passer sans autre examen au vote de ce schéma. Mais le jeudi 19, le cardinal Tisserant déclara que l'on ne procéderait pas au vote préliminaire annoncé la veille, parce que le texte «paraît presque entièrement nouveau dans sa structure et sa substance, comme le reconnaît d'ailleurs le rapport du Secrétariat pour l'Unité», et il ajouta que «les propositions d'amendements pouvaient être présentées par écrit jusqu'au 31 janvier prochain». Certes, après coup, on peut estimer que ce renvoi du vote à une autre session conciliaire a permis d'éviter que, par la suite, on présente cette Déclaration comme approuvée de manière hâtive et en refusant les débats requis pour tout document conciliaire. Il reste que, pour reprendre une nouvelle fois la chronique du P. Congar: «Ce fut, chez la grande majorité des Pères, de la stupeur et de la tristesse. Tout aussitôt, autour des cardinaux Meyer et Ritter, des U.S.A., des groupes se formaient. En cinq ou six endroits de la Basilique, des feuilles se couvraient de signatures à mettre au bas d'un demande adressée au pape, pour que le vote fût fait malgré tout .... Mais la tension était extrême» (*Troisième session*, Cerf, 1965, 120-121).

L'incident de la «note explicative préliminaire» et les remous qui s'ensuivirent constituent une des composantes majeures de cette «semaine noire». À première vue, l'intervention de Paul VI venait freiner ou, pour certains, mettre en question l'approbation même des schémas: la très grande majorité des Pères était tenue en échec sous la pression inlassable d'une minorité qui harcelait l'opinion, les médias et le Pape lui-même. D'où, dans la majorité, la stupéfaction, le mécontentement, et plus encore peut-être le désarroi, la consternation. Plus tard, on apporta à ce fait certains éclaircissements. Le Pape, dit-on, désireux de manifester son souci extrême de respecter toutes les tendances légitimes, avait tenu compte des revendication de la minorité et des raisons alléguées par celle-ci. De plus, le Pape s'est toujours efforcé d'obtenir, concernant les doctrines conciliaires, des textes aussi clairs que possible, formulés parfaitement et sérieusement fondés. Ces considérations sont exactes et elles ont eu un rôle en ces circonstances. On peut toutefois se poser aussi la question de savoir ce que la collégialité signifiait exactement aux yeux de Paul VI lui-même et comment celui-ci entendait la condition dogmatique du corps épiscopal ainsi que la relation de celui-ci avec la primauté pontificale. En fait, les événements de la dernière semaine constituèrent, pour la plupart de ceux qui les vécurent, un succès tactique pour les membres de la minorité.

À l'époque, malheureusement, peu nombreux étaient ceux qui avaient accès à toutes les pièces de l'affaire. Il était impossible de percevoir avec toute la précision désirable les divers intérêts qui étaient en jeu, les données variées qui étaient en question, les écueils multiples qu'il fallait rencontrer, contourner ou renverser. Par le dossier copieux et de valeur qu'il nous présente, M. Jan Grootaers nous permet d'entrer comme de plain-pied dans ce domaine touffu, complexe et mouvementé. Les pièces qu'il nous fait connaître — et souvent des pièces inédites — sont comme les clichés successifs qu'un scanner doctrinal aurait fournis des diverses phases d'évolution que connut la *Nota Praevia* au cours de sa gestation. Et l'on sait que le scanner enregistre tout, révèle tout, dans un mouvement d'avance ou de recul imperturbable et implacable. Ainsi en est-il de ce livre.

Un rapide coup d'œil sur la Table des matières renseigne rapidement sur l'ampleur des recherches entreprises et sur leur intérêt doctrinal. Signalons en particulier le Mémoire inédit composé en 1969 par Mgr G. Philips lui-même, secrétaire adjoint de la Commission doctrinale du Concile. Comme Mgr G. Philips a été, en fait, le secrétaire-rédacteur majeur de la constitution *Lumen Gentium*, ses notes et ses réflexions constituent une contribution dont il faudra désormais tenir compte lorsque seront abordées l'histoire, l'herméneutique et la valeur doctrinale de la *Nota Praevia*. De plus, ainsi qu'on pourra le constater, M. Jan Grootaers a rassemblé autour de ce Mémoire un ensemble considérable de documents annexes qui éclairent de toutes parts l'objet central de ses recherches. Et l'on peut y retrouver d'emblée les noms de personnes ayant pris part de très près aux débats relatifs à la collégialité: le pape Paul VI lui-même, les cardinaux Suenens, Browne et Cicognani, Mgr C. Colombo, le P. Tromp, le P. Ciappi et le P. Gagnebet. Ceux qui ont assité au Concile se rendent immédiatement compte que toutes les tendances théologiques sont représentées. Nous voici donc à pied d'œuvre pour parcourir cet ouvrage.

Sans doute ne sera-t-il pas superflu de rappeler brièvement qui fut celui dont toutes les pièces du dossier rappellent le nom, Mgr G. Philips. Le Concile a plus de vingt ans déjà. Bon nombre d'évêques, de théologiens, de fidèles n'ont pas connu l'époque de ces assises. On peut même constater que l'importance de la contribution de Mgr G. Philips, souvent noyée dans l'anonymat de l'élaboration des textes, n'apparaît pas claire-ment à la lecture des *Acta* de Vatican II, ni même à l'*Index des noms*. Bref, quelques indications biographiques ne sont certainement pas hors de propos.

Mgr Gérard Philips (1899-1972) fit ses études de philosophie au petit séminaire de Saint-Trond (Belgique), puis fut envoyé à Rome à l'Univer-stité grégorienne, où il poursuivit sa formation théologique jusqu'à la maîtrise (1919-1925). Il prépara, sous la direction de M. de la Taille, une thèse sur *La raison du mal d'après S. Augustin*, publiée en 1927. Il fut durant toute sa vie professeur de théologie dogmatique: d'abord au grand Séminaire de Liège (1927-1944), puis à la Faculté de théologie de l'Université catholique de Louvain (1942-1969). Trois thèmes dominent l'œuvre de G. Philips: la grâce, l'Église, la Vierge Marie. En matière d'ecclésiologie, il publia des travaux spécialement orientés vers le laïcat: il fut d'ailleurs, durant toute sa carrière, aumônier d'action catholique.

À Vatican II, on le retrouve comme *peritus* de la Commission théologique préparatoire en 1960, et secrétaire-adjoint de la Commission théologique conciliaire depuis le 2 décembre 1963. Il fut en toute vérité le maître-d'œuvre de la constitution dogmatique *Lumen Gentium*: le texte de ce document a été écrit et révisé par lui au fur et à mesure où l'Assemblée conciliaire présentait des suggestions et des amendements, et les rapports de la Commission théologique étaient rédigés ou revus par lui. Homme de mesure et de conciliation, soucieux de respecter les positions foncières des Pères conciliaires, il avait gagné la confiance de ceux qui proposaient des améliorations, des précisions, des ajouts. Un *peritus* facétieux a même décrit un jour de manière plaisante ce souci de loyauté par ces mots: «Après avoir écouté un évêque formuler en un latin approximatif un souhait imprécis, Mgr Philips lui répondit: je n'ai pas très bien compris ce que Mgr X a exposé, mais j'en tiendrai compte».

Prendre part à d'innombrables réunions (plénières, préparatoires, de commissions et de sous-commissions) sans compter les visites privées et les discussions informelles, constituait une charge exténuante, et qui eut raison de la santé de Mgr Philips. Au cours de la quatrième session de Vatican II, en 1965, il fut atteint d'un infarctus; le 25 octobre, il dut renoncer à toute activité; le 7 novembre, il revint, malade, à Louvain. Progressivement, il put se remettre à lire, écrire et publier, mais modérément. En mai 1972, il eut une nouvelle crise et la mort l'emporta le 14 juillet suivant. On peut dire qu'il fut, par excellence, *homo conciliaris*, un théologien conciliaire, s'efforçant de dégager et d'exprimer une affirmation de foi unanime et ayant atteint une réelle maturité ecclésiale.

Faut-il souligner l'intérêt de ce dossier pour la «réception» de tout

élément doctrinal qui concerne la structure de la communion hiérarchique de l'Église, et la collégialité en particulier. Le récent Synode extraordinaire a montré que c'était là encore à la fois un point important par
son incidence concrète sur les relations entre le pape et les évêques, mais
aussi un point insuffisamment compris et étudié jusqu'à présent. En ce
domaine, l'ouvrage de M. Jan Grootaers fournit une documentation
dont aucun chercheur ne pourra faire l'économie.

G. THILS

NOTE EXPLICATIVE PRÉLIMINAIRE

Le lecteur de ce livre sera mis en présence des innombrables détails d'élaboration et de réélaboration de la *Nota Praevia*. Pour qu'il puisse à l'occasion opérer une comparaison avec le texte *définitif* sans devoir rechercher celui-ci dans une des éditions de la constitution *Lumen gentium*, nous croyons utile de le reprendre in-extenso.

L'autorité supérieure communique aux Pères une note explicative préalable aux *modi* apportés au Chapitre III du schéma «De Ecclesia». La doctrine exposée dans ce Chapitre III doit être expliquée et comprise selon l'esprit et le sens de cette note.

La Commission a décidé de faire précéder son examen des *modi* des observations générales suivantes.

1. *Collège* ne s'entend pas en un sens strictement juridique, c'est-à-dire d'un groupe d'égaux qui délégueraient leur pouvoir à leur président, mais d'un groupe stable dont la structure et l'autorité doivent être déduites de la Révélation. C'est pourquoi, dans la réponse au *modus* 12, il est dit expressément des Douze que le Seigneur les établit «à la manière d'un collège ou groupe stable». Cf. aussi *mod.* 53 c. Pour la même raison, au sujet du Collège des évêques, on emploie, çà et là, les termes Ordre ou Corps. Le parallélisme entre Pierre et les autres Apôtres, d'une part, le Souverain Pontife et les évêques d'autre part, n'implique pas la transmission à leurs successeurs du pouvoir extraordinaire des Apôtres, ni, comme il est clair, l'égalité entre le chef et les membres du collège, mais seulement la *proportionnalité* entre le premier rapport (Pierre-Apôtres) et le second (Pape-évêques). Aussi la Commission a-t-elle décidé d'écrire, p. 63, lignes 16-19, non pas de la même façon, mais de façon *semblable*. Cf. *modus* 57.

2. On devient *membre du collège* en vertu de la consécration épiscopale et par la communion hiérarchique avec le chef du collège et avec ses membres. Cf. n. 22, 1, fin.

Dans la *consécration* est donnée la participation *ontologique* aux charges *sacrées*, comme il ressort indubitablement de la Tradition, et même de la Tradition liturgique. C'est à dessein qu'on emploie le terme «charges» et non pas «pouvoirs», parce que ce dernier terme pourrait être compris d'un pouvoir prêt à passer à l'acte. Mais pour qu'un tel pouvoir soit prêt à passer à l'acte, il doit s'y ajouter la détermination canonique ou *juridique* de la part de l'autorité hiérarchique. Cette détermination du pouvoir peut consister en la concession d'un office particulier ou l'assignation de sujets, elle est donnée selon les *normes* approuvées par l'autorité suprême. Une telle norm ultérieure est requise *de par la nature de la chose* parce qu'il s'agit de charges qui doivent être exercées par *plusieurs sujets*, lesquels par la volonté du Christ coopèrent hiérarchiquement. Il est évident que cette «communion» s'est appliquée *dans la vie* de l'Église, selon les circonstances des temps, avant d'être comme codifiée dans le *droit*.

Aussi est-il dit expressément qu'est requise la communion hiérarchique avec le chef et les membres de l'Église. *La communion* est une notion qui est tenue en grand honneur dans l'ancienne Église (et aujourd'hui encore, surtout en Orient). On ne l'entend pas d'un sentiment vague mais bien d'une réalité *organique* qui exige une forme juridique et, en même temps, est animée par la charité. Aussi la Commission a-t-elle établi presqu'à l'unanimité qu'il fallait écrire «en communion hiérarchique». Cf. *modus* 40, et aussi ce qui est dit de la *mission canonique*, au n. 24.

Les documents des Souverains Pontifes récents, relatifs à la juridiction des évêques, doivent être interprétés de cette nécessaire détermination des pouvoirs.

3 Le collège, qui n'existe pas sans son chef, est déclaré «être aussi sujet *du pouvoir suprême et plénier* sur toute l'Église». Et cela doit nécessairement être accepté pour que la plénitude du pouvoir du Pontife romain ne soit pas mise en question. Le collège, en effet, s'entend nécessairement et toujours avec son chef, lequel, *dans le collège*, garde intégralement sa charge de Vicaire du Christ et de Pasteur de l'Église universelle. En d'autres termes, la distinction n'est pas entre le Pontife romain et les évêques pris collectivement, mais entre le Pontife romain pris à part et le Pontife romain avec les évêques. Et puisque le Souverain Pontife est *chef* du collège, lui seul peut poser certains actes, qui ne sont nullement de la compétence des évêques, par exemple: convoquer le collège et le diriger, approuver les normes d'action, etc. Cf. *modus* 81. Du jugement du Souverain Pontife, à qui le soin de tout le troupeau du Christ a été confié, relève de déterminer, selon les besoins de l'Église qui varient avec le temps, la manière dont ce soin doit être appliqué, soit de manière personnelle, soit de manière collégiale. Le Pontife romain procède, lorsqu'il s'agit de réglementer, de promouvoir et d'approuver l'exercice de l'activité collégiale, en considération du bien de l'Église, suivant sa propre discrétion.

4. Le Souverain Pontife, en tant que Pasteur suprême de l'Église peut exercer son pouvoir en tout temps, à son gré, comme cela est requis par sa charge même. Le collège, en revanche, existe bien toujours, mais il n'agit pas pour autant en permanence d'une *action strictement* collégiale,

ainsi qu'il ressort de la tradition de l'Église. En d'autres termes, il n'est pas toujours *in actu pleno* «en plein exercice», bien plus, ce n'est que par intervalles, et non sans consentement de *son chef*, qu'il agit d'une façon strictement collégiale. Et il est dit «*avec le consentement de son chef*», pour qu'on ne pense pas à une *dépendance* comme de quelqu'un qui lui serait *étranger*; le terme consentement évoque, au contraire, la *communion* entre le chef et les membres et implique la nécessité d'un acte qui revient en propre au chef. Cela est affirmé explicitement au n. 22, § 2, et développé au même endroit vers la fin. La formule négative «*non sans*» englobe tous les cas, dès lors il est évident que les normes approuvées par l'Autorité suprême doivent toujours être observées. Cf. *modus* 84.

En tout cela, il apparaît également qu'il s'agit d'une union étroite des évêques avec leur chef, jamais d'une action des évêques *indépendamment* du Pape. En ce cas, l'action du chef faisant défaut, les évêques ne peuvent pas agir en tant que collège, ainsi qu'il ressort de la notion de «collège». Cette communion hiérarchique des évêques avec le Souverain Pontife est certainement habituelle dans la Tradition.

N.B. — Sans la communion hiérarchique, la charge sacramentelle-ontologique, qui doit être distinguée de l'aspect canonico-juridique, *ne peut* être exercée. Toutefois, la Commission a estimé qu'elle n'avait pas à entrer dans les questions de *licéité* et de *validité*: elle laisse ces questions à la discussion des théologiens, en particulier pour ce qui regarde le pouvoir qui de fait est exercé par les Orientaux séparés et pour l'explication duquel les avis sont divers.

Traduction de G. Philips parue dans *L'Église et son mystère au IIe concile du Vatican*, t. I, Paris, 1967, pp. 269-272.

Cette Note est mise au compte de la Commission doctrinale, laquelle signale deux fois qu'elle concerne le chapitre 3. L'*Osservatore Romano* et aussi l'édition des *Actes* due au Secrétariat général du Concile l'ont située après le texte intégral de la Constitution *Lumen gentium*. Le Pape Paul VI, dans son Discours final à la clôture de la troisième session, déclare explicitement qu'il tient «compte des explication données ... pour l'interprétation à donner aux termes en usage»: ce rappel est situé *après* l'évocation du thème de la collégialité et *avant* la promulgation de l'ensemble de la Constitution.

G.T.

INTRODUCTION

Le recueil que nous publions ici est composé de trois catégories différentes de documents.

En premier lieu, le dossier est introduit par l'évocation de la genèse et des répercussions immédiates de la Nota Praevia, qui fut insérée dans la Constitution «Lumen gentium», Chapitre III, en novembre 1964 (Chap. I).

Suit alors le dossier complet de documents inédits qui provient de Mgr G. Philips. Il comprend:

a) «Notes pour servir à l'histoire de la Nota Praevia Explicativa (Lumen Gentium, III)», mémoire de Mgr Gérard Philips, secrétaire adjoint de la Commission doctrinale de Vatican II, rédigé en 1969 et publié ici pour la première fois (Chap. II).

b) les onze pièces du Dossier Philips que celui-ci avait jointes à son mémoire (Chap. III).

Viennent ensuite trois séries de documents qui sont jointes ici au dossier à notre initiative:

a) quatre pièces d'archives concernant les suggestions du Pape Paul VI, transmises à la Commission conciliaire en date du 19 mai 1964 et qui constituent, en quelque sorte, les signes avant-coureurs des difficultés de novembre 1964 (Chap. IV).

b) cinq documents de travail auxquels Mgr Philips fait allusion dans son mémoire mais qu'il n'avait pas repris dans la partie documentaire de son mémoire; nous les avons extraits des Archives Philips (Faculté de Théologie de et à Leuven) afin de compléter le dossier (Chap. V).

c) dans ce même but, nous citons de larges extraits de la «chronique» du Père S. Tromp, secrétaire de la Commission doctrinale et dont Mgr Philips a fait usage au moment où il rédigeait ses «Notes pour servir ...»; nous faisons ces citations selon l'exemplaire de cette «chronique» qui repose aux Archives Vatican II (Faculté de Théologie de et à Leuven) (Chap. VI).

Nous ajoutons un tableau synoptique des modifications intervenues en cours de procédure et destiné à faciliter la lecture des pièces précédentes (Chap. VII).

Enfin, nous reproduisons en appendice trois articles du professeur Philips qui concernent de manière directe les événements et les arguments relatés dans le mémoire confidentiel du théologien louvaniste; il s'agit de textes publiés à l'époque mais dans des périodiques d'un accès difficile.

Nous avons une dette de gratitude particulière à l'égard du directeur et du personnel de la Bibliothèque de la Faculté de Théologie de la Katholieke Universiteit Leuven, qui ont toujours été disposés à nous fournir aide et assistance. Nous remercions vivement notre collègue, le Professeur M. Sabbe, qui nous a permis de consulter les archives conciliaires de Mgr G. Philips et qui, en outre, ayant fait une lecture critique de ce recueil, a bien voulu nous faire part de nombreuses observations judicieuses. C'est à lui aussi que nous devons la mise au point du tableau synoptique au chap. VII. Enfin, nous tenons à adresser des remerciements personnels à Mgr A. Prignon et à M.L. Declerck, qui étaient respectivement recteur et vice-recteur du Collège belge à Rome durant le dernier Concile et qui n'ont pas hésité à nous aider dans l'accomplissement de nos recherches.

La série de documents que nous présentons ici constitue un ensemble cohérent, cernant de près un point névralgique du débat conciliaire en 1964 et illustrant de façon inédite un des événements majeurs de Vatican II. Après tant d'années, le débat sur l'interprétation à donner à la Nota Praevia et par le biais de celle-ci au chapitre sur le rôle de l'épiscopat et sur la collégialité n'est pas épuisé; il connaît même actuellement de nouveaux rebondissements. Il nous paraît que ce débat ne pourra pas être tranché équitablement sans un recours aux sources de ce texte. Comment, en effet, connaître l'intention des Pères de Vatican II et comment pratiquer une saine herméneutique, si l'on continue à garder la lumière des sources sous le boisseau? La publication actuelle n'a d'autre but que de permettre un meilleur rayonnement de *Lumen gentium*: Christ lumière des nations.

Jan GROOTAERS

TABLE DES MATIÈRES

APPENDICE

VIII

IX

X

RÉFÉRENCES D'ARCHIVES

Ayant pu consulter les archives de Mgr G. Philips, nous y faisons fréquemment référence. Lorsque nous citons l'un ou l'autre document de ce fonds, nous utiliserons le sigle «F.G. Arch. Vat. II» qui signifie *Bibliotheek Faculteit Godgeleerdheid Archief Vaticanum II* à Leuven.

Le sigle «P» renvoie au *Fonds Philips*, suivi des numéros de dossier et de document. La dactylographie originale du dossier de Mgr Philips «Notes pour servir à l'histoire de la N.P.» se trouve à la Faculté de Théologie (Katholieke Universiteit Leuven). Les annexes documentaires, qui sont parfois des documents originaux, présentent certaines variantes, qui ne se trouvent pas dans l'exemplaire utilisé ici au chapitre III, mais dont il est rendu compte au chapitre VII. Celui-ci donne un tableau synoptique des différents textes. Dactylographie originale du dossier: F.G. Arch. Vat. II: P. 075.N.P.01. Annexes documentaires du dossier: F.G. Arch. Vat. II: P.075.N.P.02.

En ce qui concerne les documents que nous reproduisons aux chapitres IV, V et VI il convient d'en donner ici la référence exacte:

1. Documents du chapitre IV

I. «Suggerimenti»: les treize amendements de Paul VI avec leurs annexes, dd. 19.05.1964
F.G. Arch. Vat. II: P. 039.07

II. Annotationes: document de travail préparé par G. Philips, dd. 04.06.1964
F.G. Arch. Vat. II: P. 039.11bis

III. Rapport rédigé par G. Philips à l'intention du Pape, dd. 07.06.1964
F.G. Arch. Vat. II: P. 039.13bis

IV. Note du professeur L. Cerfaux résumant les arguments scripturaires du débat en cours.
F.G. Arch. Vat. II: P. 039.18

2. Documents du chapitre V

I. Notes du Card. Clemente Micara transmise à la Commission doctrinale par les soins de la Secrétairerie d'État (sans date).
F.G. Arch. Vat. II: P. 043.11

II. Note du Card. Ernesto Ruffini sur le schéma conciliaire «De Ecclesia» (sans date)
F.G. Arch. Vat. II: P. 043.12

III. Observations du Card. J. Lefebvre, dd. 16.09.1964; selon les indications figurant sur la copie d'archives, ce texte fut rédigé par Mgr Ch. Moeller, Mgr Martimort, le P. Congar et Mgr Ancel.
F.G. Arch. Vat. II: P. 043.13

IV. Mémoire remis au Pape Paul VI par le Card. L.J. Suenens.
Ce texte, non daté, qui concerne principalement le chapitre III et la notion de «collège» fut, selon le témoignage de G. Philips, rédigé par le P. Lécuyer, assisté du P. Dupuy et de Mgr Moeller.. Il fut remis à Paul VI par le Card. Suenens, dd. 18.09.1964.
F.G. Arch. Vat. II: P. 043.14

V. Approbation finale par le Pape Paul VI, dd. 13.11.1964.
F.G. Arch. Vat. II: P. 075. N.P.02

3. Documents du chapitre VI

La «Chronique» du Père S. Tromp se trouve dans une autre partie des Archives Vatican II à la Faculté de Théologie de la K.U.Leuven.
F.G. Arch. Vat. II: B. 01.01.

I

LE PAPE, VICAIRE DU CHRIST ET TÊTE DU COLLÈGE DES ÉVÊQUES?

LA «NOTA PRAEVIA» ET LE POINT NÉVRALGIQUE DU DÉBAT CONCILIAIRE SUR L'ÉGLISE

Vingt ans après la clôture de Vatican II, le moment paraît opportun de publier enfin le texte intégral du dossier que Monseigneur Gérard Philips[1] rédigea quelques années après la fin de Vatican II. Car, en plus de l'intérêt général que représente l'histoire même de la *Nota Praevia*, on y suit pas à pas les discussions sur un point névralgique de l'ecclésiologie: le Pape «vicaire du Christ» et/ou «tête du Collège des Evêques»[2]?

A. LE TÉMOIGNAGE DE G. PHILIPS SUR LA GENÈSE DE LA NOTA PRAEVIA

Au début du mois de juin 1969, Monseigneur G. Philips nous remettait une brochure sous couverture orange avec dos de couleur verte, comportant une page de garde blanche et 27 pages dactylo-graphiées, avec pagination de 1 à 27. Y étaient joints en annexe onze

---

1. Voir notice biographique p. 27 (note 11).
2. Il n'est pas aisé de résumer en quelques termes la polarité fondamentale entre deux courants de pensée. Ce n'est pas sans hésitations que nous avons choisi le titre de *Vicaire du Christ* pour indiquer la tendance «monarchique». Ce titre était d'abord d'usage normal pour désigner les évêques et on en trouve quelques applications au pontife romain, qui est d'ailleurs évêque de Rome. Ce n'est qu'à partir du 12ème siècle que «vicaire du Christ» se réfère de plus en plus au pape avec un sens juridique plénier; voir notamment M. MACCARRONE, *Vicarius Christi, storia del Titolo papale*, Rome, 1952, 318 p.; R. AUBERT, compte rendu dans *Revue d'Histoire Ecclésiastique*, 50 (1955) pp. 178-181; Y. CONGAR, *Titres donnés au pape*, dans *Concilium*, n° 108 (1975) pp. 55-64.
Vatican II, renouant avec la tradition ancienne, a réintroduit l'application à tout évêque. À cet égard J.M.R. Tillard (dans *L'Évêque de Rome*, Paris, 1982, p. 56) fait remarquer: «on ne pourra plus dire que le pape est *le* vicaire du Christ car «Lumen Gentium» n° 27 oblige à dire que *tous* les évêques sont vraiment *vicarii et legati Christi*». Voir à ce sujet M. MACCARRONE, *Il vescovo di Roma*, dans *Osservatore Romano*, dd. 14.11.1984. Cependant nous nous risquons à utiliser ici l'expression *vicaire du Christ* dans le sens préconciliaire qui lui est encore donné couramment aujourd'hui dans un large public ignorant la longue histoire de ce titre et généralement enclin à surévaluer les privilèges du pape.

documents, paginés de manière continue de 1 à 40. Le dossier portait comme titre extérieur: «Histoire de la 'Nota Praevia' (exemplaire n° 1)»[3] Ayant eu le privilège d'être en contact suivi avec le professeur G. Philips pendant près de vingt ans, j'ai conservé les notes prises au cours des entretiens que j'ai eus avec lui avant, pendant et après le Concile Vatican II. En 1969, la rédaction des mélanges d'hommage *Ecclesia a Spiritu Sancto edocta* (BETL XXVII) me pria de consacrer une contribution au «Rôle de Mgr G. Philips à Vatican II». Ce travail fut l'occasion de raviver et de préciser alors avec Mgr Philips lui-même de nombreux souvenirs conciliaires. C'est à la suite de conversations sur la genèse du chapitre III de «Lumen Gentium» que Mgr Philips nous confiait ce dossier. S'il est vrai que l'un ou l'autre des documents, repris ici en annexe, a pu voir le jour ailleurs[4], il est clair cependant que la suite complète des pièces justificatives telle qu'elle fut réunie, commentée et située ici par l'auteur, constitue un ensemble inédit d'une valeur historique certaine.

La tendance innée à la discrétion qui caractérisait la personnalité de G. Philips et l'extrême effacement auquel il s'était astreint depuis les débuts de Vatican II — constituant une véritable ascèse conciliaire — ne prédestinaient pas notre auteur à mettre noir sur blanc le «pro domo» que nous avons aujourd'hui sous les yeux et qui fut rédigé en mai 1969. Pour que Mgr Philips ait ainsi vaincu les freins qui le retenaient de parler de lui-même, il a fallu une préoccupation majeure et diverses circonstances. La préoccupation majeure qui anime ces «Notes pour servir...» est évidente: c'est le souci de permettre une interprétation correcte d'un des textes-clés du dernier Concile en décrivant avec minutie la genèse exacte de ce texte mais aussi le désir de justifier une ligne de conduite délicate au milieu de circonstances périlleuses. Nous croyons que Mgr Philips avait la conviction qu'une vision plus juste du déroulement de la crise de novembre 1964 permettrait aux futurs historiens de mieux apprécier la teneur réelle de la Nota Praevia et donc de rectifier certaines interprétations abusives. Certains voudront peut-être discuter du bien-fondé de cette conviction mais on ne pourra pas, nous semble-t-il, mettre en doute sa sincérité.

3. La dactylographie originale du dossier de Mgr Philips se trouve à la Faculté de Théologie de Louvain (Kath. Univ. Leuven) Archives de Vatican II. Cf. *supra*, p. 20
4. Ainsi le texte des documents IV et VIII peut être trouvé en notes dans *Synopsis Historica* a cura di Giuseppe ALBERIGO - Franca MAGISTRETTI, Bologna, 1975, pp. 512-518. Pour le doc. IV voir aussi les travaux de H. SCHAUF, *Das Leitungsamt der Bischöfe*, Munich, 1975, pp. 192-196, et de G. GHIRLANDA, *Hièrarchica Communio*, Rome, 1980, pp. 386-390. Au moment de mettre sous presse, nous recevons la nouvelle édition du livre *La dottrina sull'episcopato del Concilio Vaticano II* du Père U. BETTI (Roma, 1984). Cette édition est enrichie d'un appendice documentaire considérable: on y trouvera les documents I, IV, VIII et IX qui figurent au dossier de G. PHILIPS.

Dès la fin novembre 1964, Mgr Philips fut obligé de constater que la
publication officielle de la Constitution sur l'Église ne pouvait que
contribuer à la confusion qui entourait la signification de la Nota
Praevia. En effet, l'*Osservatore Romano* et les *Acta Apostolicae Sedis*
avaient l'un et l'autre joint le texte de la Nota Praevia à la Constitution
«Lumen Gentium» sans mentionner que cette note était «préalable» non
pas à la Constitution mais bien au rapport de la Commission au sujet
des amendements du Chapitre III. Pour remettre les choses au point, il
eût fallu rendre public le rapport de la Commission auquel la Nota
Praevia faisait référence. Lorsque Mgr Philips apprit que Mgr Felici
avait refusé d'autoriser pareille publication, il n'hésita pas à adresser une
requête au Cardinal Ottaviani afin d'obtenir une clarification des
choses. Dans une lettre du 1er décembre 1964, G. Philips demanda soit la
publication de ce rapport de la Commission, soit au moins la publication
des amendements les plus importants; au cas où cette demande ne
paraissait pas opportune, le professeur louvaniste suggérait de faire pour
le moins mention du fait que la Nota Praevia se réfère au rapport
élaboré par la Commission et concernant les amendements[5].

Cependant, aucune de ces demandes ne fut acceptée par le Préfet du
St Office. Mgr Philips en fut très contrarié et ressentit cette réponse
négative comme une injustice. Il est clair que les «Notes pour servir à
l'histoire...» publiées ici pour la première fois trouvent en partie leur

5. Voici le texte de la lettre datée de Louvain le 1er décembre 1964 que Mgr Philips
addressa à ce sujet au Cardinal Ottaviani, Président de la Commission doctrinale du
Concile (Cette lettre, dactylographiée sur papier à en-tête de la Commission doctrinale de
Vatican II, provient d'un fonds non encore répertorié des Archives Philips, Faculté de
Théologie de la K.U.Leuven):
«Variis modis compertum est mihi, plures esse theologos qui non clare perspiciunt
significationem *Notae explicativae praeviae*, quam Commissio Doctrinalis Expensioni
Modorum Capitis III *De Ecclesia* praemisit, et ad cuius mentem et sententiam explicari et
intelligi debet doctrina in eodem Capite exposita.
Unde mihi liceat, approbante Exc.mo Charue, sequentem propositionem suggerere:
Velit Eminentia Vestra Sanctissimo Patri proponere ut, si Ei placet, etiam Expensio
Modorum Capitis III publici iuris fiat. Non solum enim *Nota praevia* remittit ad varios
Modos, quos lector sub oculis non habet, sed insuper in praedicta Expensione multa
pretiosa elementa explicativa adsunt.
Quodsi totus textus Expensionis nimis extensus videtur pro publicatione, saltem Modi
maioris momenti publicari possent. Ad quos seligendos libenter cooperationem meam
afferre paratus sum.
Si autem haec suggestio opportuna non esset, saltem utile esse videtur ad praedictam
Notam explicativam praeviam monitionem adiungere, quod cum latiore expensione Modo-
run, a Commissione facta, connexa est.
Veniam petens pro huius epistulae libertate, omni qua par est reverentia Eminentiae
Tuae me profiteor
humillimum ac devotissimum servum in Dno.
secr.adi.Comm.Doctr. (signé) G. PHILIPS».

᾿ origine dans cette mésaventure. L'auteur y fait d'ailleurs explicitement allusion au dernier paragraphe de son texte.

En 1969 il y eut un concours de circonstances particulier qui encouragea G. Philips à faire lui-même une mise-au-point dans «l'affaire» de la N.P. La préparation du Synode des évêques prévu en octobre et consacré précisément à l'évaluation de la collégialité dans l'Église d'après Vatican II y fut certainement pour beaucoup. La N.P. faisait d'ailleurs l'objet d'une brève «étude historique» à laquelle G. Philips travaillait en préparation du Synode. Au mois de mars 1969 il nous confiait le texte de cette première note pour diffusion à l'étranger dans la série documentaire du centre international IDOC, où elle parut effectivement en plusieurs langues sous le titre «La Nota Praevia sur la collégialité de la constitution conciliaire Lumen Gentium»[6]. D'autre part, G. Philips avait rédigé une note doctrinale plus générale sur la signification de la collégialité, destinée à l'épiscopat belge et que nous n'avons pas trouvée dans les archives. La rédaction du dossier de G. Philips, qui est publié ici, fut achevée à la fin de mai 1969. Le 5 juillet de la même année, Mgr Philips eut la grande satisfaction d'apprendre qu'il était nommé membre du prochain Synode des évêques, seul non-évêque d'ailleurs à être invité à pareille participation[7]. En même temps le professeur Philips préparait activement la fondation de la Commission Théologique Internationale, dont l'inauguration était, elle aussi, prévue pour l'automne; commission dont il fut un des deux rapporteurs principaux[8]. Ces circonstances et leur atmosphère vivifiante déterminées en grande partie par l'annonce d'un Synode consacré à l'application de la collégialité, peuvent donner un éclairage plus concret aux «Notes pour servir...» et nous permettre de dater ce texte dans les différents sens du mot[9].

Il y a d'autres textes du professeur Philips qui, entre 1964 et 1969, ont traité de la N.P. et que nous ne pouvons pas passer sous silence. Si le grand commentaire de *Lumen Gentium* que G. Philips a publié sous le titre *L'Église et son mystère au IIe Concile du Vatican* (Paris, 1967-1968, 2 tomes) n'a pas entièrement satisfait les lecteurs s'intéressant à l'histoire

6. À l'époque, il parut aussi dans la revue *IDOC-International*, n° 8, dd. 15.09.1969, p. 51-74. Ce texte est repris intégralement à la fin du présent volume, voir Chap. IX.

7. Cette nomination fut décrite par J. COPPENS, *Mgr. G. Philips. In Memoriam*, dans *Ephemerides Theologicae Lovanienses*, 48 (1972) 321-332, p. 326, comme «le plus grand honneur qui à Rome échut à notre collègue».

8. Quelque temps avant la première session de cette Commission, les membres recevaient deux rapports: le premier du Père K. Rahner sur les questions qui, à son avis, devaient être mises à l'ordre du jour de la Commission; le second de Mgr G. Philips sur l'esprit et la méthode d'organisation du travail. Voir *Doc. Cath.*, 66 (1969), p. 996.

9. À la suite des remous provoqués par l'interview du Cardinal Suenens, publiée dans les *Informations Catholiques Internationales* (16.05.1969), G. Philips consacra aussi un commentaire très «équilibré» et apaisant à l'après-concile: *La mise en application de Vatican II*, dans *Nouvelle Revue Théologique*, 91 (1969), pp. 561-579.

des textes, c'est parce que certains espéraient y trouver une exégèse précise s'appuyant sur les travaux accomplis en commission. La discrétion caractéristique de Mgr Philips a amené l'auteur à adopter un ton d'autant plus modeste qu'il s'agissait en grande partie de sa propre œuvre. Il y use constamment de ce qu'on appelle en anglais l'«understatement». Alors que tous les rapports de la Commission doctrinale concernant le «De Ecclesia» étaient écrits de sa main, G. Philips estimait ne pas pouvoir s'appuyer sur des citations de ces rapports dans son commentaire. Quoi qu'il en soit, les pages de cet ouvrage consacrées à la N.P. tendent surtout à démontrer que la note préliminaire n'a en rien affaibli le texte conciliaire qui était déjà voté. Au point de vue de l'histoire de la N.P., ces pages ne révèlent pas de données inédites[10]. Toutefois dans les cas exceptionnels où l'on peut identifier certaines pistes dans L'Église et son mystère, on parvient à décrypter quelques éléments de la discussion conciliaire. Nous voudrions en donner deux exemples précis. Lorsqu'il fut décidé de déplacer le chapitre «Peuple de Dieu» et de le mettre avant le chapitre sur l'épiscopat (juin 1963), il a fallu que Mgr Philips soumette au Pape une note justifiant cette restructuration fondamentale du schéma. L'argumentation en quatre points de cette note est reprise in extenso aux pages 129 et 130 du tome I. De même lorsque la Commission refusa d'insérer dans le texte l'amendement pontifical qui tendait à ajouter au titre du Pape «Chef du collège» les mots «soli Deo devinctus» (qui ne doit de comptes qu'à Dieu seul) — proposition inspirée par W. Bertrams — Mgr Philips fut amené à rédiger une note destinée à Paul VI. On en retrouve les grandes lignes aux pages 304 et 305 du Tome I.

Pour la première fois dans les écrits du Professeur Philips, les «Notes pour servir...» identifient nommément les principaux acteurs de l'action dramatique qui se déroule entre le 26 octobre et le 16 novembre 1964. Jusqu'ici il était difficile de connaître avec clarté la part de chacun de ces acteurs. Il nous semble que maintenant bien des voiles se sont levés même si la part exacte qui revient à la personne du Pape ne paraît pas toujours élucidée. L'auteur n'a jamais consenti à «découvrir la couronne». Nous espérons que les «Notes» publiées ici pour la première fois ouvriront les portes à une analyse plus minutieuse des textes, pouvant conduire à une herméneutique plus proche de la réalité historique[11].

---

10. On pourra dire la même chose des pages consacrées à la N.P. dans la contribution de G. Philips, *Die Geschichte der dogmatischen Konstitution über die Kirche «Lumen Gentium»*, dans *Lexikon für Theologie und Kirche. Des Zweite Vatikanische Konzil. Dokumente und Kommentare*, t. I, Freiburg, 1966, pp. 139-155.

11. Notice biographique: Gérard Philips (29.04.1899-14.07.1972), professeur à la Faculté de Théologie de l'Université de Louvain, eut une vie particulièrement remplie non seulement au plan de l'enseignement mais aussi de la pastorale, de la spiritualité et même de la politique. Il fut inspirateur de l'Action Catholique flamande et du Comité Permanent des Congrès Internationaux pour l'Apostolat des Laïcs (à Rome), conseiller autorisé de la

B. Antécédents éloignés et immédiats

Afin d'esquisser ici le contexte plus large de la «Nota Praevia» sur lequel Mgr Philips lui-même ne s'est pas étendu, il convient de distinguer les antécédents, l'élaboration et les retombées de la promulgation de la N.P. Les points de tension autour de la signification de la collégialité, les conditions pour devenir membre du Collège, les conséquences de la consécration épiscopale, mais aussi la question du sujet collégial ou monarchique de la «potestas plena et suprema» dans l'Église, ces points de tension n'ont pas cessé d'être au centre du débat conciliaire dès l'ouverture de la discussion du nouveau «De Ecclesia» en octobre 1963: ils ont été repris une dernière fois et de manière décisive dans la «Nota Praevia» à la mi-novembre 1964.

Après que le nouveau «De Ecclesia» eut fait l'objet d'un large échange de vues en octobre 1963, le courant majoritaire du Concile commença à s'inquiéter devant la passivité et même l'inertie de la commission doctrinale. Les porte-parole de la majorité et les modérateurs proposèrent alors de faire voter l'assemblée sur quatre (plus tard:

Conférence épiscopale en Belgique, il fut aussi un des experts les plus écoutés du Concile Vatican II. Résumant ses fonctions nombreuses, nous notons: aumônier de l'A.C. (1928-1972), professeur de théologie dogmatique au Séminaire de Liège (1927-1944) et à l'Université de Louvain (1942-1969), expert puis secrétaire-adjoint de la Commission doctrinale du Concile (1962-1965) et enfin membre coopté du Sénat de Belgique (1953-1968).

À défaut de pouvoir énumérer ici ses principaux articles et ouvrages, nous pouvons au moins épingler les thèmes qui dominent l'œuvre du professeur Philips: 1) la doctrine de la grâce, renouvelée dans la perspective d'une théologie de l'Esprit Saint; 2) l'ecclésiologie cherchant à valoriser le rôle du laïcat dans l'Église; 3) la mariologie, liée de manière organique aux mystères de l'Incarnation et de la Rédemption; 4) la problématique œcuménique avec autant d'ouverture sur l'orthodoxie que sur la pensée contemporaine de la Réforme. La plupart de ces thèmes allaient prendre un relief particulier lors de l'élaboration des différents chapitres de «Lumen Gentium». Mgr Philips avait parfaitement conscience des courants de pensée qui partageaient l'assemblée conciliaire en parts inégales et à des «heures différentes» au cadran de l'histoire. Mais il avait le souci constant de jeter des ponts entre une doctrine «réformatrice» et une doctrine «apologétique». Le théologien louvaniste s'est distingué au Concile par son sentiment de solidarité avec la communauté ecclésiale et les structures institutionnelles, solidarité avec le passé, le présent (le sens des possibilités actuelles) et l'avenir (dont l'évolution éventuelle doit être respectée). Le rôle de cheville ouvrière que G. Philips assuma au cours de la rédaction de la Constitution sur l'Église ne fut possible que grâce à une grande ascèse intellectuelle: l'artisan du travail conciliaire est appelé à prendre ses distances à l'égard de sa propre école théologique dans la mesure où toute école tend à devenir exclusive des autres.

Brossant le portrait de son ancien collègue, G. Thils concluait par ces mots: «Travailleur assidu, exigeant pour lui-même et pour les autres, discipliné mais indépendant d'esprit, Philips unissait aux activités apostoliques les réunions de spiritualité, comme pour alimenter par son existence même la vie d'union à Dieu qu'il voulait continue».

Cf. G. Thils, G. Philips, dans Dictionnaire de Spiritualité, fasc. 78-79, Paris, 1984, col. 1335-1336; voir aussi J. Coppens, art. cit. (n. 7); et les éloges funèbres de Mgr Heuschen, ibidem, pp. 333-337 et de F. Neirynck, ibidem, pp. 338-342.

cinq) «questions d'orientation», celles-ci étant destinées à sonder l'opinion du Concile et à servir d'injonctions à l'égard de la présidence de la Commission. Cette procédure, d'abord retardée et puis appliquée, se termina par le vote du 30.10.1963: ce jour-là la majorité emporta une de ses victoires décisives. Les éléments de ce «sondage» revinrent plus tard à l'actualité du Concile; ils seront invoqués plus d'une fois par Mgr Philips, lorsqu'il lui faudra défendre en commission la ligne générale du schéma[12].

Les quatre questions d'orientation qui nous intéressent portent sur les points essentiels de la sacramentalité et de la collégialité du chapitre III: «1) la consécration épiscopale constitue le plus haut degré du sacrement de l'ordre;
2) tout évêque légitimement consacré dans la communion des évêques et du Pontife romain, qui est leur Tête et le principe d'unité, est membre du Corps des évêques;
3) le Corps ou le Collège des évêques succède au collège des apôtres dans la fonction d'évangéliser, de sanctifier et de paître (fonction pastorale); et ce Corps, en union avec sa Tête, le Pontife Romain, et jamais sans sa Tête (dont le droit primatial sur tous les pasteurs et les fidèles demeure sauf et entier), jouit de la pleine et souveraine puissance sur l'Église universelle;
4) le pouvoir susdit appartient au Collège des évêques lui-même, uni à sa Tête, de droit divin».
Sur 2.157 votants ces quatre questions obtinrent respectivement 1) 2.123 assentiments, 2) 2.049 assentiments, 3) 1.808 assentiments, et 4) 1.717 assentiments.

Aux questions 3 et 4 était jointe une explication sous la forme d'un «Nota Bene» en trois points:
«a) l'exercice actuel du pouvoir du corps des évêques est régi selon les ordonnances approuvées par le Souverain pontife;
b) il n'y a pas de véritable acte collégial du corps des évêques, sans l'invitation ou, du moins 'sans la libre acceptation' (cf. Schema «De Ecclesia», p. 27, 1. 38) du Souverain pontife;
c) les modalités pratiques et concrètes de l'exercice de cette double forme du pouvoir suprême dans l'Église relèvent d'une étude théologique et juridique ultérieure, l'Esprit assurant de manière indéfectible l'harmonie entre l'une et l'autre forme».
À plusieurs reprises Mgr Philips établira un lien direct entre la portée de

---

12. Sans entrer dans le dédale d'une suite complexe d'incidents, notons simplement que la rédaction des questions d'orientation a connu de 5 à 6 versions successives: y ont eu une part prépondérante Don Dossetti, le professeur Philips, le Card. Suenens et les autres modérateurs ainsi que certains experts de la commission doctrinale, qui y travaillaient à l'insu du Card. Ottaviani. Ce vote a eu aussi des retombées indirectes, notamment l'extension des commissions conciliaires à la fin de novembre 1963.

la «Nota Praevia» de 1964 et le contenu des questions d'orientation de fin octobre 1963 et de leur «Nota Bene», ne voyant entre ces deux textes aucune dissonance[13].

Ainsi que nous l'avons déjà indiqué ailleurs, le Concile a connu des moments-charnières pendant les périodes entre les sessions conciliaires, en l'absence donc des évêques, des experts et de la presse, à des moments où certains hommes de la Curie romaine avaient le sentiment qu'ils allaient pouvoir enfin reprendre la situation en mains[14]. C'est dans de pareilles circonstances que de nombreux projets de texte furent amendés en un sens restrictif. C'est ainsi aussi qu'une offensive de la tendance minoritaire se développa pendant les mois qui précédèrent la 3me session de septembre 1964 visant principalement à restreindre et même à modifier la portée du chapitre III du «De Ecclesia».

C'est ici que se situe une intervention significative du Saint-Père. Il s'agit de *treize amendements proposés par le Pape Paul VI* à la réunion plénière de la Commission doctrinale en mai-juin 1964. Celle-ci avait déjà travaillé longuement en mars. En juin, Mgr Philips se trouvait déforcé par l'absence de certains membres qui avaient hâte de rentrer chez eux. D'autre part il fallait savoir quel poids le Saint-Père voulait attacher aux amendements déposés en son nom. Il s'avère bientôt qu'il ne s'agissait que de simples «suggestions», devant lesquelles la Commission gardait sa liberté d'appréciation. C'est d'ailleurs sous cette dénomination de «suggestiones» que G. Philips les a mentionnées dans le rapport officiel (voir «Relationes de singulis numeris», pp. 114-115 et les nos 21, 22, 23, 25 et 27)[15]. Cette intervention pontificale noyée dans le volumineux rapport de la Commission doctrinale passa inaperçue pour la grande majorité des Pères conciliaires[16]. Il y avait pourtant là un présage des grosses difficultés qui allaient surgir au mois de novembre[17].

13. G. PHILIPS, *L'Église et son mystère au II*ième *Concile du Vatican*, Tournai, 1967, t. I, p. 66, 283 et 297.

14. J. GROOTAERS, *Le rôle de Mgr G. Philips à Vatican II*, in *Ecclesia à Spiritu Sancto edocta. Mélanges théologiques en hommage à Mgr Gérard Philips* (BETL, XXVII), Gembloux, 1972, p. 352.

15. Chaque fois que des amendements pontificaux ont été déposés en commission, on a vu ressurgir la question de savoir quelle importance le Pape entendait donner à l'initiative prise en son nom.

16. Dans le texte révisé et rapporté «Schema constitutionis De Ecclesia» (Roma, 1964), on trouvera pp. 114-115 une référence explicite à la missive du Saint Père en date du 19.05.1964 et aux suggestions dont la commission a délibéré le 5 juin 1964: on y renvoie aux articles du texte auxquels ces suggestions se référaient, à savoir les nos 21, 22, 23, 25 et 27.

17. Le lecteur trouvera ci-après au chapitre IV les principales pièces de cette affaire: a) les 13 suggestions transmises le 19.05.64 avec la proposition du texte révisé; b) un document de travail «annotationes» destiné à la Commission en vue de sa délibération du 5 juin; c) le rapport officiel de la Commission (dd. 07.06.1964) destiné à Paul VI et rédigé par G. Philips et d) une note du professeur L. Cerfaux.

Sans entrer dans les détails, nous pouvons tenter de caractériser les treize suggestions pontificales par leurs tendances principales:

a) Quatre suggestions concernaient la définition du Pape; dans deux cas la modification proposée tendait à faire disparaître «caput collegii» mais la Commission s'y est opposée; dans deux autres cas, les suggestions cherchaient à introduire «caput ecclesiae» mais la Commission proposa chaque fois une alternative, soit «pastor ecclesiae», soit «supremus pastor».

b) Deux suggestions demandaient une meilleure justification biblique des expressions employées.

c) Il y a une tentative de réduire l'exercice de la collégialité au seul concile œcuménique.

d) Une suggestion proposait de supprimer une référence aux églises particulières.

e) Deux propositions concernaient l'exercice du pouvoir pontifical indépendamment du pouvoir des évêques (une matière qui avait déjà été traitée par la note jointe à la 3me et 4me question d'orientation du 30 octobre 1963)[18].

La ligne de conduite de la Commission à l'égard de ces suggestions fut de ne rien céder quant aux principes de la sacramentalité et de la collégialité inscrits dans le schéma et déjà acceptés massivement par les votes d'orientation d'octobre 1963. Sur un point précis — la suggestion n° 7 — la Commission se montra particulièrement vigilante: cette proposition tendait à lier l'exercice du pouvoir collégial «iuxta capitis ordinationem exercendae». Selon l'exégèse de Mgr Philips, pareille restriction risquait d'empêcher le Collège d'agir dans des circonstances extraordinaires où le Pape ne serait pas en état de donner au préalable un assentiment formel. La Commission préféra la formule négative «quae quidem potestas independenter a Romano Pontifice exerceri nequit», afin de signifier la nécessité d'une approbation pontificale, éventuellement a posteriori[19].

Lorsque les tensions feront surface en novembre 1964, les mêmes thèmes retiendront l'attention du Pape, de la minorité et de la tendance majoritaire. Il faut souligner que les quatre suggestions tendant à définir la position du Pape — résumées ici sous la lettre a) — concernent déjà clairement le point névralgique du débat, à savoir si l'exercice du pouvoir pontifical se situe *à l'intérieur* du Collège (caput collegii) ou *au-dessus* de celui-ci (caput ecclesiae). La majorité conciliaire voulait éviter deux risques opposés: elle s'opposait d'une part à une interprétation de la collégialité qui aurait rendu le pouvoir primatial dépendant du Collège et d'autre part à une lecture du chapitre III qui aurait situé le

18. Certains ont déjà reconnu ici l'influence du Père W. Bertrams, qui plus tard aura un rôle important lors de la genèse de la N.P.

19. Voir ci-après au chapitre IV, p. 125.

Pape *en dehors* de l'Église. Aux yeux de la Commission doctrinale il fallait que le schéma confirmât l'indépendance du pouvoir pontifical à l'égard de tout pouvoir humain mais en même temps que le texte le montrât toujours en communion avec l'Église et avec la foi de l'Église. La multiplication d'expressions telles que «Caput ecclesiae» et de «potestas in ecclesiam» pouvaient donner lieu à de fausses interprétations du schéma et avoir des répercussions négatives sur le dialogue œcuménique, particulièrement avec l'Église orthodoxe.

Les débats en commission de juin 1964 avaient révélé qu'entre le Pape et certains représentants de la minorité il existait une convergence de tendances, qui établissait pour le moins une «alliance objective». Il s'avérait aussi que le Pape préférait la discussion dans le cercle le plus restreint possible, au stade ultime de la procédure. Il devenait évident que Paul VI avait le souci constant d'obtenir une «réconciliation» entre les tendances principales, fût-ce même au prix de certaines ambiguïtés soit dans les textes, soit dans la procédure. Il manquerait donc un élément important et peut-être décisif à cette esquisse, si nous passions sous silence l'opinion de Paul VI lui-même.

Au cours de ces mois troublés le courant majoritaire du Concile eut l'habitude d'attribuer toutes les difficultés à l'aile marchante de la minorité. Les initiatives prises par le Pape étaient généralement expliquées par les pressions que les porte-parole de la minorité et leur théologiens exerçaient sur la personne de Paul VI. Cette manière de «disculper» le Pape se trouva d'ailleurs répercutée dans les chroniques rédigées à l'époque[20]. Cependant les dirigeants de la Commission dûrent bientôt réaliser ce que les interventions pontificales signifiaient réellement. En nous basant ici sur un ensemble de témoignages personnels, qui proviennent de quelques «ténors» parmi les experts de la Commission qui sont nettement convergents, nous avons la conviction que le Pape lui-même n'était pas vraiment entré dans les vues de la majorité en ce qui concerne la collégialité. Au moment même où le Pape Paul VI, récemment élu, était en train de faire l'apprentissage de son métier pontifical, celui-ci semblait être mis en question, ou tout au moins faisait l'objet d'une réévaluation publique. Il faut admettre que c'étaient là des circonstances particulièrement difficiles pour la psychologie d'un homme aussi consciencieux que G.B. Montini. Il devenait clair pour ceux qui participaient aux travaux en commission que Paul VI désirait sauvegarder à tout prix le pouvoir monarchique total, tel qu'il avait existé avant lui et tel qu'il avait le sentiment de devoir le préserver, après lui, à l'intention de ses successeurs.

C'est dans cette perspective que le schéma était passé au cible de ses critiques et que la N.P. deviendra bientôt inéluctable. C'est dans cette

20. Voir par exemple A. WENGER, *Vatican II. Chronique de la troisième session*, Paris, 1964, passim et notamment pp. 86-88.

perspective aussi qu'il faut situer la première encyclique de Paul VI *Ecclesiam Suam* du 6 août 1964 et dont certains passages très significatifs jetaient une lumière prémonitoire sur les difficultés à venir. Et notamment celui-ci: «Nous nous abstenons délibérément de prononcer en cette Encyclique quelque jugement personnel que ce soit sur les points doctrinaux concernant l'Église qui sont actuellement soumis à l'examen du Concile lui-même que Nous sommes appelé à présider: Nous voulons actuellement laisser à cette assemblée si haute et autorisée la liberté d'étudier et de parler, réservant à Notre office de maître et de pasteur, mis à la tête de l'Église de Dieu, le moment et la manière d'exprimer Notre jugement, très heureux si Nous pouvons le présenter en tout conforme à celui des Pères conciliaires»[21].

Mgr Philips lui-même devait en convenir après le Concile. Au cours d'une conversation en mars 1969, le professeur de Louvain reconnut que Paul VI n'avait jamais pu «réaliser» (dans le sens newmanien) la collégialité; il s'est continuellement posé *en dehors* du Concile et psychologiquement il s'est senti *un homme seul*. Le Pape à l'époque avait la conviction intime que la collégialité ne pouvait pas trouver une application en profondeur, tant que duraient les dissensions qui, à ses yeux, divisaient les évêques. Quelques jours après l'affaire des 13 suggestions pontificales, Mgr Charue, évêque de Namur et vice-président de la Commission doctrinale du Concile, eut l'occasion de constater l'état d'esprit de Paul VI et alerta aussitôt Mgr Philips. Celui-ci demanda une audience privée au Pape, qui le reçut le 7 juillet 1964[22]. Au cours de cette audience le professeur de Louvain s'efforça d'expliciter de manière convaincante la signification de la collégialité, dont l'exercice ne pouvait menacer la primauté pontificale mais en constituait le complément nécessaire, Vatican II achevant ainsi l'œuvre de Vatican I[23]. Lorsque le professeur Philips rentra à Louvain après les séances de juin et l'audience de juillet, il n'était pas entièrement rassuré quant à l'avenir du «De Ecclesia»; il craignait de nouvelles tentatives de freiner le schéma; il craignait même que l'on s'efforçat d'obtenir du Pape ou du Concile que le vote final du chapitre sur l'épiscopat soit remis à plus tard; éventuellement à une session ultérieure … Ceci à ses yeux eût été la pire des solutions.

Quant à la minorité du Concile, il est certain qu'elle allait reprendre force et vigueur au cours de l'été de 1964. En son sein il y eut une relève des générations qui constitua un rajeunissement de son aile marchante, l'organisation de réunions périodiques, une diffusion meilleure des écrits de circonstances, principalement de l'évêque Carli et du professeur

21. Cf. *Doc. Cath.*, 61 (1964), p. 1066.
22. Voir documents F.G. Arch. Vat. II s/référence P. 038.09 et P. 038.10.
23. L'audience du 6 juillet ne fut pas mentionnée dans l'*O.R.* à la grande satisfaction de G. Philips qui ne voulait à aucun prix apparaître comme soumis à des injonctions du Pape.

Staffa[24]. Mgr Philips note lui-même son souci de faire rédiger (en septembre 1964) une réfutation à l'article de D. Staffa paru dans *Divinitas*. Cette nouvelle phase de l'action de la minorité consistera principalement à contre-balancer le travail accompli à la Commission doctrinale, en s'efforçant soit de faire pression sur le Saint-Père, soit d'alerter l'assemblée plénière. On en trouvera le reflet dans les quelques textes que nous avons rassemblés ci-après au chapitre V. Cela devint apparent dès l'ouverture de cette 3me session tant attendue par la majorité des Pères conciliaires pour procéder au vote du chapitre III.

Sans faire la chronique de cette phase mouvementée on notera quelques faits saillants. D'abord ce qu'on a appelé le «ballet des Cardinaux» qui du 15 au 21 septembre cherchent à empêcher le vote prévu (supplique de 19 cardinaux dont le Card. Ruffini est le porte-parole) ou au contraire s'employent à pousser au vote (démarche du Card. Suenens, e.a.). De nombreuses notes écrites sont adressées à Paul VI. On en trouvera un exemple éloquent dans la note rédigée par le Card. Larraona critiquant le chapitre III du «De Ecclesia» et dirigée contre la «doctrine nouvelle» de la collégialité. Cette note, signée par plusieurs cardinaux et supérieurs d'ordre, fut adressée à Paul VI à la mi-octobre 1964. Le texte en a été publié par Mgr Lefèbvre dans son livre *J'accuse le Concile* (Martigny, 1976). Celui-ci publie également la réponse nette et assez sévère que Paul VI a adressée au Préfet de la Congrégation des Rites.

Le fractionnement du vote sur le chapitre III en 39 suffrages différents déforce les défenseurs du texte proposé. À la même époque l'ordre des rapporteurs *in aula* à l'ouverture des votes fait l'objet de très fortes tensions à l'intérieur de la Commission doctrinale: cette «préhistoire dramatique des *relationes*» comme l'appelle H. Schauf[25] aboutit à une victoire de la majorité qui obtient finalement que le représentant de l'opposition — Mgr Franic — prenne la parole en premier lieu. Ceci permettait à Mgr Parente, présentant la *relatio* de la Commission sur la collégialité, de parler ensuite et de répondre aux objections de la minorité. Les porte-parole de la majorité — dont Mgr Charue — demandèrent aux Pères conciliaires de voter autant que possible *placet* et de réduire le nombre de *placet juxta modum*. Quoi qu'il en soit, les résultats des votes sur le chapitre III furent extrêmement favorables au texte de la Commission et les appréhensions du Pape d'avoir une forte opposition s'évanouissaient.

24. «L'opposition, déjà forte dans les précédentes sessions, s'accentua encore à la veille de la troisième session et pendant celle-ci». C'est le chroniqueur officieux du Concile, le Père G. Caprile, qui le constata dans son article fameux de la *Civiltà Cattolica*, repris dans l'*Osservatore Romano* (éd. fr.) dd 12.03.1965, *Aspects positifs de la troisième session du Concile*.

25. H. Schauf, *Zur Textgeschichte grundlegender Aussagen aus «Lumen Gentium» über das Bischofskollegium*, dans *Archiv für katholisches Kirchenrecht*, 141 (1972), pp. 115-117.

Le dynamisme de l'aile conservatrice du Concile n'en était pas freiné pour autant. La dernière phase de son action coïncide avec la troisième lecture du «De Ecclesia», dont les travaux se déroulèrent dans le huis-clos de la Commission. Au cours de ce mois d'octobre la minorité fera proposer la nomination de nouveaux membres à la Commission doctrinale; le Card. Ruffini fera une démarche auprès des dirigeants de la majorité; enfin on verra surgir l'idée d'un rapport officiel comparable à la *relatio* de Mgr Gasser à Vatican I. La dernière de ces suggestions se trouve à l'origine de la *Nota Praevia Explicativa*. Le Père U. Betti, à qui l'on doit le meilleur commentaire du chapitre III de la Constitution «Lumen Gentium» — et auparavant des études historiques consacrées à Vatican I — a fait remarquer que la référence faite par le Card. Cicognani (dans sa lettre du 10.11.1964) au rapport Gasser à Vatican I n'a pas tellement de sens. La «relatio» de Mgr Gasser en 1870 rendait compte des amendements introduits dans le texte et encore à voter. Dans le cas de «Nota Praevia» il s'agissait de commenter un texte déjà voté et déjà amendé[26].

Mgr Philips avait parfaitement conscience de l'enjeu de ces tentatives de retardement. Devant procéder à l'examen d'un nombre considérable de *modi*, la Commission doctrinale était contrainte d'accomplir un travail gigantesque en un temps très limité. Tout délai nouveau risquait de faire retarder la promulgation d'une constitution conciliaire qui était l'enjeu central de débats passionnés depuis deux ans et pareil délai risquait de déconsidérer sérieusement les promoteurs du texte aux yeux mêmes de l'opinion majoritaire qui les avait soutenus jusqu'ici. Paul VI, pour sa part, n'abandonnait pas l'espoir d'obtenir quelques concessions majeures susceptibles d'opérer un rapprochement entre des points de vue difficilement conciliables et capables de calmer ses propres inquiétudes. Il obtint que la minorité fut présente à toutes les phases de l'examen des modi et que la Commission doctrinale ne soit pas trop rigide dans l'application des normes du règlement. On trouve la justification de cette attitude dans la chronique officieuse de la session du Père G. Caprile parue avec approbation du Pape[27].

26. Cf. U. BETTI, *La dottrina sull'episcopato nel Capitolo III della Costituzione dommatica Lumen Gentium*, Rome, 1968, p. 291, n. 142.

27. G. CAPRILE, *Aspects positifs de la troisième session du Concile*, dans *Osservatore Romano* (éd. fr.) dd. 12.03.1965, écrit notamment: «Paul VI voulut et obtint que la minorité fut activement présente à toutes les phases de l'examen des modi, dès le premier dépouillement même, qu'en faisait une sous-commission restreinte; et cela non pas par manque de confiance en ceux qui étaient chargés de cette tâche, mais uniquement pour éliminer tout motif de méfiance [...] Parallèlement le Saint-Père exhortait la Commission doctrinale à ne pas être trop rigide dans l'application de la norme réglementaire selon laquelle un texte ne se touchait plus, si ce n'est dans le sens déjà approuvé par la majorité de la Commission et par les Pères en séance, à moins qu'il ne s'agit d'une intervention supérieure». Nous citons d'après l'*O.R.* car cette partie du texte manque dans la traduction publiée à l'époque par la *Doc. Cath.*, 62 (1965).

L'ensemble de ces circonstances peut nous aider à mieux comprendre la position-clé qui fut celle de Mgr Philips pendant la dernière phase de l'élaboration de «Lumen Gentium». Investi de la confiance de la Commission, résistant à diverses pressions venant de la minorité, objet des critiques de la majorité et de méfiance de la part de la «gauche» de celle-ci, craignant par-dessus tout un véto catastrophique de Paul VI, qui aurait suspendu le vote final tant attendu, G. Philips, bien malgré lui, se trouvait ainsi au point focal de la tempête.

C. Élaboration et présentation de la Nota Praevia

Il n'entre pas dans nos intentions d'accompagner le calendrier de Mgr Philips de nos propres marginales. Il suffira de commenter quelques points auxquels la discrétion de l'auteur a donné un éclairage qui pourrait paraître insuffisant.

En ce qui concerne les travaux de la Commission doctrinale ou de son Bureau plus restreint, il faut d'abord souligner l'importance de quatre délibérations.

1. Au cours des réunions des *22 et 23 octobre 1964* la commission délibère à nouveau de la qualification théologique de la Constitution et adopte plusieurs modifications du texte: e.a. «communio» devient «communio hierarchica» et «munus» est préféré définitivement à «potestas».

2. La réunion du *6 novembre* est consacrée à la discussion et aux amendements des «Addenda» de Mgr Philips, qui sont en réalité la première version de la N.P.

3. En date du *10 novembre* le Bureau de la Commission a une longue discussion au sujet de la note introductive de Mgr C. Colombo; cette note est repoussée malgré l'insistance de son auteur.

4. La Commission doctrinale se réunit pendant la majeure partie du *12 novembre* pour examiner et amender le «dossier» pontifical daté du 10 novembre et qui concerne cette fois la «Nota Praevia explicativa».

Ce petit calendrier indique la succession précipitée des événements; il révèle aussi une anomalie qui n'a jamais été relevée. Alors que le dossier pontifical est adressé le 10 novembre par les soins du Card. Cicognani au Président de la Commission doctrinale, ce même jour Mgr C. Colombo, que l'on considère généralement comme le messager autorisé de Paul VI, insiste encore pour que son projet de note introductive soit pris en considération. La question serait de savoir comment il se fait que Mgr Colombo n'a pas cédé le pas devant le dossier pontifical d'une portée beaucoup plus large et d'une source plus autorisée. Ne pourrait-on pas en conclure que l'avis du Père Bertrams était plus proche du Saint-Père que la note proposée par Mgr C. Colombo? Serait-il possible que celui-ci ignorait encore l'imminence et le contenu du dossier pontifical au moment où le Bureau de la Commission délibérait le 10 novembre? Ce sont là autant de questions auxquelles nous sommes bien incapables de donner une réponse en ce moment.

Quant à Mgr Philips, ses «Notes pour servir ...», que nous publions ici, ne révèlent guère la profondeur de sa déception devant l'usage abusif qui serait fait de ce qui était et devait rester une simple «note préliminaire» introduisant le rapport de la Commission au sujet du sort fait aux «modi» présentés par les Pères du Concile, lors des suffrages du 30 septembre 1964. À cette occasion la 1ère partie du chapitre avait obtenu une majorité des deux tiers avec 572 votes modificatifs, la seconde partie également une majorité des deux tiers avec 481 votes modificatifs. Comme chacun de ceux-ci contient plusieurs «modi» on comptait pour l'ensemble du chapitre 5.600 «modi». Cette masse énorme de propositions a été traitée avec diligence en moins d'un mois. Toutes les propositions nettement opposées au texte voté avaient pu être écartées sans plus. La Commission prit en considération 242 «modi». Ce nombre réduit s'explique par le très grand nombre de répétitions. Parmi ces «modi» de nombreuses propositions avaient été rejetées mais la Commission répondit à toutes les demandes. Cependant 31 modifications étaient acceptées et intégrées au texte du schéma. Le fascicule justifiant l'ensemble de ces mesures comptait 64 pages. C'est dans ce fascicule qu'en dernière minute fut introduite la N.P. [28]. Aux yeux de son auteur la N.P. n'avait de sens qu'en relation directe avec les travaux de la Commission auxquels la note se référait de manière immédiate et continue. Mgr Philips dut constater que cette relation se trouva bientôt estompée par une série de petits faits, qui se succédèrent en l'espace d'une dizaine de jours.

1. Le premier projet de Nota Praevia — sous le titre Addenda — rédigé par G. Philips et dont tous les points se référaient à des «modi» refusés par la Commission et traités dans le fascicule, subissait d'abord, à la demande de Paul VI, des modifications et des ajouts, qui n'avaient pas nécessairement un lien logique avec les «modi» dont la Commission avait délibéré.

2. En commission on accepta de supprimer dans le titre les mots «ad facilitatem lectoris»; ce petit coup de pouce amorce déjà la phase suivante.

3. La manière spectaculaire et répétée dont Mgr Felici en assemblée plénière met la N.P. en exergue le 16 et le 17 novembre et l'accueil

---

28. Après avoir décrit ce travail immense de la Commission doctrinale, le Père Kloppenburg en souligne les aspects divers: «L'opposition a empêché des formules hâtives ou moins réfléchies. Mais pour cette raison même Vatican II n'a pas été en mesure de composer un texte limpide, simple et clair». Cf. B. KLOPPENBURG, *Votes et derniers amendements de la Constitution*, dans *L'Église de Vatican II* (Unam Sanctam 51 B), Paris, 1966, pp. 147-152.

enthousiaste qui lui est fait par la minorité, donnèrent à penser qu'il
s'agissait d'un document nouveau sans rapport évident avec les «modi».
4. La distribution de la N.P. au Concile, ensemble avec d'autres communiqués, présentée comme «Notificationes», document signé par le
secrétaire-général du Concile, sépara davantage la note préliminaire du
rapport, où elle se trouvait intégrée lorsqu'elle fut conçue et rédigée par
G. Philips.
5. Le fait de publier la Nota Praevia avec «Lumen Gentium» d'abord
dans l'*Osservatore Romano* et ensuite dans les *Acta Apostolicae Sedis*,
sans référence aucune au rapport de la Commission, ne pouvait qu'induire en erreur.
6. Enfin, la mention qui en est faite par Paul VI dans son discours de
promulgation du 21 novembre achevèrent de rompre le lien essentiel qui
reliait la N.P. aux travaux de la Commission. Le Pape déclara: «Et c'est
pourquoi — en tenant compte des explications fournies soit pour
l'interprétation à donner aux termes en usage, soit pour la qualification
théologique que ce Concile entend attribuer à la doctrine traitée — nous
n'hésitons pas, avec l'aide de Dieu, à promulguer la présente Constitution *De Ecclesia*»[29].

Premières réactions

Avec le recul de vingt ans il nous est difficile aujourd'hui d'imaginer la
consternation où se trouva plongée la majorité à l'annonce de la N.P. et
l'agitation qui s'empara du Concile dans les heures et les jours qui
suivirent cette annonce. La Nota Praevia communiquée pour la première
fois le samedi 14 novembre était pour les Pères du Concile, dont la
méfiance était déjà éveillée par les circonstances, un texte entièrement
inconnu. Avant même d'avoir pu l'étudier de près les évêques s'interrogèrent sur l'autorité de cette note «qui était censée contenir une interprétation restrictive de la collégialité épiscopale»[30]. Un témoignage
diplomatique de l'époque peut avoir plus de poids que le récit des
chroniqueurs. Qu'il nous soit permis de nous référer ici au rapport
rédigé par un conseiller d'ambassade bien informé qui suivait de près les
événements de Vatican II. Nous y lisons ce qui suit.

Alors que l'annonce de la distribution du chapitre avait calmé les
esprits, l'annonce de la note explicative provoquait une reprise de
l'agitation «moins d'ailleurs en raison du contenu de cette note que du
ton avec lequel le secrétaire général l'avait annoncée à l'assemblée». Mgr
Felici «avait nettement donné l'impression que l'explication restreignait
considérablement la portée du texte lui-même». Nous citons la suite de

29. *Doc. Cath.*, 61 (1964), p. 1539.
30. A. WENGER, *o.c.*, p. 83.

ce document qui relate sur le vif les premières réactions à la N.P.: «Les théologiens furent particulièrement émus, beaucoup plus que les évêques. Mais la rumeur circula très rapidement que les cardinaux Frings et Alfrink envisageaient de voter non-placet. De même, une centaine d'évêques africains se proposaient d'envoyer une adresse au Pape pour le supplier de faire retirer cette note apparemment si ambiguë. On s'employa à calmer les uns et les autres. Mais on attendit le vote avec une véritable angoisse. Allait-on échouer à l'entrée du port? Il n'était pas impossible en effet que la minorité se raidît dans son opposition, malgré les instances pressantes du Pape (les cardinaux Siri et Ruffini firent circuler un appel demandant de voter placet) et que deux ou trois cents Pères de la majorité votassent également non-placet à cause des interprétations données à la note de la Commission doctrinale. (On sait que les évêques allemands délibérèrent très longuement avant de décider un vote positif). Heureusement le résultat du suffrage dépassa toutes les espérances. Ce fut un grand moment»[31].

Résistance donc de certains secteurs de la majorité conciliaire et particulièrement parmi les évêques allemands. L'expert du Card. Frings, que l'on vient de citer n'est autre que le jeune professeur Joseph Ratzinger, qui constitua un des noyaux les plus durs de l'oppostion majoritaire à la N.P. Alors que Mgr G. Philips avait pu convaincre les Pères K. Rahner et Y. Congar qu'il n'y avait pas péril en la demeure et que la note explicative ne modifiait rien à la substance du texte voté, l'abbé Ratzinger gardait une attitude extrêmement critique. Celle-ci pouvait, aux yeux des défenseurs du texte, menacer la majorité de dislocation, à la veille du vote final du chapitre sur l'épiscopat. On trouvera un écho éloquent de l'attitude critique du Professeur Ratzinger dans sa plaquette *Ergebnisse und Probleme der dritten Konzilsperiode* (Köln, 1965), qui décrit l'ambiguïté de ceux qui l'ont rédigée et qui y ont tenté une réconciliation des tendances opposées: «qu'un texte né de cette façon ait une action ambiguë, démontre qu'une harmonisation complète n'a pas réussi et n'est même pas possible» (p. 60). Après avoir contesté la valeur conciliaire d'un texte signé uniquement par le secrétaire-général Felici, J. Ratzinger révèle l'atmosphère des journées de novembre 1964: «Ainsi on devra dire que ce qui donne un goût tellement amer à cette note, n'est pas au fond son contenu (...) mais davantage les circonstances dans lesquelles elle fit son apparition» (p. 62)[32].

---

31. Rapports de l'Ambassade de Belgique près le Saint-Siège, Rapport sur la 3me session du Concile: 25 octobre - 21 novembre (Année 1964, doc. n° 4), p. 7; selon une copie privée de la minute.

32. Dans un autre commentaire, le même professeur J. Ratzinger notera: «Cependant elle (la N.P.) reste ainsi que l'indique une phrase introductive, un texte de la Commission et non pas un texte du *Concile* lui-même»; dans *Dogmatische Konstitution über die Kirche* (avec une introduction par Joseph Ratzinger), Münster, 1965, p. 165.

Le patrologue hollandais P. Smulders, très actif à Vatican II en tant qu'expert des évêques indonésiens, ira plus loin et s'en prendra à la méthode même qui inspire la N.P. Ayant rappelé que les adversaires de la collégialité s'ingéniaient d'imaginer des situations parfois saugrenues pour faire opposition, le P. Smulders remarqua: «Le rapport (de la Commission) donna réponse à ces questions impossibles. Tant que ces réponses étaient dispersées en plusieurs dizaines de paragraphes, elles étaient sans malice (littéralement: innocentes); une fois rassemblées et en plus soulignées, elles évoquèrent une image caricaturale de la Primauté»[33]. Mgr Philips a énuméré les questions non tranchées définitivement: on y retrouve précisément des exemples de ces cas-limites auxquels l'article du P. Smulders fait allusion et qui sont fréquemment invoqués par la minorité: quelle signification attacher au cas d'un laïc qui serait élu pape? Comment comprendre la situation des membres du concile non-évêques? Comment interpréter les controverses sur les réordinations et sur le pouvoir d'invalider ou de valider les rites sacramentels[34]?

C'est aussi sous l'émotion du moment que le Père R. Laurentin, perdant son flegme habituel, écrivit dans sa chronique datée du 16 novembre: «À Vatican I, à partir d'un certain moment, la minorité opposée à la définition de l'infaillibilité ne put se faire entendre ni de la majorité ni de Pie IX auquel elle s'adressa comme au dernier recours. Il n'en a pas été ainsi à Vatican II, où la minorité eut pleine audience et appui»[35]. On peut comprendre ceci comme une mise-en-cause de l'appui donné par Paul VI au courant minoritaire de Vatican II; ce qui ne signifie pas encore nécessairement qu'aux yeux de Laurentin le Pape lui-même désirait les innombrables parapets et barrières, dont se trouve bardée la note en question. D'une manière générale il nous faut constater que certains commentateurs de l'époque, quelle que soit leur déception ou même leur irritation, n'attribuèrent généralement pas au Pape lui-même la volonté d'ériger ces parapets et ces barrières. Aujourd'hui, comme nous l'avons déjà indiqué, notre vision est assez différente: nous avons la conviction que Paul VI avait un désir personnel de garder la figure du Pape en dehors et au-dessus du Collège et que dans cette perspective la Nota Praevia était indispensable à ses yeux.

Quant à Mgr G. Philips, la suite mouvementée de cette dernière semaine de la 3me session lui permit de reprendre souffle. Les modifications apportées en dernière minute au décret sur l'œcuménisme à l'insu du Secrétariat pour l'Unité et la décision de reporter à plus tard la discussion de «la liberté religieuse» non seulement détournèrent de la N.P. l'attention de l'opinion conciliaire mais de plus finirent par rendre

33. P. SMULDERS, *Het Concilie in mineur*, dans *Streven*, 28 (1965), p.364.
34. G. PHILIPS, *La «nota praevia» sur la collégialité de la constitution conciliaire «Lumen Gentium»*, dans *IDOC-International*, n° 8, dd. 15.09.1969), pp. 68-69. Voir *infra*, p. 199.
35. R. LAURENTIN, *Vatican II: collégialité*, dans *Le Figaro*, dd. 17.11.1964, p. 8.

un certain prestige à la Commission doctrinale, qui elle, au moins, semblait avoir gardé le contrôle des textes qui relevaient de sa compétence[36]. Par la suite et principalement dans les premiers mois qui suivirent la promulgation de la Constitution «Lumen Gentium», G. Philips s'est employé à éclairer aussi objectivement que possible le contenu et le sens de cette Nota qui lui avait donné tant de soucis. Au cours d'une carrière conciliaire si riche en événements divers, Mgr Philips vécut à deux reprises la menace de voir la majorité conciliaire se disloquer: ce fut en novembre 1964 lorsque le texte de la N.P. reçut un accueil qui fut mitigé en Commission et hostile au Concile; ensuite en octobre 1965 lorsque le professeur Philips, soutenu par l'évêque Heuschen, fit la tentative de nuancer le «De Revelatione» sans y réussir. Ce furent les moments les plus «dramatiques» que le théologien louvaniste vécut au deuxième concile du Vatican.

Pendant longtemps certains milieux ont attribué la paternité de la N.P. au Père W. Bertrams, canoniste réputé de l'Université Grégorienne et consulteur au Saint Office. À la lecture du dossier de Mgr Philips que nous publions aujourd'hui, on comprend mieux comment cette confusion fut possible. En réalité trois acteurs y ont joué un rôle prépondérant: Mgr G. Philips, secrétaire-adjoint de la Commission doctrinale, Mgr C. Colombo, expert personnel du Pape, sacré évêque en mai 1964, et le Père W. Bertrams, sur lequel Paul VI s'est appuyé fréquemment lorsqu'il s'est agi des relations primauté-collégialité. En distinguant plus clairement que par le passé les trois parties du dossier pontifical daté du 10 novembre, on comprend mieux la part de chacun, encore que le rôle exact joué par Mgr C. Colombo reste enveloppé de discrétion. On connaît bien la pensée du Père Wilhelm Bertrams à l'époque où Paul VI s'entoura de ses conseils: entre l'ouverture du Concile et la fin de la 3me session, il fit paraître une série d'articles concernant la collégialité[37]. L'article qu'il publia dans la *Civiltà Catto-*

---

36. Qu'il nous soit permis de renvoyer ici à une chronique parue immédiatement après l'événement: J. GROOTAERS, *La collégialité vue au jour le jour en la IIIème session conciliaire*, dans *Irenikon*, 38 (1965), pp. 183-194.

37. Comme références nous nous limiterons ici à l'essentiel, à savoir aux cinq textes de W. Bertrams que l'auteur lui-même considérait comme les plus importants:

1) *De relatione inter Episcopatum et Primatum*, Rome, 1963, 163 p.;

2) *De quaestione circa originem potestatis iurisdictionis Episcoporum in Concilio Tridentino non resoluta*, dans *Periodica* 52 (1963) pp. 458-476;

3) *La Collegialità Episcopale*, dans *La Civiltà Cattolica*, 115, t. I, n°5 (1964), pp. 436-455;

4) *De potestatis episcopalis exercitio personali et collegiali*, dans *Periodica* 53 (1964) pp. 455-481;

5) *Vicarius Christi - Vicarii Christi, De significatione potestatis episcopalis*, Rome, 1964, 22 p.

Fait remarquable, le Père G. Caprile qui, avec l'approbation de Paul VI, rédigea la version officielle du récit des événements de novembre 1964, donne en note de son article une bibliographie détaillée de ces articles de W. Bertrams. Cf. *Doc. Cath.*, 62, (1965) p. 630.

lica au début de 1964 (t. I, 436-455) sous le titre *La Collegialità Episcopale* (repris en anglais dans le volume *The Papacy, the Episcopacy and Collegiality*, Westminster Maryland, 1964) merite une attention particulière. Nous voudrions avancer l'hypothèse qu'à cette époque Paul VI devait être particulièrement sensible à l'argumentation développée par l'auteur: 1) le P. Bertrams, s'intéressant à l'exercice du pouvoir, estime que la Primauté doit conserver toutes ses prérogatives; 2) proposant une réconciliation des tendances divergentes, il prend appui sur une vision historique beaucoup plus nuancée que ne le faisait la minorité; 3) il fait l'éloge des conceptions que Paul VI avait appliquées quant à la collégialité. Dans l'article cité et d'autres textes du P. Bertrams de la même époque on retrouve chaque fois le même schéma de pensée distinguant ce qui est de «droit divin» et ce qui est de «droit humain». Le premier membre de cette distinction, qui est de *droit divin* comprend d'une part «la substance du pouvoir de juridiction», qui en est l'être spirituel lui-même, inhérent au caractère sacramentel de l'épiscopat, lequel consiste dans la relation de l'évêque consacré au gouvernement de l'Église et d'autre part «la forme externe du pouvoir de juridiction» que l'on obtient grâce à l'incorporation de l'évêque consacré dans la société externe et hiérarchique qu'est l'Église; une telle incorporation se réalise grâce à la *missio canonica*. Cette forme est un élément essentiel sans lequel le pouvoir de gouverner resterait inexistant (W. Bertrams en conclut que la consécration d'évêques en dehors de l'Église catholique est invalide et juridiquement inefficace). Cependant la manière concrète de conférer la mission canonique est sujet à la *loi humaine* et donc aussi sujet à des développements au cours de l'histoire. Pour le Père Bertrams il y a dans cette présentation des choses une véritable synthèse des deux courants d'opinion qui divisaient si profondément le Concile de Trente. C'est ce schéma qui est appliqué successivement à la fonction épiscopale, au collège épiscopal et enfin au pouvoir primatial. Au cours de ce raisonnement on reconnaîtra sans peine quelques idées-force de la Nota Praevia; par exemple là où il est affirmé: «Le corps des évêques uni au Souverain Pontife possède le même pouvoir: celui-ci cependant ne pourra être exercé avec efficacité que dans la mesure où le Souverain Pontife concède la faculté de traiter collégialement une question donnée»[38]. De même en ce qui concerne toujours cet exercice collégial du pouvoir suprême: «Le Pontife n'est pas lié à cet égard et ne peut pas juridiquement être obligé à y recourir». Le Père Bertrams propose sa vue des choses comme une troisième voie après la thèse purement monarchique et la thèse intégralement collégiale[39]. S'il est vrai que le P. Bertrams diffère d'une manière fondamentale des positions anti-historiques de la

---

38. Cf. W. BERTRAMS, *La Collegialità Episcopale*, dans *art. cit.*, pp. 441, 446, 450ss.
39. Voir Y. CONGAR, *Ministères et Communion ecclésiale*, Paris, 1971, p. 215.

minorité[40], il n'en reste pas moins évident que son juridisme est très loin des perspectives théologiques du courant majoritaire. On s'en rendra facilement compte en notant, parmi d'autres, les réactions critiques de deux experts très proches des travaux conciliaires qui furent précisément les collaborateurs directs de la «subcommissio quinta», chargée de préparer le chapitre III sur l'épiscopat: Otto Semmelroth et Joseph Ratzinger.

Dans le commentaire qu'il consacra au pouvoir collégial «sous la lumière des déclarations ajoutées», le Père Semmelroth se montre extrêmement critique à l'égard de la Nota Praevia n° 2 dont le libellé ne peut que prêter à confusion[41]. L'accent mis sur la «missio canonica» risque d'amoindrir sérieusement la signification fondamentale de la sacramentalité épiscopale (et de donner aux pouvoirs de l'évêque un fondement surtout juridique). Le Père Semmelroth reconnaît dans cette position de la N.P. la thèse défendue par le Père Bertrams et il ne peut l'admettre. La «forme juridique» requise pour l'exercice du pouvoir épiscopal, est-elle identique à l'attribution d'un diocèse ou d'une fonction ou bien s'agit-il d'une réalité plus profonde qui exprime une communauté de pensée du candidat avec le Pape et avec le Collège? O. Semmelroth craint que ce manque de clarté ne pourra à l'avenir que susciter des controverses.

Pour sa part J. Ratzinger reconnaît, lui aussi, l'empreinte des positions de W. Bertrams dans la N.P. n° 2[42] alors que la Commission doctrinale ne s'était pas arrêtée à pareils détails. Les distinctions introduites par la N.P. ont, selon J. Ratzinger, pour but de rendre compréhensible le fait que la relation entre le pouvoir d'ordre et le pouvoir de juridiction connut des variations au cours des siècles. À cet égard l'auteur y voit une certaine ouverture, en progrès par rapport aux conceptions fixistes de la théologie des manuels. J. Ratzinger est beaucoup plus critique

40. Cf. W. BERTRAMS, art.cit., p. 446: «Con questo principio si spièga tutta l'evoluzione storica dei Concili particolari, senza dover ricorrere ad interpretazioni arbitrarie, in contrasto coi fatti» (dans la traduction anglaise: «that do not agree with the historical truth»).

41. O. SEMMELROTH, Die Lehre von der Kollegialen Hirtengewalt über die Gesamtkirche «unter Berücksichtigung der angefügten Erklärungen», dans Scholastik, 40 (1965), pp. 168-169. Voir la réplique dans l'article suivant: W. BERTRAMS, De subiecto supremae potestatis ecclesiae: respondetur obiicienti, dans Periodica, 54 (1965), pp. 490-499.

On y trouve p. 492 l'apologie suivante: «Revera impugnabatur sententia mea a duabus partibus oppositis: ex una parte dicebatur sententiam meam non recognoscere Episcopis illa quae ipsis recognoscenda sunt; ex altera parte dicebatur me nimis concedere Episcopis. Utraque obiectio caret fundamento. Et hoc non ex eo, quod agitur de aliquo compromisso, sed ex eo, quod haec sententia rationem habet omnium elementorum datorum, sive ordinis sacramentalis, sive ordinis iuridici».

42. J. RATZINGER, Kommentar zu den Bekanntmachungen am 16 November 1964, dans Lexikon für Theologie und Kirche. Das Zweite Vatikanische Konzil. Dokumente und Kommentare, t. I, Freiburg, 1966, p. 354.

devant les paragraphes 3 et 4 de la N.P. Ils ont été conçus dans une perspective exclusivement juridique (ou même: de procédure judiciaire) qui ne peut en aucun cas faire justice aux aspects moraux des rapports à l'intérieur du Collège. «Alors que juridiquement le Pape a toute compétence sans le Collège et alors que celui-ci ne peut agir sans le Pape, il est possible qu'au plan moral il y ait obligation pour le Pape d'écouter la voix des évêques et de là nécessité pour les évêques de prendre eux-mêmes une initiative»[43].

Le point de vue de Mgr G. Philips est, lui aussi, on s'en doute, très différent de celui du P. Bertrams. G. Philips acceptait de distinguer la réalité ontologique du sacre épiscopal et d'autre part son application pour le passage à l'acte mais sans y mettre la différenciation appuyée et la systématisation juridique que l'on trouve chez le canoniste de la Grégorienne. En outre la perspective globale du dogmaticien avait une toute autre orientation que celle du juriste. Mgr Philips appartenait à ce petit nombre de théologiens qui, reconnaissant la fonction proprement ecclésiale du droit canon, ont développé une réflexion personnelle sur les rapports entre pensée théologique et élaboration juridique. Non seulement G. Philips s'est efforcé de décrire ces rapports au plan théorique mais, en plus, il en a fait des applications au chapitre III de «Lumen Gentium»[44]. À ses yeux il devrait y avoir une interaction constante entre la doctrine de Vatican II et le droit ecclésiastique car celui-ci «n'a d'autre but que de sanctifier les ministres et par eux les fidèles»: le Code devrait insister davantage sur la motivation spirituelle de chacune de ses règles. Ailleurs, examinant la structure du Chapitre III, G. Philips fait cette constatation qui le caractérise: «Jamais on ne rencontrera dans ce chapitre une phrase juridique dont l'animation spirituelle ne soit pas indiquée. Libres comme les enfants de Dieu, nous nous rangeons sous la loi du Christ non par contrainte mais par amour»[45]. Nous reparlerons encore plus loin des points d'opposition entre W. Bertrams et G. Philips en ce qui concerne la N.P.[46].

43. J. RATZINGER, o.c., p. 356. Dans un autre commentaire, le même auteur reprend cette critique: «Une manière de voir les choses plutôt sous l'aspect moral conduirait, sans aucun doute, à des résultats tout différents. Là, d'une part, le Pape ne devra jamais négliger le sentiment des évêques et, avec eux, la voix de l'Église universelle. D'autre part et à l'inverse, il faudra qu'il puisse y avoir des initiatives prises en toute indépendance par l'épiscopat». Cf. J. RATZINGER, La Collégialité épiscopale, développement théologique, dans G. BARAUNA, L'Église de Vatican II, Paris, 1964, t. III, p. 778.

44. Cf. G. PHILIPS, Droit canon et théologie dogmatique, dans Ius Populi Dei. Miscellanea in honorem R. Bigador, Rome, 1972, t. I, pp. 361-378.

45. G. PHILIPS, Les méthodes théologiques de Vatican II, dans Le service théologique dans l'Église. Mélanges offerts à Yves Congar, Paris, 1974, p. 24.

46. Mgr Parente aussi a exprimé des réserves, tout en reconnaissant que le Père Bertrams avait eu le mérite de faire mieux connaître l'histoire de la sacramentalité et de la collégialité dans le passé. Mgr. Parente critique cependant le P. Bertrams pour sa conception purement morale et juridique des relations entre le Collège et sa Tête alors que

D. Après la promulgation

Par un réflexe naturel, ceux qui se sentaient responsables du chapitre III eurent à coeur de prendre la «défense» du texte promulgué et de réagir contre toute interprétation erronée de la Nota Praevia soit que la portée s'en trouvât exagérée, soit qu'au contraire la signification en parût faussée. Mgr Parente, qui avait été le rapporteur officiel pour la collégialité et qui était assesseur au Saint Office, fut parmi les premiers, au lendemain de la promulgation de «Lumen Gentium» à prendre la défense du texte du chapitre III. C'est lui qui avait été chargé de présenter en assemblée plénière le rapport de la Commission et de répondre aux objections de la minorité exprimée par Mgr Franic. Dès décembre 1964 Mgr Parente publie un premier commentaire du chapitre sur la structure hiérarchique, qui passe sous silence les précisions données par la N.P.[47]. Un commentaire plus élaboré paraît bientôt dans la revue *Citta Nuova* 9 (1965) n° 2, dd. 25.01.1965: l'auteur s'en prend alors à Mgr Fagiolo, qui venait de hausser la Nota Praevia au niveau d'un document d'une valeur extraordinaire[48]. Selon Mgr Parente tous les points énoncés dans la N.P. se trouvent déjà dans le texte de la Constitution: «la note les met en relief, les souligne, les explique, mais elle n'ajoute rien de substantiel au texte. Cette note rédigée par la Commission plut au Pape et par sa volonté elle fut lue dans l'aula. Mais le vote des Pères eut pour objet non la note (ce n'était d'ailleurs pas nécessaire) mais le texte de la Constitution». Faisant référence à l'article de V. Fagiolo, l'auteur le qualifie «d'étranges commentaires» qui réflétaient «les sentiments encore exempts de sérénité de ceux qui font d'inutiles réserves sur un texte clair par lui-même»[49]. Les explications données ainsi par P. Parente ne plurent pas à tout le monde à Rome et le bruit courut bientôt que l'auteur avait reçu certains démentis, venant des sphères les plus élevées. Quoi qu'il en soit, quelques années plus tard le Card. Parente n'hésita pas à contredire une nouvelle fois les assertions de V. Fagiolo. Et d'ajouter: «Quanto al punto vitale (potesta primaziale

le noeud de cette union relève de l'ordre surnaturel et mystique. Cf. P. PARENTE, *Teologia di Cristo*, t. II, Rome, 1971, p. 261.

47. P. PARENTE, *Al vertice del Concilio Ecumenico*, dans *Osservatore Romano* 19.12. 1964, dd. 19.02.1965

48. Vincenzo FAGIOLO, *Il Concilio Vaticano II nei lavori e risultati del terzo periodo*, dans *Rivista diocesana di Roma*, (1964) pp. 897-906. L'auteur, tenant à souligner l'autorité de la N.P., écrit: «Non possiamo sottoscrivere l'affermazione di chi ritiene che la nota sia da intendersi come una qualsiasi relazione della Commissione dottrinale ne'vera giudichiamo la tesi di chi dice che le parole *Superiore Auctoritate*, con le quali la nota fu communicata a voce e poi per iscritto ai Padri, indicano l'autorità della Commissione dottrinale» (p. 904). On se souviendra du fait que Mgr Fagiolo est alors un des plus proches collaborateurs de Mgr Felici, secrétaire général du Concile. L'article de Mgr Parente fut repris intégralement dans l'*Avvenire d'Italia*, dd. 21.01.1965.

49. Nous citons Mgr Parente, selon la traduction française parue dans la *Doc. Cath.*, 62 (1965), p. 424.

del R. Pontefice) la Costituzione, anche senza la Nota, lo sostiene energicamente e inequivocabilmente. Ecco perché io mi permisi di scrivere che la Nota potrebbe dirsi utile in certo senso, ma non necessaria»[50].

Mgr C. Moeller, proche collaborateur de Mgr G. Philips pendant la 3me session de Vatican II, se sentit, lui aussi, appelé à rectifier une appréciation de la N.P., faite de manière trop approximative par le chroniqueur bien connu Robert Rouquette. Selon Charles Moeller «il ne faut pas oublier que cette note, qui fait autorité sans doute, n'en est pas moins introductoire à la manière dont les 'modi' ont été examinés, pour le chapitre III, par la Commission»; et plus loin: «La réaffirmation de la primauté en des termes juridiques précis est faite pour répondre aux difficultés de la minorité, non pour nier ce qui est affirmé dans le texte de la Constitution»[51].

Une réaction particulièrement vigoureuse de Mgr Carlo Colombo concernait la prise de position du P. Giacinto Hering. Celui-ci avait voulu démontrer que la N.P. avait à tel point atténué la doctrine de collégialité qu'en fait elle contredisait les votes du 30 octobre 1963 et modifait le sens du chapitre III, modification approuvée par l'auteur. S'insurgeant contre cette thèse fausse et dangereuse, Mgr Carlo Colombo se disait convaincu que la Note en question ne modifie en rien la doctrine du texte; elle en explicite plutôt l'un ou l'autre point. L'autorité pleine et suprême dans l'Église revient de droit divin au Collège épiscopal: ce sont les mêmes termes qui caractérisent le pouvoir primatial du Pape et celui du Corps épiscopal entier. L'auteur s'efforce alors de démontrer que le texte de la Constitution et la «Nota Praevia» affirment ensemble les points essentiels de cette doctrine[52].

Quant au professeur G. Philips, après avoir gardé le silence pendant les mois qui suivirent la promulgation, il eut bientôt le souci constant d'être sur ses gardes aussi bien sur sa «gauche» que sur sa «droite» - si on nous permet ici cette transposition en une terminologie d'origine parlementaire. Au cours des entretiens que nous avons eus à cette époque, Mgr Philips aimait insister sur l'esprit d'indépendance et de vigilance conciliaires qui avait animé la Commission doctrinale, même au coeur de la crise de novembre 1964. Sur deux points en particulier la Commission avait refusé de suivre les propositions de Paul VI, deux points qui précisément avaient été inspirés par le P. Bertrams: 1) la formule «uni Domino devinctus» (le pape n'étant lié par personne sauf par le Seigneur), proposée déjà par les suggestions de mai-juin 1964

50. P. PARENTE, Teologia di Cristo, t. II, Rome, 1971, p. 240 et 262.

51. Cf. Ch. MOELLER, La constitution dogmatique «Lumen Gentium», dans Collectanea Mechliniensia, 50 (1965), p. 122.

52. Carlo COLOMBO, Lettera al Direttore di «Palestra», dans Palestra del Clero, 44 (1965), pp. 969-976.

(modus n° 10) et repoussée à l'époque, revint pour être insérée dans la N.P. par. 4 mais cette fois modifiée en «ad placitum»; cette expression est admise en novembre 1964 mais aussitôt limitée par «sicut ab ipso suo munere requiritur» (selon ce qui est requis par sa fonction)[53]; 2) la mise en doute de la validité des ordinations de l'Église Orthodoxe, proposée par W. Bertrams, est rejetée par la Commission qui refuse de trancher cette question, ainsi que le démóntre le Nota Bene de la N.P. Plus tard G. Philips commentera la proposition de W. Bertrams d'ajouter au titre du Pape les mots: «soli Deo devinctus» (qui ne doit des comptes qu'à Dieu seul): «Évidemment il voulait mettre en évidence qu'il n'existe pas d'instance ecclésiastique supérieure dont dépendrait le Pape. Comment douter de cela, surtout depuis que nous avons eu Vatican I? Juridiquement il n'y a absolument rien à objecter contre cette addition, ... sauf qu'elle est purement juridique! Le Pape a, en effet, l'obligation morale de faire attention à beaucoup de choses dont on pourrait difficilement dresser la liste complète. Il doit respecter la structure fondamentale de l'Église, garder jalousement les sept sacrements, maintenir les définitions des conciles antérieurs, etc.»[54]. Dans le rapport officiel du Concile la formule proposée était rejetée comme étant inutile d'une part et simpliste d'autre part[55]. Lors du décès de Paul VI un théologien anonyme, probablement membre de la Commission conciliaire, rappela le refus de la Commission à accepter l'amendement «uni Domino devinctus» proposé par le Pape. «Peu de choses, écrivit-il alors, illustrent mieux comment quelqu'un d'une si grande humilité et humanité (...) s'imposa une grande souffrance en alliant une vue disproportionnée de sa fonction, héritée d'un passé récent, à une vue introspective de soi-même chargé, au-dessus des autres, d'une terrible responsabilité devant Dieu»[56]. Pour ce qui est de l'invalidité des évêques de l'Église Orthodoxe, Mgr Philips eut gain de cause en obtenant la formulation qui se trouve à la fin du n° 2 de la N.P.: «Les documents des récents Souverains Pontifes sur la juridiction des évêques doivent être interprétés de cette nécessaire détermination des pouvoirs». Plus tard G. Philips eut

---

53. J. Ratzinger sera d'avis que malgré l'introduction de cette restriction formelle «sicut ab ipso suo munere requiritur» la formule «ad placitum» reste très malencontreuse: «on devra regretter — écrit-il — que la Commission théologique n'en soit pas restée au point de vue qu'elle avait énoncé au cours de l'été». Cet avis est partagé d'ailleurs par E. Schillebeeckx et par G. Dossetti. Celui-ci critique sévèrement la «Nota Praevia» et estime qu'elle a réintroduit une ligne de pensée que la Commission avait nettement refusée quelques mois auparavant, elle aboutit à un pouvoir discrétionnaire, une «discrezionalità incondizionata» selon laquelle le Pape choisit d'avoir recours ou de ne pas avoir recours à la convocation du Collège. Cf. G. DOSSETTI, *Per una valutazione globale del magistero del Vaticano II* (Pro manuscripto), octobre 1964, pp. 38-39.

54. G. PHILIPS, *L'Église et son mystère*, t. I, Tournai, 1967, p. 304.

55. *Schema Constitutionis De Ecclesia* (dd. 03.07.1964), Rome, 1964, p. 93

56. *Paul as ecumenist* (from a special correspondent), dans *The Tablet*, dd. 19.08.1978, p. 794.

la satisfaction de constater que le P. Bertrams lui-même avait finalement modifié sa position à cet égard[57].

Dans une autre mise-au-point du même ouvrage Mgr G. Philips écrit: «L'unanimité absolue des théologiens sur l'explication du texte et de la 'Nota' ne sera sans doute jamais atteinte (...). Certains ont tenté d'interpréter le texte de la Constitution de la manière la plus restrictive possible. D'autres pensent plutôt que la *Note* annexée contient effectivement une restriction du texte. Ainsi le Card. Journet[58] et le P. Schillebeeckx. Cette dernière opinion est sans fondement: il suffit pour s'en rendre compte de comparer les expressions de la *Note* avec celles qui se rencontrent dans les célèbres questions interlocutoires. Entre les deux documents, on ne remarque vraiment aucune différence»[59]. Les commentaires du Père E. Schillebeeckx, parus d'abord sous forme d'articles, ensuite comme ouvrage, n'avaient pas l'agrément de Mgr G. Philips[60]. Cependant il nous semble que le diagnostic d' E. Schillebeeckx est non seulement représentatif d'un courant de pensée important qui existait au sein de la majorité conciliaire mais de plus n'est pas éloigné de la vérité historique lorsqu'il s'efforce d'analyser le déroulement des événements. Sachant qu'un concile ne peut pas trancher des questions de foi sur la base d'une simple majorité «démocratique» — fût-elle des deux tiers des voix — on aurait pas dû être tellement surpris de l'intervention pontificale, encore qu'on eût préféré un échange de vues moins brusqué, telle est l'opinion du P. Schillebeeckx. Il est d'avis que la «Note explicative» aurait suscité moins d'émotion dans l'opinion si celle-ci avait prêté plus d'attention à ce que la Constitution elle-même contenait: c'est celle-ci qui laisse pendante la question de savoir si l'Église connaît une autorité suprême *double* (celle du Pape et celle du Collège uni au Pape) ou bien si, l'Église se trouve sous une *seule* autorité suprême (de deux sujets inadéquatement différents). C'est la Constitution qui précise qu'aucun acte collégial n'est possible sans le Pape. Tout ceci ne provient pas de la Nota Praevia. «La seule différence qui existe entre le texte même de la Constitution et la 'note explicative' se situe

57. Voir à ce sujet W. BERTRAMS, *De gradibus 'Communionis' in doctrina Concilii Vaticani II*, dans *Gregorianum*, 47 (1966) 286-305.

58. Il s'agit ici de l'article Charles JOURNET, *Le mystère de l'Église selon le deuxième concile du Vatican*, in *Revue Thomiste*, 65 (janvier-mars 1965), pp. 5-51. L'auteur paraît se rallier entièrement au système développé par W. Bertrams.

59. G. PHILIPS, *L'Église et son mystère*, t. I, Tournai, 1967, p. 283.

60. E. SCHILLEBEECKX a publié de nombreux commentaires sur la crise de novembre 1964 et sur ses conséquences, respectivement dans *De Bazuin* (hebdomadaire), *Kultuurleven* (mensuel) et l'opuscule *Het Tweede Vaticaans Concilie*, t. II, Tielt, 1966, qui reprend certains articles. Nous nous limiterons aux deux textes les plus élaborés: 1) *De waarheid over de laatste concilieweek*, dans *De Bazuin* (dd. 23.12.1964), pp. 4-6; 2) *Vaticanum II, 3de sessie*, dans *Kultuurleven*, 32 (1965). Notons que dans le contexte hollandais de l'époque, les articles du P. Schillebeeckx publiés dans *De Bazuin* sont modérés: une partie notoire du courant en pointe aux Pays-Bas considérait le théologien de Nimègue comme «dépassé».

dans le fait que l'indécision du texte conciliaire se trouve plutôt ramenée à une distinction réelle entre ces deux titres (de 'pasteur suprême' et 'Chef du Collège')»[61]. Mais alors que l'évolution ecclésiologique vers une certaine obligation de collégialité pour le Pape restait possible dans le texte du chapitre III, la «note explicative» a enlevé toute possibilité à cette ouverture, sans pour autant l'exclure formellement. Le Père Schillebeeckx en conclut: «le vote du 16 novembre, vu à la lumière de la 'note explicative' a, sans doute aucun, approuvé la collégialité épiscopale mais non pas la collégialité du Pape lui-même»[62].

Aujourd'hui tout ceci peut nous paraître fort subtil mais de fait l'équilibre recherché à l'époque risquait de reposer sur de telles subtilités. Mgr Philips n'était pas satisfait de ces interprétation du Père Schillebeeckx: «Ces considérations — écrivait-il — sont très compliquées théologiquement et inexactes sur un certain nombre de points»[63]. Il nous paraît certain que le chapitre III avait eu soin de ne pas trancher la question du sujet «monarchique» ou du sujet «collégial» de l'autorité suprême dans l'Église — le rapport de la Commission fait état de cette volonté — et que de là le texte de la Constitution était (intentionnellement) marqué d'une certaine *ambiguïté*. La minorité avait fort bien pressenti que la majorité allait plus tard s'efforcer de tirer cette ouverture à soi; la N.P. était destinée à colmater cette «brèche»[64]. C'était là aussi

61. E. SCHILLEBEECKX, dans *De Bazuin, art.cit.*, p. 5.
62. E. SCHILLEBEECKX, dans *Kultuurleven, art.cit.*, p. 31.
63. G. PHILIPS, dans une recension pour le reste élogieuse du livre du P. Schillebeeckx, dans *Boekengids*, 44 (1966), p. 296.
64. Dans un document d'archives (F.G. Arch. Vat. II, référence P. 043.04) nous retrouvons une lettre adressée en ce sens au Pape. Celui-ci en date du 30.10.1964 en recommande l'examen à la Commission doctrinale et transmet une série d'amendements. La lettre, non datée et non signée, vaut d'être citée dans son entièreté ici:

Beatissimo Padre,

«Un recente articolo comparso su 'Orientierung' (Foglio cattolico di informazioni svizzero) di cui ci permettiamo di inviare copia con relativa traduzione dei passaggi rilevanti, costituisce una delle numerose prove di quella che è *la mente* di non pochi dei difensori di certe teorie latenti in alcuni passi dell'attuale Cap. III dello Schema «De Ecclesia».

La ambiguità di queste formulazioni è appunto ciò che fece si che vi fosse un cosi grande numero di Padri che votassero 'iuxta modum' ovvero 'non placet'; anzi è certo che questo numero sarebbe state ancor più considerevole se molti altri avessero capito che la stesura attuale lascia aperta la possibilità a interpretazioni diverse da quelle tradizionale e classica.

Ad ogni modo, desiderando far ogni cosa per dare a Vostra Santità la soddisfazione di poter approvare la Costituzione 'De Ecclesia' in seguito ad una unanimità conseguitasi nell'aula conciliare, come anche per tranquillizzare la coscienza di questi numerosi Padri che, solo dopo le votazioni, hanno compreso la portata di certe affermazioni, abbiamo steso alcuni 'modi', inseriti i quali, certamente si otterrà il voto favorevole di tutti.

Confidiamo che Vostra Santità vorrà vedere in questo nostro passo il più sincero ed autentico desiderio di facilitarle positivamente il difficile compito che in questo momento Le incombe, e di darLe cosi la sicurezza di poter giungere ad una felice conclusione dei dibattiti Conciliari sul 'De Ecclesia'.»

le souci constant du Pape Paul VI. Cependant ces articles du P.
Schillebeeckx eurent des répercussions en haut lieu: un extrait traduit en
italien (du *Bazuin* 48, n° 16, 23.01.1965) parvint jusqu'au Pape et fut
transmis par celui-ci au Président de la Commission doctrinale; celle-ci
en délibéra le 30.03.1965 sans pour autant émettre un avis par écrit[65].
À la même époque une mise au point officielle eut lieu dans l'*Osservatore
Romano*[66].

Quelques années plus tard l'opposition Suenens-Felici illustra de
façon exemplaire les deux approches différentes des textes conciliaires
sur la collégialité. Ce fut lors des retombées de l'encyclique «*Humanae
Vitae*» (du 25 juillet 1968) et durant la préparation du Synode extraordinaire des évêques (octobre 1969), alors que le problème ecclésiologique
des rapports entre le pape et le collège des évêques reprenait le devant de
la scène. Dans une interview fameuse le Card. Suenens désirait situer
l'*unité de l'Église dans la logique de Vatican II*[67]. L'archevêque de
Malines-Bruxelles constatant que Vatican II n'a rien déclaré au sujet des
conséquences de la collégialité pour le Pape dans ses rapports avec les
autres évêques, déclarait: «Il est dans la logique de Vatican II que les
Églises particulières (…) soient consultées ouvertement et collectivement
et puissent collaborer aux documents d'intérêt vital pour toute l'Église»
(…) car l'aide promise à Pierre et à ses successeurs prend la forme d'une
assistance particulière «dans le déploiement normal du jeu de la collégialité. Il est difficile de préciser juridiquement ces règles du jeu» mais il n'y
a pas que le droit et la rigueur formelle d'un texte». La réplique ne se fit
pas attendre. Elle vint entre autres du Card. P. Felici, devenu président
de la Commission pour l'interprétation des textes du Concile. S'en
prenant à certains qui semblent vouloir soumettre au contrôle ou à
l'approbation des évêques l'activité du Pape, il écrivait: «Si la prudence
veut que, dans les questions particulièrement graves, le Pape consulte ses
frères dans l'épiscopat ou que même, éventuellement, il ait leur assentiment (comme c'est le cas dans un Concile œcuménique) ni cette consultation, ni cet assentiment ne sont strictement nécessaires pour la validité
du magistère qui lui a été confié à lui personnellement par le Christ[68]».

---

65. Les documents ayant trait à cette affaire reposent aux archives Philips à Louvain.
Les détails sont relatés par Umberto Betti, *La dottrina sull'episcopato nel Capitolo III della
Costituzione dommatica Lumen Gentium*, Rome, 1968, p. 327, n. 48.

66. Cf. *Osservatore Romano*, dd. 03.03.1965. La «Nota explicativa praevia» fonte
autentica d'interpretazione della Costituzione dommatica «De Ecclesia». Voir aussi *Osservatore Romano*. (éd. fr.), dd. 12.03.1965.

67. Dans *Informations Catholiques Internationales*, du 15.05.1969, notamment p. III.

68. Cf. P. Felici, *La logica del Concilio*, dans *Osservatore Romano*, dd. 09.07.1969, p. I;
repris en partie dans *Doc. Cath.*, 66, (1969). Quelque temps auparavant le Card. P. Felici
rendant compte de l'état de préparation du nouveau Code, avait déjà souligné que seul le
Souverain pontife était législateur, qu'à lui seul revenait la compétence d'apprécier
l'opportunité de demander un avis aux évêques. Cf. P. Felici, *A che punto e'la preparazione
del Codice?*, dans *Osservatore Romano*, dd. 07.05.1969, p. 2, col. 1.

L'article, paraissant sous le titre *La logica del Concilio*, ne laissait aucun doute quant à la personne du destinataire. Les échos favorables que la thèse du Card. Suenens reçut par la suite ne manquèrent pas de démontrer que la logique du Concile telle qu'elle fut vue par le Card. Felici était loin de faire l'unanimité parmi les évêques[69].

Cependant, à la même époque Mgr Philips devait réagir lui aussi avec vigueur contre cette tendance à valoriser abusivement le sens de la Nota Praevia. L'occasion lui en fut fournie par deux articles quelque peu lyriques qui, publiés à la suite des controverses autour de *Humanae Vitae*, tenaient à célébrer l'autorité solitaire, exercée par le Souverain pontife: le P. Gagnebet, qui faisait référence à la N.P. numéros 3 et 4, avait intitulé son texte «Il Papa decide da solo», tandis que le P. Ciappi parlant de «la responsabilité incommunicable du Vicaire du Christ», s'appuyait spécialement sur «cette providentielle Note explicative»[70]. Mgr G. Philips se sentit appelé à démentir ces interprétations de la N.P.: «Le Pape n'est jamais en dehors de l'Église; c'est de l'intérieur de celle-ci que lui viendront les principales informations et indications et, au moment opportun, une véritable participation du corps épiscopal aux actes de l'autorité suprême.» (...) «Les discussions sur la pratique de l'autorité *par le Pape seul* feront encore couler beaucoup d'encre. L'expression 'le Pape seul' ne figure ni dans *Lumen Gentium* ni dans la *Nota Praevia*, parce que, en réalité, le Pasteur premier et suprême n'est jamais 'seul', tout en restant toujours le Chef. La Commission doctrinale du Concile a écarté les amendements tendant à introduire le terme «solus». Au contraire il semble à G. Philips «que la *Nota Praevia explicativa* préconise d'*étendre* l'exercice collégial du pouvoir»[71]. «Le Pape n'est jamais seul» tel est aussi un des thèmes du commentaire de la Nota Praevia que G. Philips publia quelques jours avant l'ouverture du Synode des évêques d'octobre 1969 et qui est repris dans ce volume[72].

Prenant quelque recul vis-à-vis des événements de novembre 1964, G. Philips reconnaîtra finalement que la rédaction de la N.P. n'a pas eu que des effets positifs: «Par ailleurs, les explications préliminaires, celles en particulier de la *Nota Praevia*, avaient pour but de désarmer les réserves d'un certain nombre d'évêques occidentaux qui croyaient voir en tout cela une menace contre la primauté du Pape. La rédaction finale a voulu tenir compte de chaque observation justifiée, d'où qu'elle vienne. Il en est résulté, par suite de nombreuses surcharges, une certaine lourdeur.

69. Voir notamment José DE BROUCKER, *Le dossier Suenens*, Paris, 1970, 290 p.

70. F. GAGNEBET, dans *Osservatore Romano*, dd. 05.09.1968, p. 1; L. CIAPPI, dans *Osservatore Romano*, dd. 11.10.1968, pp. 1-2.

71. G. PHILIPS, *La mise en application de Vatican II*, dans *Nouvelle Revue Théologique*, 91 (1969), p. 569.

72. G. PHILIPS, *La nota praevia sur la collégialité de la constitution conciliaire Lumen Gentium*, ce texte est repris en fin du présent volume au chapitre IX.

La Constitution elle-même respire plus librement la pensée de la *communio*; la *Nota Praevia*, elle, s'applique davantage aux précautions juridiques»[73].

Au cours de la conférence de presse, qu'il fut invité à donner à Rome pendant le Synode des évêques de 1969 G. Philips fit un pas de plus en prononçant une mise en garde, qui pouvait s'adresser à certains milieux romains trop enclins à lire le chapitre III de *Lumen Gentium* uniquement à travers les verres déformants de la «Nota Praevia»: «Si nous, catholiques de l'Occident latin, ne sommes pas sur nos gardes, nous aurons tôt fait de vider de son contenu le concept de communion et de collégialité que nous venons de redécouvrir à la faveur de Vatican II. Nous aurons tôt fait, avec notre juridisme presque connaturel, de transformer la communion de la charité en un code de lois canoniques qui risqueront de l'étouffer et de l'éteindre»[74].

Nous avons relevé précédemment l'opinion du Père O. Semmelroth selon laquelle l'accent mis sur la «missio canonica» risquait d'amoindrir sérieusement la signification propre de la sacramentalité épiscopale. Ici nous voyons que G. Philips donne un avertissement analogue aux catholiques occidentaux dont le juridisme risque de vider de son contenu le concept de communion. Aujourd'hui lorsque nous rencontrons certaines *relectures* de la Constitution conciliaire «Lumen Gentium» nous pouvons nous demander si ces avertissements n'ont pas été émis en vain. C'est le cas notamment pour l'interprétation actuelle que le Père G. Ghirlanda donne à la notion de communion, en valorisant de manière exorbitante l'expression de «communion hiérarchique»[75]. Celle-ci n'est apparue qu'à la fin des travaux de la Commission doctrinale les 22 et 23 octobre 1964 et a été mise en vedette par la N.P. où elle remplit un rôle certain, destiné à donner certains apaisements à la minorité. On peut donc se demander si une expression qui — en dehors de la N.P. — n'apparaît que deux fois dans «Lumen Gentium» peut être appelée à devenir la pièce maîtresse de l'ensemble de la constitution conciliaire[76]. À ceux qui connaissent bien les travaux préparatoires du texte, tout cet effort d'interprétation paraîtra se situer fort loin de l'esprit qui anima les discussions de la Commission doctrinale et aussi de l'intention de

73. G. PHILIPS, *L'Église et son mystère*, t. I, Tournai, 1967, p. 305;

74. G. PHILIPS, *Conférence de presse*, dans *Osservatore Romano* (éd. fr.) dd. 31.10.1969, p. 7; voir aussi *Doc. Cath.*, 66 (1969), pp. 1018-1019; nous en reprenons le texte intégral à la fin de cet ouvrage, au chapitre X.

75. Gianfranco GHIRLANDA, *La notion de communion hiérarchique dans le Concile Vatican II*, dans *L'Année Canonique*, 1981, pp. 231-254; du même auteur l'ouvrage plus développé: *Hierarchica Communio Significata della formula nella «Lumen Gentium»* (Analecta Gregoriana, 216), Rome 1980, 653 p.

76. Selon la concordance de Ph. DELHAYE, M. GUERET et P. TOMBEUR, *Concilium Vaticanum II*, Louvain, 1974, l'expression «communion hiérarchique» apparaît dans *Lumen Gentium*: 2 fois; la N.P.: 5 fois; *Christus Dominus*: 2 fois; *Presbyterorum Ordinis*: 2 fois; *Ad Gentes*: 1 fois.

la grande majorité des Pères conciliaires. Il nous semble que les commentaires et les avertissements de Monseigneur Philips en témoignent suffisamment.

E. UNE COLLÉGIALITÉ DORMANTE

Au début de 1963, avant même d'avoir pu présenter son schéma «De Ecclesia» à la Commission doctrinale du Concile, G. Philips publia un article remarquable et remarqué sur les *Deux tendances dans la théologie contemporaine*. Cet exposé ne manqua pas d'irriter sérieusement certains milieux de la Curie romaine. L'auteur y tente une typologie de deux mentalités théologiques: le premier type se mouvant avec aisance dans le monde des idées abstraites et imperturbables et produisant une théologie anxieuse et précautionneuse, tandis que le second type de théologien à l'angoisse de ne pas atteindre l'interlocuteur concret et de se couper de la pensée moderne, tout en sachant trop bien «que nos catégories intellectuelles visent cette vérité et l'atteignent réellement, sans pouvoir lui donner une expression adéquate»[77]. La conclusion du professeur Philips à l'époque était que les deux courants ne devaient pas nécessairement se combattre mais qu'il leur fallait se rejoindre après s'être purifiés de leurs déficiences respectives. Plusieurs années plus tard Mgr Philips en vint à reconnaître lui-même la permanence des deux tendances théologiques[78].

1. La loi de la «maturité conciliaire»

Aujourd'hui nous nous rendons mieux compte que, malgré le vœu exprimé en 1963, G. Philips n'a certainement pas cru à une réconciliation. Au cours de Vatican II le secrétaire-adjoint de la Commission doctrinale a eu parfaitement conscience des règles à respecter pour la bonne poursuite et la réussite d'un concile. La première de ces règles est ce que nous pouvons dénommer la loi de la «maturité conciliaire»: un concile doit dégager ce qui atteint une certaine unanimité morale; s'il est vrai que l'on peut aider la conscience des évêques à progresser au concile, il ne faut pas la dépasser; si des progrès ultérieurs doivent être accomplis, plus tard, lorsque les esprits se seront calmés et lorsqu'on

---

77. G. PHILIPS, *Deux tendances dans la théologie contemporaine*, dans *Nouvelle Revue Théologique*, 85 (1963) 228-229. À la même époque le P. Le Guillou, *Tendances ecclésiologiques dans l'Église catholique*, dans *DO-C*, 1963, n° 73, distingue: 1) la tendance sociétaire et apologétique et 2) l'Église, communion de charité. Plus tard J. Ratzinger rejetant la polarité «progressistes-conservateurs», parlera d'une opposition entre mentalité «historique» et «juridico-systématique»; les adeptes de la première façon de penser cherchent des critères de renouveau dans les richesses de la Tradition chrétienne. Cf. J. RATZINGER, *Ergebnisse und Probleme der dritten Konzilsperiode*, Cologne, 1965, p. 61.

78. G. PHILIPS, *À propos du pluralisme en théologie*, dans *Ephemerides Theologicae Lovanienses*, 46 (1970) 162-164.

verra plus clair; ce sera là le travail de l'époque post-conciliaire. Au cours des affrontements d'octobre-novembre 1964, G. Philips a toujours voulu faire respecter cette loi.

Si Mgr Philips s'est toujours défendu d'avoir prôné la moindre ambiguïté dans les textes du «De Ecclesia», il est difficile de nier qu'un certain nombre de textes-clés de Vatican II sont «ambigus»: ainsi la façon dont furent traitées la relation primauté-collégialité dans le chapitre III du «De Ecclesia» et la relation Écriture-Tradition dans le «De Revelatione»; ainsi aussi la Nota Praevia. Certaines formulations du «De Ecclesia» qui sont sorties de la plume de Gérard Philips indiquent le *minimum* possible et le *maximum* possible, sans dogmatiser la solution car (selon une expression favorite de G. Philips) «ce qui peut être défini dans un concile ne peut jamais être en avance sur ce qui vit dans l'Église à un moment donné»[79]. Ces textes sont «ambigus» dans ce sens qu'ils laissent le choix ouvert à plusieurs interprétations, afin précisément de ne pas prendre parti entre écoles théologiques dans les domaines où la «maturité conciliaire» est insuffisante.

Pour comprendre l'enjeu des tensions autour de ce chapitre III, il y a un autre facteur encore à prendre en considération: il ne s'agissait pas simplement d'être pour ou contre la collégialité mais à l'intérieur de chaque camp il y avait des différences d'opinion souvent considérables. Si l'on peut certainement parler de la *thèse monarchique* et de la *thèse d'un seul sujet de pouvoir qui est toujours collégial*, selon la description qu'en donne le Père Y. Congar[80], il y a en outre parmi ceux qui prônent la thèse de la collégialité et donc au sein de la majorité conciliaire, plusieurs tendances: il y a des partisans d'une collégialité élaborée, que nous pouvons appeler ici *maximalistes*, et des partisans d'une collégialité minimale, appelés ici *minimalistes*. Selon les premiers, le pouvoir suprême dans l'Église appartient à un seul sujet qui est toujours collégial: le Pontife romain détient donc ses pouvoirs et exerce sa primauté *en tant que* Chef du Collège: il se situe à l'intérieur de celui-ci. Selon les autres, on pourrait accepter la distinction entre la réalité ontologique de la consécration épiscopale et l'attribution par le Pape d'un pouvoir prêt d'être exercé, mais à leurs yeux la question de l'origine des pouvoirs

79. Le Père Y. Congar disait en 1969 «Dans un concile [...] on cherche une formulation à la fois suffisamment précise et suffisamment vague pour permettre la discussion; il faut bien avouer que, pour cela, le latin est une langue merveilleuse pouvant parfaitement remplir cette condition. Il y a donc, dans le ch.III de la Constitution 'Lumen Gentium', sur la collégialité épiscopale, une formulation telle qu'elle laisse possibles les deux positions opposées»; dans une conférence dont le texte se trouve dans *La Croix*, Paris, dd. 19.09.1969.

80. Yves CONGAR, *Ministères et communion écclésiale*, Paris, 1971, pp. 190-216; l'auteur spécifie aussi que la troisième idée celle de *deux sujets inadéquatement distincts* ne constitue pas une troisième thèse car elle est tenue aussi bien par des auteurs à tendance collégiale que par ceux à tendance monarchique.

particuliers du Pontife n'est pas mûre et devrait rester ouverte[81]. La célèbre lettre pastorale de l'épiscopat des Pays-Bas de Noël 1960 représente avant la lettre la tendance maximaliste; les vives polémiques qu'elle suscita avant même l'ouverture de Vatican II préfiguraient donc à cet égard la chaleur des débats conciliaires à venir. Illustrant avec clarté la position maximaliste, l'évêque Christopher Butler écrira plus tard: «Il me semble important d'affirmer que l'action du Pape est toujours celle d'un membre du collège. Le collège est un fruit du sacrement de l'Ordre. Mais il n'existe pas de sacrement par lequel un évêque devient pape. Si donc le Pape avait des facultés, pouvoirs, droits et devoirs qui ne relèvent pas de son appartenance au collège, il se trouverait dans la même mesure en dehors de la structure sacramentelle de l'Église. Et l'une des idées les plus profondes suggérées par les documents de Vatican II est celle qui comprend l'Église dans son existence historique, comme entièrement sacramentelle»[82].

Les chapitres I et II de la Constitution «Lumen Gentium» sont plus proches des maximalistes, le chapitre III est davantage du style minimaliste. Le lien entre le chapitre III et les deux précédents n'a d'ailleurs pas été suffisamment établi dans le texte définitif. De manière schématique on peut dire qu'à l'intérieur de la Commission doctrinale, les leviers de commande et la majorité des voix se trouvaient aux mains de minimalistes soit de principe, soit d'opportunité. Mgr Philips était en quelque sorte leur porte-parole. Leur justification principale était précisément cette loi de la «maturité conciliaire» dont nous avons déjà parlé et qui a des lettres de noblesse car elle prend appui sur une tradition très ancienne, remontant à l'expérience des conciles anciens. Nous avons la conviction que les théologiens influents qui gravitaient autour des travaux conciliaires de G. Philips — et parmi eux bon nombre de «louvanistes» — ont fait pression sur lui, particulièrement pendant l'intersession de 1963-1964, afin d'obtenir une énonciation plus claire de la collégialité et afin de majorer la complémentarité des pouvoirs du Pape et de ceux du Collège des évêques. Mais la marge de manœuvre dont disposait G. Philips demeurait trop étroite.

81. L'article très remarqué de Mgr P. Rusch, publié au cours de 1964, est également représentatif du courant maximaliste; voir *Die Kollegiale Struktur des Bischofsamtes*, dans *Zeitschrift für katholische Theologie*, 86 (1964) pp. 257-285; cet auteur, à l'époque évêque d'Innsbrück et défenseur *in aula* du sujet unique et collégial du pouvoir dans l'Église, rejetait formellement ici, quant au magistère suprême, la théorie des «deux sujets inadéquatement distincts».

82. Cf. C. BUTLER, *Théologie et nouvelles structures*, dans *Convergence* (Pax Romana Journal) 1969, n° 5 (n° spécial: La crise de l'autorité dans l'Eglise). C. Butler appelle la N.P. un «document non conciliaire». De son côté l'avis de G. Alberigo fut à l'époque non moins sévère; il estima entre autres que la N.P. aggrava la dialectique en faveur du pouvoir primatial alors que d'autre part «elle resta étrangère aux décisions véritablement et proprement conciliaires, assez semblable dès lors à un de ces nombreux documents de la phase de l'élaboration, avec cependant une certaine importance», cf. *Il Concilio Vaticano II: III e IV sessione*, dans *Cultura e scuola* n° 28 (1968), p. 109.

Cependant c'était là un débat interne, mené en quelque sorte dans le secret de l' «inner circle» de la Commission. Une fois le texte du chapitre III et la N.P. établis et agréés, tous ont fait front commun avec Mgr Philips pour des raisons évidentes de tactique conciliaire. Ils ont ensuite partagé avec G. Philips les reproches, parfois très vifs, que la tendance maximaliste lui adressa en novembre 1964. Leur apologétique a alors consisté à affirmer que la N.P. avait en d'autres termes le même contenu que le chapitre[83]. Au cours de ses travaux d'octobre 1964, la Commission doctrinale se trouva confrontée à deux sortes d'amendements: les uns en faveur de la conception *monarchique* de la papauté, les autres prônant un exercice *collégial* de la papauté. Les premiers qui provenaient de la minorité tendaient à placer le «vicaire du Christ» *au-dessus* du Collège ou bien à isoler le «successeur de Pierre» *vis-à-vis* de ce Collège; les derniers, de style maximaliste, tendaient à valoriser le rôle du Pape *en tant que* «tête» du Collège et à situer sa fonction *à l'intérieur* du Collège. Les uns et les autres furent repoussés[84].

Il faut remarquer encore que la minorité qui s'opposait à la collégialité inscrite dans le «De Ecclesia» était, elle aussi, partagée en différentes tendances. Les plus radicaux parmi les évêques et les théologiens de cette opposition estimaient que l'insertion d'une «note préliminaire» était un détour superflu et semé d'embûches; une intervention pontificale directe, imposant des modifications au texte même, eût valu cent fois mieux. Les plus modérés étaient disposés à se contenter d'une note ajoutée, introduisant dans la Constitution les restrictions nécessaires. On aboutissait ainsi à ce paradoxe: les maximalistes de la majorité et ceux de la minorité étaient également opposés à une «note préliminaire»; les minimalistes des deux opinions trouvèrent un point de jonction en la même «nota praevia». Mais à quel prix?

Esquissant ici à grands traits une situation complexe, il est clair que les nuances ne peuvent malheureusement pas être assez respectées. Cependant à partir du moment où en novembre 1964 le petit groupe dirigeant de la Commission accepta d'entamer la discussion en termes de pouvoirs juridiques, afin de sortir de l'impasse, une concession majeure était faite à l'influence du Père W. Bertrams, et aussi à la tendance modérée de la minorité de Vatican II. On ne peut nier qu'à partir de ce moment là toute influence de type maximaliste fut exclue et que *de plus*

83. C'est un peu le point de vue du Père Y. Congar écrivant: «Ce texte (de la N.P.) ne proposait pas une autre doctrine que le chapitre lui-même, mais il l'exprimait de façon plus conceptuelle, plus scolastique, plus proche des anciens 'canons'« afin de donner satisfaction aux esprits qui veulent procéder de manière analytique. Cfr *Le Concile de Vatican II*, Paris, 1984, p. 62. Ailleurs Y. Congar fit des réserves sérieuses concernant le Nota Bene de la N.P.

84. À titre purement indicatif, on pourrait citer ici comme «maximalistes», les interventions des Pères conciliaires suivants: Maximos IV (patriarche Melchite), B. Alfrink (Utrecht), Butler (Londres), Gatthas (Thèbes), Hermaniuk (Winnipeg), P. Rusch (Innsbrück), etc.

la logique même de la tendance de Mgr Philips se trouva entamée. Alors que la Commission avait atteint un consensus qui était déjà basé sur une série de compromis, en octobre 1964, l'introduction de nouvelles modifications en faveur du pouvoir pontifical *au-dessus* et *vis-à-vis* du collège risquait de porter un coup fatal au prestige des dirigeants de la Commission doctrinale. Il est clair pour nous qu'à ce moment charnière l'autorité de Paul VI a été d'un poids décisif.

2. Interprétations postconciliaires

Dans ces circonstances, il était difficile en 1964 de faire une évaluation objective de la fonction spécifique qui serait dévolue à la N.P. après la clôture de Vatican II. Il devint bientôt évident que les partisans de la thèse monarchique allaient user et abuser des éléments les plus voyants de la N.P. On allait s'apercevoir bientôt que les compromis du Chapitre III et de sa note explicative allaient en quelque sorte confirmer les lectures divergentes de «Lumen Gentium»[85]. Cependant avec le recul des années, des critiques plus fondamentales allaient apparaître. Selon le Père E. Lanne, le plus grand reproche que l'on peut adresser au Concile c'est d'avoir eu son attention polarisée autour de la question des «pouvoirs» dans la relation primauté-épiscopat et à cause de cela d'avoir négligé la redécouverte de la théologie de la communion. On a dès lors négligé d'expliciter la relation hiérarchie-peuple de Dieu au niveau de l'Église locale, qui était précisément l'endroit où allait se jouer la crise postconciliaire[86]. Par une réflexion qui rejoint d'une certaine façon l'auteur précédent, G. Alberigo s'est demandé s'il n'y avait pas un lien entre la N.P. et la crise postconciliaire: «On peut se demander si la crise progressive du leadership qui s'est manifestée dans l'Église catholique à partir des années 1970 ne remonte pas, dans une forte mesure, au nouvel isolement dans lequel se trouvait placé le ministère pontifical par les préoccupations qui trouvent leur plus claire expression dans la *Nota explicativa praevia* au chapitre III de *Lumen Gentium*»[87]. Un moment d'évaluation particulièrement significatif se trouve au Synode des évê-

85. Dix ans plus tard, dans un ouvrage désormais classique, A. Acerbi décrivait la juxtaposition de deux ecclésiologies: *Due ecclesiologie: ecclesiologia giuridica ed ecclesiologia di communione nella «Lumen Gentium»*, Bologna, 1975, 586 p.

86. E. LANNE, *L'Église locale et l'Eglise universelle*, dans *Irenikon*, 43 (1970), pp. 488-494. Il faut reconnaître que la synthèse n'est pas faite entre le N.B. de la «Nota Praevia», où le Concile ne voulait pas se prononcer sur l'origine et le pouvoir détenu par les Églises orthodoxes et d'autre part les n°s 14 à 17 du Décret sur l'œcuménisme où l'on ne perçoit aucune restriction d'ordre doctrinal à cet égard.

87. G. ALBERIGO, *Institutions exprimant la communion entre l'épiscopat universel et l'évêque de Rome*, dans *Les Églises après Vatican II*, Paris, 1981, p. 272; on trouvera ici aussi une analyse historique approfondie des sources de la N.P. n° 3 in fine pp. 284-286. Le Père Dejaifve, que nous citons plus loin, se dit, lui aussi, persuadé que la crise de l'après-concile est née en grande partie d'une ignorance des enseignements de Vatican II, chez ceux-là même qui auraient dû aider le Saint Père à faire passer le Concile dans les faits.

ques d'octobre 1969, consacré précisément au thème de la collégialité. Les interprétations «monarchique» et «collégiale» du chapitre III y sont défendues de part et d'autre avec force. Ne pourrait-on pas dire qu'à cette occasion la N.P. a été rejetée par une part importante de l'épiscopat? C'est en tout cas l'opinion d'A. Acerbi qui écrit: «On peut dire que l'épiscopat, qui n'avait pas discuté au Concile la *Nota Praevia*, quand en 1969 il a été appelé à prendre position sur le problème, ne l'a pas acceptée». Ce serait donc là un cas de non-réception[88].

À la base de cette juxtaposition post-conciliaire de deux ecclésiologies antagonistes, certains ont décelé le conflit non-résolu de tendances opposées aux *deux derniers conciles*: alors que les partisans d'une ecclésiologie de communion formaient la minorité à Vatican I, qui quitta le concile avant le vote final, à Vatican II ce fut, en quelque sorte, l'inverse puisque les représentants d'une ecclésiologie hiérarchologique y constituaient la minorité; mais une minorité avec grande influence. Tel est l'avis de H.J. Pottmeyer. Pour éviter un éclat semblable au concile précédent, le Pape a, cette fois, fait insérer la «Nota Praevia» qui met l'accent sur l'entière liberté d'action du Pape à l'égard de la collaboration de l'épiscopat: de ce fait, la responsabilité collégiale apparut comme une concurrence ou une menace pour la Primauté. Il s'ensuit un écart considérable entre l'ecclésiologie du chapitre II sur le Peuple de Dieu et celle du chapitre III sur la hiérarchie[89]. De même Henri Holstein écrit que la dualité de certaines affirmations réclamait une synthèse «que ne fait pas le texte conciliaire, lequel juxtapose, pour ainsi dire, deux images: le pape, évêque de Rome, membre du 'collège' dont il est chef en lui appartenant — le pape, au-dessus du 'college', lui donnant consistance et autorité par l'agir de son autorité extérieure». Si Vatican II a situé la question, il ne l'a pas résolue[90]. Le Père G. Dejaifve, œcuméniste et ecclésiologue, attaché à l'Institut Oriental Pontifical de Rome, croyait aussi que dans le ch. III de *Lumen Gentium* «les affirmations sur le pouvoir du Pontife romain sont restées enfermées dans le carcan de Vatican I et tributaires d'une perspective exceptionnelle, créée par un accès de fièvre obsidionale»[91].

88. A. ACERBI, *L'ecclésiologie à la base des institutions ecclésiales post-conciliaires*, dans *Les Églises après Vatican II*, Paris, 1981, p. 226.

89. H.J. POTTMEYER, *Die zwiespältige Ekklesiologie des Zweiten Vaticans. Ursache nachkonziliarer Konflikte*, dans *Trierer Theologische Zeitschrift*, 92 (1983) p. 277.

90. H. HOLSTEIN, *Hiérarchie et Peuple de Dieu d'après Lumen Gentium*, Paris, 1970, p. 17.

91. G. DEJAIFVE, *Un tournant décisif de l'ecclésiologie à Vatican II*, Paris, 1978, pp. 117-118. On admettra que si, en un siècle, les Papes n'ont usé qu'une seule fois de leur privilège personnel de l'infaillibilité, ce n'est pas là la forme usuelle du magistère pontifical! L'auteur poursuit: «On n'a donc pas réussi à Vatican II l'intégration parfaite du dogme de la primauté dans la perspective nouvelle de la collégialité épiscopale. Il suffit de lire le ch. III de la Constitution et de le comparer aux autres chapitres pour voir qu'il a souffert des tensions internes qui ont agité le concile jusque dans ses commission».

C'est bien ainsi que l'ont compris de nombreux théologiens orthodoxes, qui ont avoué avoir été très déçus par la phase ultime du «De Ecclesia». L'Archevêque russe orthodoxe Krivocheïne voyait «à côté de tant de textes beaux et profonds, signes d'un ressourcement authentique (...) et une croissance réelle de la conscience théologique chez les catholiques (...) des choses inacceptables pour nous, comme la répétition et même le renforcement des décisions de Vatican I»[92]. Pour de nombreux observateurs non-catholiques mais aussi catholiques, les modifications apportées au chapitre III du «De Ecclesia» signifièrent finalement *une occasion perdue*[93].

3. *Un chapitre ouvert mais non encore écrit*

Il n'est pas admissible cependant d'écrire l'histoire de manière rétrospective. Les responsables de la Commission doctrinale de Vatican II ne pouvaient pas prévoir l'avenir. Mgr Philips ne pouvait pas, en novembre 1964, prévoir que certaines instances romaines allaient chercher à obtenir une exploitation maximale de la «Nota Praevia» pour évacuer la collégialité. La censure qui allait s'exercer sur l'historiographie de Vatican II n'était pas prévisible[94]. N'était pas prévisible non plus l'exégèse que le Cardinal Pericle Felici allait faire du chap. III de la Constitution *Lumen Gentium* dans son «duel» avec le Cardinal Suenens en 1969[95]. Le moins de prévisible de tout fut le phénomène de crise qui caractérisa le monde et l'Église à partir de la fin des années soixante, phénomène complexe et impossible à analyser ici mais qui cependant influença les développements post-conciliaires.

Les partisans d'une collégialité «maximale» étaient d'avis qu'un texte dogmatique comme le «De Ecclesia» devait avoir la plus grande clarté et éviter toute ambiguïté pour préserver l'avenir. Le parti centriste et

92. B. KRIVOCHEÏNE, *La Constitution dogmatique «De Ecclesia». Point de vue d'un Orthodoxe*, dans *Irenikon*, 39 (1966), p. 495.

93. J. Karmiris écrit que «ainsi fut perdue en grande partie l'occasion importante qui a été donnée par le schéma décisif *De Ecclesia* d'une mise à jour véritable et réelle de l'Église catholique romaine dans son ensemble»; texte cité par B. Krivocheïne, *l.c.*, p. 495.

94. Notons ici au moins un cas de censure: à l'occasion de la présentation de l'édition italienne de l'*Église de Vatican II*, en janvier 1966, le P. Barauna, qui assumait la direction de l'ouvrage collectif, fut pris à part Mgr Dell'Acqua qui lui suggéra d'apporter certaines modifications à deux passages concernant la *Nota Praevia* en vue d'une réédition du livre; il s'agissait de censurer le chapitre de Ch. Moeller sur le ferment des idées et celui de J. Ratzinger sur la collégialité épiscopale, qui, tous deux, sous-estimaient l'importance et la signification de la N.P. De fait la censure suggérée fut en partie mise à exécution. Cf. U. BETTI, *La dottrina sull'episcopato nel capitolo III della Costituzione dommatica Lumen Gentium*, Rome, 1968, p. 327.

95. P. FELICI, *La logica del Concilio*, in *Osservatore Romano*, dd. 03.07.1969, p. 1. Quelques jours après la promulgation de «Lumen Gentium» le Card. Felici faisant un exposé publique au Circolo di Roma, insista sur la valeur de la «Note explicative» en tant que document autorisé d'interprétation; voir *Osservatore Romano* (éd. fr.), dd. 25.12.1964, p. 5 et aussi P. FELICI, *Il lungo cammino del Concilio*, Milan, 1967, pp. 89-95.

conciliateur de la Commission doctrinale accepta au contraire certaines ambiguïtés comme «un moindre mal»: son souci étant précisément de «dédogmatiser» les questions les plus brûlantes. Les premiers craignaient que les ambiguïtés n'enlèvent au texte conciliaire le dynamisme qu'il devait inspirer après la clôture de Vatican II. Les derniers étaient d'avis que dans l'immédiat c'était la seule solution tactique; ils se résignaient à ce qui était réalisable; pour la suite ils espéraient que les «ouvertures» du texte et les grandes lignes rénovatrices, qui déterminaient sa structure permettraient plus tard d'achever le travail entamé. L'histoire jugera.

Au lendemain du concile Mgr Gustave Thils, expert à Vatican II et souvent proche de Mgr Philips, a fait une suggestion concernant la voie à suivre pour l'avenir de ce chapitre III: «s'efforcer de découvrir la signification propre, la mission propre respectivement de la Papauté et du Collège épiscopal, grâce à des recherches de théologie positive. C'est en effet à partir de cette signification et de cette mission propres que pourra être fixée la délimitation de l'étendue et de l'exercice des pouvoirs du Pape et du Collège. On constatera à ce moment que les deux organes d'autorité suprême et plénière dans l'Église universelle ne sont pas antithétiques mais peuvent coexister avec harmonie»[96]. Quoi qu'il en soit, la Constitution dogmatique *Lumen Gentium* est restée une œuvre remarquable, mais qui est loin encore d'être passée dans la réalité des faits.

Même si l'on peut dire aujourd'hui que nous en sommes encore à une «collégialité dormante»[97]. il n'en reste pas moins vrai que les semences de Vatican II sont en terre. Même le Père Dejaifve se dit persuadé «que certaines semences jetées au cours du débat de Vatican II, si elles n'ont pas trouvé alors un terrain favorable, germeront un jour et porteront leurs fruits pour l'Église de l'an 2000 et au-delà»[98]. Vatican II a ouvert un nouveau chapitre. Pourquoi ne pas conclure avec quelqu'un qui a vécu l'événement, comme témoin privilégié: «La théologie des relations entre Primauté et Épiscopat n'est pas encore parfaitement élucidée (...). Nous ne prétendons pas conclure: simplement faire entendre une voix

96. G. Thils, *Papauté et Episcopat, harmonie et complémentarité*, dans *Volk Gottes. Festgabe für Josef Höfer*, Fribourg, 1967, p. 54. Cette vue prospective s'est en quelque sorte réalisée près de vingt ans plus tard dans l'essai de J.M.R. Tillard, *L'évêque de Rome*, Paris, 1982.

97. «Vatican II ne nous montre pas comment dans la pratique combiner la liberté du Pape et les exigences de la collégialité; et ce n'est que par des moyens institutionnels que cette alliance peut être rendue efficace. Ce que nous voyons à présent c'est une papauté en action alors que la collégialité se trouve dormante». Ceci est extrait de C. Butler et J. Tillard, *The Pope with the Bishops*, dans *The Tablet*, dd. 11.10.1980, p. 988.

98. G. Dejaifve, *Un tournant décisif, op. cit.*, p. 126.

dans une recherche qui n'est pas close»[99]. Nous pouvons donc dire en conclusion que si le chapitre n'est pas encore écrit, il reste toujours ouvert.

Jan GROOTAERS

99. Y. CONGAR, *Ministères et Communion ecclésiale*, *op. cit.*, p. 219; à la page précédente le P. Congar ne manque pas de souligner combien prudemment a été rédigé le n° 22 par. 3 de «Lumen Gentium» avec l'intention de ne pas dirimer la discussion pendant entre les théologiens et il nous rappelle qu'il en fut témoin personnellement.

II

NOTES POUR SERVIR À L'HISTOIRE DE LA NOTA PRAEVIA EXPLICATIVA (LUMEN GENTIUM, III)

Notre intention est de fixer certains points d'histoire peu connus, dont l'importance cependant est considérable pour une interprétation exacte de la *Nota praevia*. En *Annexe*, nous ajoutons les principaux documents justificatifs.

L'état de la discussion

L'état de la discussion apparaît clairement dès avant la 3ᵉ Session du Concile. La minorité s'oppose à la sentence que la consécration épiscopale confère en même temps les fonctions de sanctifier, d'enseigner et de gouverner, ou en d'autres mots le pouvoir d'ordre et le pouvoir de juridiction. Elle ne conférerait que le pouvoir d'ordre.

Au cours de la discussion depuis la 2ᵉ session du Concile, la minorité se replie sur une position moyenne: la consécration épiscopale donne la *capacité* de recevoir du Pape la juridiction et de devenir sous lui membre du Collège qui, lui aussi, est détenteur du pouvoir suprême. Ainsi le Pape peut constituer le Collège épiscopal, mais celui-ci n'existe pas sans cette convocation. Pour preuve voir le *Doc. I*, du Card. Browne, daté du 12 février 1964.

La majorité de son côté insiste sur le fait que la consécration épiscopale donne sans doute le pouvoir de juridiction, et constitue le Collège, mais l'*exercice* du pouvoir doit se faire en communion avec le Chef du Collège et ses membres, et il n'est pas indépendant des règles ou normes approuvées par le Pape. Dès lors on peut dire que le passage-en-acte de la juridiction (non: *munus*, mais *potestas expedita ad actum*) est accordé par l'autorité pontificale.

La minorité objecte qu'un pouvoir aussi longtemps qu'il ne passe pas à l'acte est inutile et n'existe donc pas. Seul un acte du Pape le fait

---

* *Avertissement au lecteur:* Il y a dans ce texte deux sortes de références qu'il convient de bien distinguer. D'une part, Mgr Philips a mis entre parenthèses des renvois en *chiffres romains* aux documents qu'il a lui-même joints à son mémoire (Chap. III). D'autre part, les références en bas de pages sont ajoutées par nous-mêmes, notes 1-8, renvoyant aux documents qui sont repris plus loin à notre initiative (Chap. V, VI et IX) (Note de J.G.).

exister. La majorité répond que le Collège *existe* toujours et que son pouvoir s'exerce jusqu'à un certain degré dans le gouvernement pastoral ordinaire. Il s'exerce pleinement au Concile et aussi quand le Pape l'invite à une action collective. Il appartient au Pape de juger de quelle manière et avec quels collaborateurs il exercera son pouvoir, ainsi qu'il est dit dans la *Relatio* du n. 22, publiée le *3 juillet* 1964: «secundum suam prudentiam de qua ipse est iudex» p. 90). Si le Pape ne tenait aucun compte de l'existence de l'Ordre des Évêques, il agirait contre la structure même de l'Église. Le texte du Concile qui reconnaît au Pape et au Collège le pouvoir plein et suprême ne diminue en rien la position du Pape. On n'oppose pas le Pape au Collège, mais on distingue entre le Pape d'un côté et le Collège — qui contient le Pape comme Chef, — de l'autre côté.

La confusion signalée dans notre dernière phrase a pesé jusqu'à la fin sur l'esprit de la minorité. Ainsi une note du Cardinal *Micara* au Saint Père, datant probablement de septembre 1964, fait observer que la doctrine du Collège comme détenteur du pouvoir suprême, plénier et universel (à exercer en dépendance du Souverain Pontife) n'est pas sûre, bien au contraire. Ses conséquences seraient extrêmement graves pour la primauté du Pape, qui, si on observe la logique, ne pourrait plus agir validement si ce n'est d'une façon collégiale. De même, on devrait conclure que les évêques schismatiques exercent validement les pouvoirs d'ordre et de juridiction[1]. Le Cardinal *Ruffini* fait observer, vers la même date, que Pierre ne doit pas s'appeler «*le premier*» des Apôtres (comme l'affirmait, d'après Mt. 10,2 une rédaction antérieure), mais *le chef* des Apôtres. Il ne peut pas admettre non plus purement et simplement *la parité* entre Pierre vis-à-vis des Apôtres et le Pape vis-à-vis des évêques. Ces derniers, en effet, ne reçoivent ni l'infaillibilité personnelle ni la juridiction effective sur toute l'Église[2].

En sens opposé, en date du 16 sept. 1964, le Cardinal *Lefebvre* fait parvenir au Saint Père une note (rédigée par Moeller, Martimort, Congar, Ancel), faisant observer que le sacre épiscopal donne bien le *munus regendi*, mais que le droit canonique doit déterminer l'exercice de la *potestas iurisdictionis*. Anciennement, ajoute-t-il, l'ordination concédait en même temps l'ordre et la juridiction. Il cite même un passage du *Symposium theologicum de Ecclesia Christi*, édité par le Latran en 1962, p. 110 s., affirmant que la *mission canonique* transmettant la juridiction, ne *crée* pas le pouvoir mais en désigne les subordonnés.

Le Cardinal traite ensuite du double *sujet* du pouvoir suprême. Il fait observer que l'Église est un mystère, que nous décrivons avec des termes humains analogiques et de plus que le Chapitre III affirme au moins

1. Voir ci-après Chap. V, document Micara.
2. Voir Chap. V, document Ruffini.

vingt fois que le Collège ne peut rien faire sans le Pape, ni empêcher ou limiter son action. La Collégialité, au contraire, est une gloire pour l'Église[3].

Un exposé du même genre, rédigé par Lécuyer, Dupuy, Moeller est remis au Saint Père par le Card. Suenens, le 18 septembre 1964. Ce texte est plus long (7+2 grandes pages) et réfute l'article de D. Staffa dans *Divinitas*, 1964, p. 45-61 et de R. Dulac dans *Pensée Catholique*, 1964, n° 94, p. 9. Il s'étend sur la nature des pouvoirs épiscopaux, sur la notion du Collège chez les Pères, sur l'exercice de l'autorité épiscopale et sur la responsabilité des évêques à l'égard de l'Église universelle. Le P. Lécuyer ajoute des sources historiques abondantes et claires[4].

J'ai moi-même fait parvenir une Note dans le même sens en date du 19 septembre 1964 (*Doc. II*). Plus tard j'ai demandé à plusieurs reprises l'occasion de donner ou de faire donner cette explication aux Pères, mais la Présidence de la Commission a toujours refusé d'accéder à cette demande.

L'opposition entre les deux groupes se raidit lors des votes. Ceux-ci, pour le chapitre III, eurent lieu du 21 au 30 septembre 1964. Chacune des 39 *suffragationes* du texte de la Commission obtint largement les deux tiers des voix (sauf la dernière: suppression du célibat pour les jeunes diacres). Mais les *Modi* ou Amendements introduits à cette occasion étaient fort nombreux. Ils se chiffraient par milliers et émanaient surtout d'un groupe compact d'environ 300 Pères sur 2.200.

Le dépouillement des « Modi »

Cet examen des amendements de dernière minute a eu lieu pour le chapitre III au sein de la Commission Doctrinale du 22 au 30 octobre 1964, après une préparation faite par une petite Commission technique. Celle-ci formulait des projets de réponse sur lesquels statuait la Commission Doctrinale.

Plusieurs incidents ont caractérisé cette discussion. La minorité a objecté auprès du Pape que *le vote n'avait pas été régulier*, étant donné qu'on avait voté, non sur le chapitre III entier, mais successivement sur sa première et seconde partie sans que l'Assemblée en eut statué de la sorte. Les Modérateurs ont demandé et obtenu par après l'approbation de l'Assemblée sur cette procédure.

La minorité a objecté ensuite le 19 octobre que la petite *Commission technique* de dépouillement des *Modi* était mal composée. En dehors du P. Tromp, secrétaire, considéré comme favorable à la minorité, elle comprenait le vice-président, Mgr Charue, le président (ou le Rapporteur) de la Sous-Commission qui avait préparé la partie du texte en

---

3. Voir Chap. V, document J. Lefebvre.
4. Voir Chap. V, document L.J. Suenens.

question, et le secrétaire adjoint Philips. Tous ceux-ci étaient considérés comme favorisant la majorité.

La minorité suggéra d'ajouter deux membres à ce groupe, dont un représenterait explicitement la minorité. Le P. Tromp s'opposa à cette proposition qu'il considérait comme offensante pour lui. Plus tard, il l'admit, après avoir appris, je pense, que la suggestion était soutenue par le S. Père. Je réussis le 21 octobre à faire reconnaître Mgr Franic comme représentant officiel de la minorité. Après bien des péripéties, une fois l'affaire réglée, Mgr Franic remercia et déclara que sa présence au Groupe Technique n'était pas nécessaire, puisque toutes les décisions se prenaient à la Commission Doctrinale. Il n'assista donc jamais au travail préparatoire.

Pendant l'*expensio modorum*, dont la plupart se voyaient écartés par la Commission, les Pères et les théologiens de la minorité insistaient auprès du Pape pour faire réintroduire les *Modi* refusés par la Commission. Ainsi le R.P. Ciappi le 25 octobre présenta au S. Père trois *Modi*, exigeant pour la consécration épiscopale un caractère *légitime* et réduisant l'effet produit à la seule *capacité* d'être appelé à former un Collège. Voir *Doc. III*.

A partir du 29 octobre 1964, je note les événements jour par jour.

Jeudi 29 octobre 1964.

Le P. Tromp note dans sa Chronique de ce jour que la Commission Doctrinale approuve formellement à nouveau le texte sur la *qualification théologique*, admis après des débats compliqués le 6 mars 1964 et dont on avait encore discuté en Commission le 22 octobre 1964. (Voir Tromp, p. 27 et 25 de la Chronique 27 VII-11 XII, 1964)[5].

Ce texte est désormais acquis définitivement et sera lu publiquement en Assemblée par le Secrétaire Général, Mgr Felici. Ainsi il appert que le texte de *Lumen Gentium* est plus qu'une simple directive pastorale, il a une valeur proprement doctrinale.

Notons, pour être complet, que sur les documents *De Ecclesia*, pendant un certain temps, le mot «Constitutio *dogmatica*» avait disparu. Puis il est repris, une enquête ayant établi que jamais aucune décision, n'était intervenue pour supprimer le mot *dogmatica*. L'omission était due à une simple distraction dont je crois être moi-même responsable.

---

5. Voir Chap. VI, extrait des délibérations d'octobre-novembre 1964.

Vendredi 30 octobre.

Vers le milieu de la discussion sur les *Modi* du chapitre III, le 26 octobre, Mgr C. Colombo, qui avait été *expert* de la Commission et siégeait depuis son sacre à la table des Évêques, sans être «membre» de la Commission, parla pour la première fois d'un ajout à faire à la *Relatio generalis* pour développer d'une façon systématique les principales Réponses aux *Modi* refusés, dans le but de donner ainsi une explication et une certaine satisfaction à la minorité. Je fus chargé de rédiger une note en ce sens. Mais comme la question restait pendante, je n'ai pas transmis à la typographie le rapport de l'*Expensio Modorum Capitis III*, prévoyant que le texte des *Modi generales* serait complété. Nous ne disposions donc à ce moment que du texte ronéotypé de ce Document. Pour la date du 30 octobre, la Chronique du P. Tromp ne donne aucune indication.

Samedi 31 octobre.

Journée sans session.

Le soir, je reçois au Collège Belge la visite de Mgr Colombo. Il ne dit pas qu'il est envoyé en mission, mais il me fait cette impression. Il me propose de réunir les Réponses (négatives) aux principaux *Modi* et de placer cette espèce d'Explication de principe en tête de l'*Expensio Modorum*, en connexion avec les *Modi generales*. Il n'est pas pressé et il m'assure que je puis y consacrer le temps voulu. Il ne reste plus cependant avant la fin de la session conciliaire que trois semaines. Or il faut encore examiner tous les *Modi* des Chapitres IV à VIII, faire imprimer et distribuer tous ces textes, organiser les votes par chapitres, puis le vote sur l'ensemble, et terminer tout cela avant le 21 novembre. Je redoute donc de ne pas arriver à temps.

Lundi 2 novembre.

Je prépare des *Addenda ad Relationem generalem*, d'après la demande de Mgr Colombo (*Doc. IV*). L'exposé est divisé en 4 points, pour répondre aux principales objections dans une vue d'ensemble. Il reprend, en les groupant, les *Modi* les plus controversés, mais n'apporte pas d'éléments nouveaux, ainsi que le Card. Browne me l'a affirmé par deux fois explicitement («Avec toutes vos explications la thèse reste toujours la même»). Les corrections du Doc. IV, écrites à la main, ont été ajoutées plus tard après discussion en Commission. Voir plus loin.

Le soir Mgr Colombo revient chez moi au Collège Belge et à mon grand étonnement il m'apporte un document intitulé NOTA INTRODUCTORIA ad *Relationem de Modis Capitis III*. Il accepterait de faire suivre cette *Note* par les *Addenda* que j'ai rédigés. Le document qu'il me transmet semble coïncider dans sa première partie avec les publications et notes du P. Bertrams. L'ensemble est rédigé dans un style et dans un esprit qui diffèrent assez notablement du texte de la Commission, bien que la thèse fondamentale reste acquise. Je demande un temps de réflexion pour examiner de plus près la Note Colombo qui comprend six grandes pages. (Voir *Doc. V*)

Ni lundi 2, ni mardi 3 novembre la Commission ne s'est réunie.

Mardi 3 novembre.

Après avoir relu la Note de Mgr Colombo et avoir réfléchi longuement, je lui envoie une lettre pressante pour qu'il abandonne son projet et se contente de faire approuver mes *Addenda* par la Commission. En effet, la présentation d'une *Note* nouvelle, longue de 6 pages, ne peut manquer de susciter de nouvelles discussions. La Commission ne l'approuvera certainement pas sans en avoir analysé et scruté jusqu'au dernier mot, ce qui pourrait nous empêcher d'être prêts en temps voulu.

Pour toute éventualité, si la Note était imposée à la Commission ou approuvée par elle, je propose à Mgr Colombo une série de 8 ou 9 *corrections*, qu'il a d'ailleurs acceptées de bon gré, sauf une. De son propre mouvement il en ajoute encore quelques petites autres. Du brouillon de corrections proposées par moi, je joins ici une transcription plus claire (*Doc. VI*). On constatera e.a. que la correction 3 n'a pas été admise, ce qui est important, parce que de la sorte renaissent les difficultés sur la consécration «irrégulière», qui selon le P. Ciappi et le P. Bertrams ne donnent pas le pouvoir de juridiction. Cela pourrait remettre tout en question. Cependant à la correction 6, on parle de la «*canonica* iurisdictio», ce qui pourrait redresser l'affaire. A la correction 6', Mgr Colombo a ajouté les mots *dum sufficienter claro*.

La différence d'esprit et de style avec le document de la Commission apparaît surtout à la page 4 où il est dit que le consentement du Chef constitue l'*élément formel* de l'existence de l'activité collégiale. De même la *Note* affirme *ib.* que sans le Pape le Collège *n'existe pas*, là où le texte de la Commission dit: Corpus Episcoporum (sine Capite) *auctoritatem non habet* ...» n. 22). L'explication la plus importante semble celle de la page 5 où on insiste sur le caractère *permanent* (indesinenter) du pouvoir pontifical, alors que le mode collégial n'est pas permanent.

Le même jour, soit le mardi 3 novembre, à 14 h. je demande à Mgr Colombo par téléphone quelle est sa réponse. Il n'abandonne pas sa *Note*, mais il communiquera au S. Père sa *Note* en même temps que mes *Addenda*. Je le supplie d'ajouter dans sa Communication au Pape que je suis d'avis que mes *Addenda* suffisent et que l'Introduction de la *Note* me semble presqu'irréalisable en déans le temps voulu. Il me répond qu'il transmettra mon message, mais qu'il ajoutera à la fin de sa lettre qu'il est cependant fort important d'obtenir l'assentement de la minorité.

C'est dans ce sens qu'il rédige sa lettre (*Doc. VII*). La première partie de celle-ci rejette les 3 *Modi* du P. Ciappi, parce que opposés *substantiellement* au texte.

Cependant, ajoute-t-il, il serait fort opportun pour éclairer les esprits, de faire précéder l'*Expensio Modorum* par une *Note* explicative synthétique et organique. Il invoque un précédent. Au premier Concile du Vatican, il y a eu une explication semblable présentée par les Rapporteurs officiels Zinelli et Gasser (Il y a cependant une différence: les Rapporteurs indiqués faisaient un discours au nom de la *Deputatio fidei*. C'est sans doute pour ce motif que Mgr Colombo propose de faire lire sa *Note* en public avant le vote).

Puis il ajoute, comme je l'avais demandé, le texte préparé par moi, que je considère comme suffisant. En outre, et en sens opposé, il fait valoir qu'il est important d'obtenir la plus grande unanimité possible.

Le Pape doit avoir reçu cette lettre avec les deux annexes soit mardi soir, soit mercredi matin.

Mercredi 4 novembre.

Dans l'incertitude à propos de la *Note*, je laisse discuter et achever en Commission les *Modi* des chapitres IV, V, et VI. Personne ne soulève la question restée pendante sur la *Relatio generalis* du chapitre III.

Jeudi 5 novembre.

Ne recevant pas de réponse du Vatican, je téléphone à 14 h. à Mgr Colombo pour demander des nouvelles et en particulier si je puis présenter mes *Addenda* à la Commission. Il répond oui et ne fait plus mention de sa *Note*. J'interprète cette réponse dans le sens que la *Note* est abandonnée et je respire. Peu de jours après il deviendra clair que sur ce point je me suis trompé.

Vendredi 6 novembre.

16,30 h. réunion de la Commission à laquelle je présente l'ajout à la Relation Générale, c.-à-d. les 4 points ci-dessus signalés, en demandant de pouvoir abréger les réponses aux *Modi* correspondants. Je crains que la majorité ne se raidisse et refuse ma proposition. Finalement la Commission décide d'en accepter les différents points.

1° Au *Modus 12* qui admet d'écrire «ad modum collegii seu coetus stabilis», j'ai ajouté les mots: «*cuius structura et auctoritas ex Revelatione deduci debent*», et une indication sur les *pouvoirs extraordinaires* des apôtres et la *proportionalité* des rapports (Pierre-Apôtres et Pape-Évêques).

Le Président veut revenir sur le *pari ratione* admis auparavant et le remplacer par *simili modo*, mais il n'est pas suivi.

2° Au lieu de *potestas ad actum expedita*, Mgr Colombo propose d'écrire: potestas ad actum *canonice* expedita; le Président n'accepte pas et la Commission lui donne raison. Mgr Doumith fait écrire *Patriarchalis Auctoritas* au lieu de *Patriarcha*, parce que ce pouvoir en Orient s'exerce d'une façon synodale. Le Card. Ottaviani préférait omettre cette annotation, mais elle fut maintenue, pour marquer notre estime pour les Églises Orientales.

3° Ce paragraphe est admis sans discussion.

4° Je fais observer que la finale est un peu développée. Je propose d'écrire: le Collège ne peut agir *nisi consentiente Capite*. Mgr Parente objecte que le consentement implique l'égalité (comparez le mariage). Il propose soit *annuente Capite*, soit *nonnisi dependenter a Capite*. Colombo propose: *de consensu Capitis*. Je réplique que *consentiente* évoque heureusement l'idée de communion; que *annuere* pourrait faire penser à un assentiment arbitraire; que *de consensu* suppose un acte préalable du Pape, ce qui n'a pas toujours lieu. Sur les instances de Mgr Parente, la Commission maintient: *non independenter a Capite* pour marquer la subordination au Pape.

La Commission discute ensuite les *Modi* du chapitre 8 sur la Vierge. Aucune difficulté importante.

Le Pape ayant demandé les épreuves de l'*Expensio modorum* du chapitre III, je lui fais parvenir un exemplaire ronéotypé, parce que le texte n'est pas encore composé en typographie.

Samedi 7 novembre.

La Commission, cette fois-ci avant-midi, examine les *Modi* du Chapitre sur l'Eschatologie. Pas de difficultés.

A 9 h. j'ai remis à Mgr Fagiolo, chargé de l'impression de tous les documents, le texte définitif du *De Beata* et des *Modi* du chapitre III. Cette dernière partie passera d'abord à la typographie, parce que le Pape attend les épreuves.

Lundi 9 novembre.

A 12 h. réunion spéciale mixte au Saint-Office avec une délégation de la Commission des Religieux, pour une question de vocabulaire. On se met d'accord pour écrire au n. 44: «vota, aut alia sacra ligamina, votis propria sua ratione assimilata». Cette décision est approuvée par la Commission Doctrinale à 16,30 h. A 17 h. on commence à discuter sur la Déclaration sur la Liberté Religieuse dans une grande confusion. Les votes subséquents sont tout aussi confus. Premier tour de vote sur la teneur doctrinale du document: 15 oui, 6 non, 7 abstentions. On recommence le vote en permettant, cette fois-ci, la réponse *placet iuxta modum*. Réponses: 12 placet, 6 non placet, 9 placet iuxta modum, 1 abstention. Contre toute attente le Card. Ottaviani, qui manifestement veut en finir, déclare que le vote approbatif est acquis et que les membres peuvent envoyer leurs observations au Secrétariat. J'ai l'impression qu'un mot d'ordre a été donné en haut lieu pour faire passer la Déclaration sur la Liberté Religieuse.

Mais pour nous, le coup de théatre a lieu pendant la pause. Mgr Colombo revient au sein du Bureau de la Commission avec sa *Nota praevia* que je croyais abandonnée. Les participants demandent le temps de réfléchir jusqu'au lendemain. Ainsi donc il semble que le Pape maintient son idée d'une Note explicative dans le genre de Mgr Gasser à Vatican I. (11 juillet 1870, Mansi 52, 1218-1230. Cf. Rapport Tromp, p. 35)[6].

Mardi 10 novembre.
A 16 h. réunion du Bureau pour résoudre la question. Le Card. Ottaviani est absent. Mgr Colombo propose à nouveau sa *Nota Praevia*, disant que le Pape la connaît mais laisse à la Commission la liberté d'en discuter.

Notons en passant que le même jour, vers midi, un journaliste italien me demande à brûle-pourpoint si la *Note* provient de Mgr Colombo ou bien du Pape lui-même. Je réponds d'une façon évasive. Le journaliste en aura conclu qu'il existait en fait une Note. Certaines indiscrétions ont donc été commises.

A la Réunion du Bureau à 16 h., c'est le P. Tromp qui le premier donne sa réponse. Il refuse la *Note* parce que la procédure est irrégulière et parce qu'elle ne manquera pas de susciter de nouvelles discussions, dont le résultat sera sans doute une perte de temps considérable et un texte encore plus critiquable que le texte admis. Mgr Charue lui aussi refuse la *Note*. A mon tour j'essaie de l'écarter. Enfin parle le Card. Browne qui à mon grand étonnement rejette de son côté la proposition, parce que fondamentalement elle soutient la même doctrine que le texte voté. Les changements lui paraissent insuffisants. Cette fois-ci je pense que la *Note* est définitivement enterrée, parce que rejetée d'un côté comme de l'autre. J'éprouve un grand soulagement.

Au Saint Père est remise une épreuve de mes *Addenda*. C'est le texte que j'ai rédigé en repêchant par-ci par-là les principales réponses aux *Modi*, pour les remettre ensemble au débat.

D'après la suggestion de Mgr Colombo j'avais écrit au n. 4, que le Pape peut exercer son pouvoir *indesinenter*, ce qui est changé ensuite par le P. Tromp en *pro lubitu* ce qui comporte une saveur d'arbitraire. Puis, pour éviter cet inconvénient, le même P. Tromp propose *omni tempore ad placitum*, comme sa fonction elle-même le requiert, alors que l'acte *strictement* collégial (souligné dans le texte) ne se produit qu'à des intervalles irréguliers, comme l'histoire l'atteste. Dans le dernier alinéa, Mgr Colombo demande et obtient qu'on remplace la *cooperatio* du chef et des membres par le mot plus neutre de *coniunctio*.

6. Voir Chap. VI, extrait des délibérations d'octobre-novembre 1964.

Entretemps, ce jour là, la Commission examine la première partie des *Modi* du Décret sur la Révélation.

J'ai l'impression que l'épreuve est terminée.

Mercredi 11 novembre.

Nouveau coup de théâtre! Pendant que la Commission délibère sur la seconde partie des *Modi* sur la Révélation, le Card. Ottaviani annonce à 18 h. au Bureau réuni à part que des Documents nouveaux viennent de parvenir du Vatican (*Doc. VIII*). Le Card. Ottaviani décide que la Commission Doctrinale les examinera le lendemain jeudi, mais en ne permettant pas la présence des Experts à la discussion. On annoncera un échange de vues «sur la procédure».

J'examine chez moi les pièces reçues et j'esquisse un projet de réponse.

Voici le contenu de ce Doc. VIII:

a) Le Pape, en accusant réception du texte et des *Addenda*, exprime «la volonté» que le texte à promulguer soit précédé d'une Note Explicative, en s'inspirant de l'exemple de Vatican I du 11-7-1870. Cette *Note explicative* donnerait une réponse adéquate aux difficultés soulevées et permettrait une adhésion plus universelle et plus cordiale de tout le Concile. La Commission qui a de bonnes raisons de maintenir son point de vue, doit avoir de bonnes raisons pour résoudre les difficultés.

b) Amendements à introduire dans le texte.

1° N. 22, al. 2: «... quae quidem (potestas Collegii Episcoporum) *independenter a* Romano Pontifice nequit». Il faut ajouter que l'exercice du pouvoir collégial au sens strict n'est pas *nécessairement permanent*, tandis que le pouvoir pontifical est personnel et permanent (toujours en acte). L'exercice collégial peut varier avec le temps selon les besoins de l'Église. Il appartient au Pape de choisir pour son action entre le mode personnel et le mode collégial. — En marge de cet alinéa le Pape lui-même (à en juger par l'écriture) a ajouté: «Tout ceci est essentiel».

2° Num. 23, al. 4: «salva fidei unitate» les patriarcats gardent leurs droits propres. Il faut ajouter qu'ils doivent aussi garder *l'unique constitution divine* de l'Église universelle fondée sur Pierre.

3° Num. 27, al. 4: La mission du Christ est communiquée aux évêques. Il faut ajouter que cette transmission s'est faite *à travers les apôtres*.

4° Num. 29, note 3°: l'ordination diaconale peut se conférer à des hommes mariés, «avec l'approbation du Souverain Pontife». Cela ne suffit pas: *la chose est réservée au Pape*.

5° Il convient de souligner quelque part la distinction entre l'aspect *sacramentel-ontologique* et l'aspect *canonico-juridique* de la mission et des pouvoirs épiscopaux.

c) Observations à propos des *Addenda* de la Relation générale.

1° Au num. 1. Il faut faire remarquer plus clairement que le parallélisme dont on parle n'implique pas *l'égalité des fonctions* entre Pierre et les apôtres, ni entre le Pape et les évêques.

2° Au num. 2. A la consécration épiscopale doit se joindre une «détermination hiérarchique». Il serait bon d'ajouter: «une détermination *canonique et juridique* par l'autorité hiérarchique».

3° Au même num. 2: il serait utile de préciser que ce pouvoir est donné «*d'après les normes approuvées* par l'Autorité suprême».

4° De même il serait utile d'ajouter un mot pour distinguer les conditions requises pour l'usage *valide* et pour l'usage *licite* de ce pouvoir.

5° Enfin il faudrait expliquer que la *potestas collegialis* doit être appelée *plena*, parce qu'elle comprend le Chef du Collège avec toute son autorité. Ce point mériterait d'être exprimé en un numéro 5.

6° Un *postcriptum* ajoute au numéro 2 des *Addenda* que les déclarations des Pontifes récents / à propos des évêques chinois consacrés sans autorisation pontificale sous régime communiste et disant que ces évêques n'ont pas de juridiction / *sont à interpréter* non du pouvoir pastoral mais *de la nécessaire détermination canonique* du pouvoir.

d) Parere du P. Bertrams. On lui pose 3 questions:

1° Le texte n'entrave-t-il pas *la primauté pontificale*? La réponse est formellement négative. Le début du chapitre III se réfère explicitement à Vatican I, et la primauté est soulignée itérativement au cours de l'exposé. La crainte pour la sauvegarde de la primauté s'explique par des raisons d'ordre psychologique.

2° Y a-t-il lieu d'amender ou de *perfectionner les textes*? La réponse est affirmative. Un supplément de précision paraît moralement nécessaire.

3° *Quels amendements* sont à conseiller? Pour obtenir une approbation quasi-unanime, il conviendrait d'adopter les corrections suivantes, dont les Pères de la majorité peuvent admettre qu'elles ne changent ni ne restreignent leur doctrine, mais la rendent plus explicite: aa) Au num. 21, al. 2, on exige la *communion hiérarchique*. Il faudrait ajouter: «sans laquelle le pouvoir authentique d'enseigner et de gouverner dans l'Église n'est pas constitué». En bas de la page on ajouterait la remarque à propos de l'interprétation des déclarations pontificales (sur les évêques chinois): le pouvoir collégial ne peut s'exercer *sans le consentement du*

Pape, à qui il appartient d'après son jugement propre d'arranger, de promouvoir et d'approuver cet exercice pour le bien de l'Église. — bb) Num. 27, al. 4: la mission du Christ est communiquée aux évêques *à travers les apôtres.* — cc) L'ordination de diacres mariés exige le *consentement* du Pape.

Pour le reste, le P. Bertrams approuve les *Addenda*, les «*Osservazioni* sul Cap. III», les *Relations* et les Réponses aux *Modi.* Je ne sais pas identifier quels sont ces «Osservazioni sul Capitulo III 'De Ecclesia'», à moins que le P. Bertrams n'entende par là les pièces jointes au présent dossier pontifical.

Jeudi 12 novembre.

A 9 h. a lieu une réunion du Bureau au Saint Office. Je présente les réponses que j'ai préparées aux questions et propositions du Pape. Le Bureau approuve mes suggestions.

A 11 h. réunion de la Commission doctrinale. Seuls les membres sont présents, non les *Periti*, à l'exception des deux secrétaires. Les Pères trouvent à leur place un exemplaire du dossier pontifical transmis la veille. Le Cardinal Santos et l'abbé Gut sont absents. Leur papiers resteront abandonnés à l'endroit qu'ils occupent d'ordinaire en séance.

Pour caractériser l'atmosphère il convient de noter que les membres de la majorité sont mécontents, parce qu'ils doivent de nouveau revoir leur travail. Les théologiens absents sont extrêmement soupçonneux et plus ou moin vexés à cause de leur exclusion. Lorsque, le même soir ils seront réadmis à la séance ordinaire, ils trouveront les papiers abandonnés par les Membres absents, et toute l'affaire est immédiatement ébruitée, tandis que les théologiens composent dans leur imagination ce qui doit s'être passé pendant la séance soi-disant ultra-secrète. Compte tenu de leur disposition d'esprit, on comprend qu'ils aient donné de toute l'affaire une interprétation défavorable.

En séance secrète, la discussion n'avance pas aussi vite qu'on l'avait espéré. On discute sur les détails, et il faudra poursuivre les débats pendant la première moitié de la séance de l'après-midi, c'est-à-dire jusque vers 18 h.

1ᵉ point: *Le principe d'une Note explicative*, répondant à la «volonté» du Pape, est admis. Dans cette *Nota praevia explicativa* la Commission exprimera son point de vue officiel.

2ᵉ point: *Corrections à apporter au texte de la* Constitution.

a) Pag. 64, lin. 11, je propose d'écrire: «... quae quidem potestas *nonnisi consentiente Romano Pontifice* exerceri potest, (qui ad tale exercitium ordinandum, promovendum, approbandum, intuitu boni Ecclesiae, secundum propriam discretionem procedit).

Je reprends donc l'expression *nonnisi consentiente*, à laquelle Mgr Parente avait fait préférer: *nonnisi dependenter a R. Pontifice*. Le terme *nonnisi consentiente* est repris par le P. Bertrams, ce qui amène la Commission à l'admettre. Mgr McGrath demande que j'ajoute dans la *Note* les motifs pour lesquels ce terme est préférable. Les voici: aa) *dependenter* pourrait suggérer la dépendance d'un pouvoir *extérieur*, alors que le Pape-Chef est *dans* l'Église. — bb) le terme *consentiente* évoque la *communion* entre le Pape et les Évêques; or l'idée de communion est à souligner. — cc) le terme *consentiente* suppose manifestement *un acte positif* de la part du Pape. Le principe est indiqué à l'endroit cité p. 64, ligne 11 ss., et expliqué ib. à la fin du même paragraphe, lignes 29-43. Le *consensus* dont on parle est requis dans tous les cas imaginables. Donc la phrase est irréprochable.

Quant à la phrase de ma proposition mise entre parenthèses (qui ad tale exercitium.../... secundum propriam discretionem procedit) les Pères font observer qu'elle n'est pas proposée par le Pape mais simplement par le P. Bertrams. Dès lors, il est préférable de l'insérer dans la *Note explicative* plutôt que dans le texte de la Constitution. Cet avis paraît judicieux. Le fait que la phrase provenait non du Pape mais du P. Bertrams m'avait échappé par distraction. J'appréciais dans cette phrase qu'elle parlait aussi d'un *développement* (promovendum) de l'activité collégiale, pour le bien de l'Eglise. Les mots *secundum propriam discretionem procedit* (il agit d'après sa prudence personnelle) répondent exactement à l'explication du 3 juillet 1964, dans la *Relatio* du Schema de Ecclesia, 1964, p. 90 (M) in fine: «secundum suam prudentiam, de qua ipse est iudex».

b) Pag. 66, ligne 24, à propos des *patriarcats*, on reconnaît leur discipline propre, «à l'intérieur de l'unite de la foi». La Commission accepte d'ajouter: «... et de l'unique institution divine de l'Église universelle (fondée sur Pierre)». Mais elle préfère laisser de côté les mots entre parenthèses, parce que l'idée revient déjà si souvent dans le texte. Je rappelle que la *Commission Centrale* avait demandé de diminuer dans le chapitre III le nombre de citations de la primauté. Il y en avait 22. On en a supprimé finalement 2 et on en a ajouté une nouvelle. Le résultat est donc: 21 citations au lieu de 22.

c) Pag. 72, ligne 18, la Commission admet évidemment que la mission du Christ est communiquée aux évêques *par l'intermédiaire des apôtres*, dont ils sont les successeurs. Aucune objection, les mots «*per Apostolos*» ayant été omis par inadvertance.

d) Pag. 75, ligne 11, on décide d'écrire, en employant la formule du P. Bertrams: «*De consensu* Romani Pontificis», on peut ordonner diacres des hommes mariés. Le texte voté par le Concile disait: «*Approbante R. Pontifice*». Affirmer que la décision dépend du Pape seul, contredirait le vote explicite du Concile. Le *consensus* est une expression un peu plus forte que l'*approbation*, mais il n'en est point la contradiction.

3e point. *Observation à propos des «Addenda» devenus maintenant la «Note préalable explicative».*

De cette substitution de titre il est resté des vestiges. La *Nota explicativa praevia* figure dans la brochure des *Modi* du Chapitre III, distribuées le samedi 14 novembre, après la *Relatio Generalis*, là où auraient dû venir les *Addenda*, p. 5-6. La *Note*, comme les *Addenda* aux Modi Generales expose les mêmes 4 points. Or à la page 15 et à la page 27 de la même brochure, chaque fois en haut de la page, on renvoie aux *Modi Generales*, n.2 et n.4, au lieu d'écrire: cf. *Nota praevia*, n. 2 et n. 4. Dans la hâte de la dernière minute on a oublié d'apporter la correction typographique qui s'imposait.

Au début, le texte que je proposais, disait: «Commissio statuit, *pro facilitate lectoris*, expensioni Modorum sequentes observationes generales praemittere».

Malheureusement, sur demande du P. Anastase du S. Rosaire, les mots soulignés ont été supprimés. Je l'ai regretté, car de cette façon la portée de la *Note* était certainement majorée. L'intention primitive avait été simplement de réunir les *Modi* principaux, pour faciliter au lecteur la possibilité de se faire une idée générale. Par la suppression des mots indiqués, la *Note* semble acquérir une espèce de caractère absolu.

a) *A propos du Collège*, la comparaison des rédactions successives, Doc. IV et Doc. X, met en lumière ce qui suit.

La nouvelle rédaction souligne que les pouvoirs extraordinaires des Apôtres ne sont pas transmis à leurs successeurs, et que par ailleurs on n'affirme nullement l'égalité entre le Chef et les membres, mais simplement des rapports entre Pierre et les autres apôtres, le Pape et les autres évêques. En réalité seule la première idée constitue une addition. Je suppose que la minorité voulait éviter de laisser croire que les évêques auraient hérité de l'infaillibilité personnelle et de la juridiction universelle des apôtres. L'œcuménisme se réjouira de voir reconnaître aussi la différence entre les apôtres et les évêques. La seconde idée était déjà énoncée dans la rédaction précédente, d'après le Modus 57, décidant d'écrire: *pari ratione*.

b) Au 2° de la Note on rend explicites trois idées:
Hierarchica determinatio devient: «canonica seu iuridica determinatio per auctoritatem hierarchicam». (La ligne suivante a été supprimée plus tard; nous dirons en quelles circonstances).

Cette «détermination» est donnée *d'après les normes approuvées* par l'Autorité suprême. Cette addition est justifiée dans la phrase suivante qui est ancienne. Elle même est reprise de la première remarque adjointe aux *Questions interlocutoires* du 30 octobre 1963: «L'excercice actuel du pouvoir du Corps des Evêques est régi selon les ordonnances approuvées par le Souverain Pontife». A la date indiquée cette doctrine fut votée par une très forte majorité (plus des 4/5 des voix). Le Pape ne proposait donc absolument rien contre l'esprit ni la lettre du Concile.

A cet alinéa une phrase est ajoutée, suite à la délibération en Commission. Mgr Seper ayant regretté l'abondance des indications juridiques dans le texte de la *Note*, j'ai commenté la présente indication, — justifiée comme je viens de le dire, par le vote de l'année précédente, — en faisant observer que pareilles normes approuvées au moins tacitement par le Souverain Pontife, étaient appliquées bien longtemps dans la vie de l'Église avant d'être codifiées par écrit. L'usage d'ailleurs devance d'ordinaire les règlements juridiques qui l'expriment en termes savants après que la communauté les a vécus dans la pratique, d'après ses conceptions générales issues de la Révélation. C'est bien le cas de la «Communio» (koinônia), apanage de l'Église la plus ancienne, organisée avant tout par la charité et l'esprit de service. J'ai été heureux de pouvoir ajouter une fois de plus le rappel de la vie spirituelle qui est l'âme de toute règle juridique dans l'Église.

La dernière phrase de la 2ᵉ observation est de fait nouvelle. Elle est suggérée par le *Parere* du P. Bertrams. Par ailleurs Mgr Parente m'a affirmé qu'il avait proposé cette idée, avec laquelle Mgr Colombo se déclarait d'accord. Les déclarations des derniers Papes sur les consécrations épiscopales irrégulières en Chine, qui ne donneraient pas le pouvoir de juridiction, sont à interpréter dans le sens que, tout en accordant le *pouvoir*, elles ne donnent pas la détermination canonique pour *exercer* la juridiction. Le P. Fernandez, Général des Dominicains, objecte qu'il sera difficile de faire accepter cette signification qui semble faire violence aux textes. Je réponds que la phrase se trouve dans le document envoyé par le Pape, et que par ailleurs il ne s'agit pas d'une exégèse, mais d'une interprétation (restrictive) officielle. En outre, le Pape Pie XII lui-même a refusé aux laïcs toute juridiction, parce que les pouvoirs d'ordre et de juridiction, déclare-t-il dans son Allocution du 5 octobre 1957, «restent étroitement liés à la réception du sacrement de l'ordre...». S'il y a donc contradiction, elle s'amorce déjà dans les discours du Pape Pie XII lui-même. Au fond, je pense qu'il y a une équivoque dans le vocabulaire. *Juridiction* peut signifier soit la fonction elle-même, soit sa mise en exercice.

c) Au num. 3 de la *Note*, Paul VI suggère une addition disant que «dans le Collège, le Pape garde intégralement sa charge de Vicaire du

Christ et de Pasteur de l'Église universelle». La phrase n'exprime rien de neuf.

Plusieurs théologiens ont critiqué l'emploi du terme *seorsim* pour qualifier l'action du Pape quand il ne consulte pas expressément le corps des Évêques. Ils craignaient que ce terme ne mette le Souverain Pontife quelque peu en dehors de l'Église pour qu'il puisse plus facilement conserver sa position au-dessus d'elle. Dans le contexte, le vocable ne signifie pas cela puisqu'il s'oppose à *simul cum Episcopis*. En français on pourrait le traduire «pris à part» mais non «séparé». J'ai cherché, mais en vain, une expression meilleure. Écrire *solus* aggravait le cas, le Pape n'étant jamais seul. Employer le terme *personnel*, comme à la fin de l'alinéa, en opposition avec *collégial*, n'était pas non plus tout à fait exact: pour le Pape, l'acte collégial est aussi un acte personnel. Le sens visé est une façon d'agir du Pape procédant sans faire un acte collectif avec les autres Évêques.

Il est vrai que, dans le Collège, le Chef tient un rôle spécial. Le Pape Paul VI est très sensible à cette fonction «personnelle». N'a-t-il pas écrit dans sa première Encyclique *Ecclesiam suam*, en date du 6 août 1964: «Nous voulons actuellement laisser à cette assemblée si haute et auto-risée (le Concile) la liberté d'étudier et de parler, réservant à Notre office de maître et de pasteur, mis à la Tête de l'Église de Dieu, le moment et la manière d'exprimer notre jugement, très heureux si Nous pouvons le présenter en tout conforme à celui des Pères Conciliaires». Le lecteur a l'impression que le Pape prend à l'égard des Pères une distance prudente, il envisage indirectement le cas où son jugement à lui ne serait pas en tout conforme au leur. Théoriquement cette éventualité est pensable, comme il est pensable aussi qu'un Pape puisse se séparer de l'Église en devenant hérétique. La phrase précautionneuse de l'Encyclique est carac-téristique pour l'esprit de Paul VI. Dans la suite, combien de fois a-t-il insisté sur le lourd fardeau mis sur ses épaules de devoir prononcer le oui ou le non final! C'est le cas e.a. pour la question des contraceptifs. Il doit se sentir douloureusement «isolé», et cette sensation d'une respon-sabilité écrasante se comprend. Mais précisément le Seigneur n'a pas fait «sortir» Pierre du Collège des apôtres: il l'a mis simplement à leur tête, en l'entourant de leur collaboration et de leur docilité sincères. Si Jésus a établi Pierre comme le roc de l'Église, s'il lui a commandé de confirmer la foi de ses frères et de paître le troupeau entier, il est clair que Pierre a sans doute une charge particulière, qui serait terrifiante si le Maître lui-même ne priait pas pour lui, mais il n'est pas condamné à un sentiment d'isolement, puisqu'il est entouré et soutenu par ses frères. La confiance en la prière du Christ doit vaincre en lui la sensation douloureuse d'avoir à répondre des autres et peut-être de devoir les contredire. Le sens de la communion doit l'emporter sur la réaction envers une tâche sans pareille qui de soi serait écrasante. On aimerait tant voir le Pape plus confiant!

C'est ici qu'on touche du doigt l'explication d'une attitude dont on a peur de devoir l'appeler crispée, voire, compte tenu de sa sincérité, marquée d'un trait tragique.

A la fin de l'alinéa 3 que nous commentons, la Commission entérine une autre addition de Paul VI, dont les termes se retrouvent dans le schéma du P. Bertrams et les propositions de Mgr Colombo: le Pape juge d'après sa propre prudence s'il doit choisir la manière «personnelle» ou la manière collégiale de procéder. J'ai expliqué plus haut que cette phrase coïncidait avec la *Relatio* du 3 juillet 1964. En réalité, elle rend plus explicite le rôle du Chef, rempli par le Pape dans le Collège. Son pouvoir reste plénier et il n'est pas diminué quand il s'exerce collégialement. La Commission estime que cette indication est suffisante et qu'il n'est pas nécessaire d'allonger la Note par un numéro 5. Il est clair que la phrase en question est inspirée par le souci de prévenir que le Corps Épiscopal ne joue à l'égard du Pape le rôle d'un «pressure group» dont l'influence serait difficile à neutraliser. Nous nous trouvons donc toujours devant la même intention de renforcer les barrières juridiques.

d) Au num. 4 de la *Note*, nous avons déjà expliqué les avantages du terme *consentiente*. Devant la «permanence» du pouvoir pontifical opposée au caractère «intermittant» de l'action strictement collégiale du Corps épiscopal, il y a lieu de ne pas interpréter cette opposition dans un sens trop rigoureux. L'intention est claire: tous les jours le Pape doit s'occuper de l'administration de l'Église. L'acte strictement collégial est rare. Mais ne doit-on pas reconnaître que le souci quotidien du Pape ne comporte pas non plus qu'il fasse appel sans interruption à la *plénitude* de son pouvoir? Ce régime lui non plus ne saurait se soutenir. Dès lors, l'antithèse est à prendre dans son sens obvie, non dans la rigueur des termes de droit, l'explication ajoutée *ut ab ipso suo munere requiritur*, rend ce sens parfaitement clair. L'expression *omni tempore ad placitum* a suscité des récriminations, parce qu'elle semble friser l'arbitraire. Elle s'explique par la même préoccupation de mettre le Pape à l'abri des pressions. L'idée d'ailleurs se trouve dans le texte de la Constitution au n. 22: *semper libere*.

Notons pour finir que la *Note* ne refuse pas le terme *independenter* en principe, puisqu'elle l'emploie dans l'alinéa suivant. Mais elle insiste une fois de plus sur l'importance de l'idée de *communion*.

Il restait une observation du Pape recommandant d'ajouter que la *Communio* est nécessaire pour la validité de l'exercice du pouvoir de juridiction. Il s'en suivrait que les évêques orientaux *dissidents* n'auraient point de juridiction canonique par exemple pour absoudre validement les péchés. Telle était d'ailleurs la thèse soutenue par le P. Bertrams dans ses publications et par d'autres théologiens. Souvent ils ajoutaient que le Pape, pour le bien des âmes, restituait cette juridiction tacitement au clergé dissident.

Or cette thèse à un double inconvénient. D'abord rien n'appuie dans la tradition du premier millénaire que le Pape ait jamais «donné juridiction» au clergé des Églises d'Orient. La discipline là-bas était réglée par l'usage, et l'autorité patriarcale ou métropolitaine la surveillait. Par ailleurs, soutenir d'abord que ce clergé est privé de juridiction à cause de sa dissidence, puis que le Pape tout de suite après la lui rend sans le dire ouvertement, provoque l'impression d'une construction théorique artificielle, sinon d'un manque de franchise.

La Commission avait déjà statué à plusieurs reprises qu'elle n'entendait pas entrer dans les problèmes de validité ou de licéité, laissant aux théologiens le soin de poursuivre l'étude du problème. Elle estima devoir persévérer dans cette prise de position et de ne pas trancher la question, comme le suggérait le Saint Père. Ce refus poli est exprimé dans une phrase un peu contournée rappelant la distinction entre l'aspect sacramentel-ontologique et l'aspect canonico-juridique, comme le Pape l'avait demandé, mais en attirant l'attention sur la situation de fait en Orient. L'explication la plus simple est la continuation du droit coutumier, le Code Latin n'étant certes pas d'application dans les patriarcats orientaux. Inutile d'insister sur les réactions œcuméniques que susciterait une déclaration d'invalidité.

Ces décisions furent enfin ratifiées par la Commission Doctrinale sans enthousiasme dans la séance du soir du jeudi 12 novembre vers 18 h. A ce moment la Commission a continué à siéger pour examiner la Déclaration sur les Religions non-chrétiennes. Au même moment les periti sont entrés dans la salle et j'ai quitté la réunion pour aller rédiger le *Rapport* à envoyer au Saint Père.

Ce *Document IX* avec la *Nota Praevia* adaptée (Doc. X), fut remis le soir même à Paul VI par l'intermédiaire de Don Molari, secrétaire du Card. Ottaviani. Dès lors il ne me restait plus qu'à attendre la réponse du Vatican.

Vendredi 13 novembre.

L'attente est longue et pénible. J'ai peur qu'on ne remette la décision à la session suivante du Concile, la minorité nourrissant l'espoir que ce délai pourrait encore amener un changement radical.

Mes craintes faillirent tourner en alarme lorsque vers 13 h. le P. Tromp vient me demander au Collège Belge, si je n'avais pas encore reçu de réponse. Il était porteur d'un pli (*Doc. XI*), qui m'était adressé par Mgr Dell'Acqua, et qui me demandait de la part du Saint Père de lire attentivement une requête du P. Gagnebet, O.P. contenue dans l'enveloppe.

Le texte du P. Gagnebet remettait tout en question. Le sacre épiscopal ne donne que l'*aptitude* à être associé au Pape pour le pouvoir suprême, lequel est exercé toujours *ratione capitis*. La doctrine admise par la majorité du Concile est contraire à l'autorité des plus grands théologiens; elle manque de fondements et est difficilement conciliable avec la primauté pontificale. Jamais au cours de l'histoire une association épiscopale de ce genre n'a fonctionné. Le texte du Schéma soutient une théorie nouvelle sur des problèmes qui ne sont pas mûrs. On pourrait accepter que le sacre épiscopal donne les trois pouvoirs *saltem radicitus* et que le corps épiscopal est un sujet qui *peut* recevoir le pouvoir suprême. Le texte admis par la Commission (et déjà voté par chapitres en Assemblée Générale) est dangereux pour le suprême pouvoir du successeur de Pierre.

Ce *votum* je le reçois donc le vendredi 13 novembre, alors que le mercredi précédent le Pape, dans les documents remis à la Commission, admettait la thèse de la Collégialité, appuyée par le P. Bertrams. Je me demande donc si dans l'intervalle du 11 au 13 le S. Père a changé radicalement d'avis. Dans cette hypothèse le chapitre III ne sera pas voté maintenant et ne le sera probablement jamais. Le P. Tromp lui-même est consterné.

Examinant de plus près le billet de Mgr Dell'Acqua et l'enveloppe (ouverte, sans doute par le P. Tromp), je constate que Mgr Dell'Acqua date sa lettre du *10* novembre exécutant un ordre reçu probablement le 9 novembre. L'adresse de l'enveloppe étant incomplète, la missive a mis plusieurs jours avant de me parvenir: elle porte des cachets postaux datés du 11 et du 12 novembre. Il est donc certain que je tiens en main un document *antérieur* à la décision du Pape du 11 novembre. Voilà pourquoi sans doute il se contente de me recommander une lecture attentive.

Une chose est certaine: jusqu'à la dernière minute, au moins une partie de la Minorité n'a pas désarmé.

Enfin, ce même vendredi soir à 18,10 h. arrive chez moi au Collège Belge Don Molari avec la réponse que le Pape venait de faire parvenir au Cardinal Ottaviani. Elle donne le feu vert avec une seule remarque. La *Nota praevia* stipule que la détermination canonique de la juridiction est faite par l'autorité hiérarchique, «c'est-à-dire par le Pape, ou en Orient par l'autorité patriarcale». Le Saint Père fait observer qu'il y a des Églises Orientales unies qui n'ont pas de patriarche. Il faudra donc, ou bien ajouter: *ubi ius viget*, ou bien supprimer l'incise. Le Cardinal Ottaviani me laisse le soin de décider. Je préfère omettre l'incise parce qu'elle n'est pas nécessaire; les Orientaux eux-même d'après Mgr Doumith n'y tiennent pas, et le texte contient déjà de trop nombreuses indications juridiques.

Mgr Fagiolo demande les épreuves corrigées avec les quelques lignes ajoutées à la *Note*, pour les passer immédiatement à la typographie. Ce qui est fait vers 19 h. le même soir. La nuit, la brochure de l'*Expensio Modorum Capitis III* comprenant 64 pages est imprimée à 5000 exemplaires. Elle sera distribuée dès le samedi matin.

Samedi 14 novembre.

La distribution des *Modi* des chapitres III à VIII suscite des applaudissements dans l'Assemblée, qui voyait se dissiper son inquiétude causée par les retards successifs. Les votes auront lieu le mardi et le mercredi suivants.

Lundi 16 novembre.

«L'Autorité suprême», donc le Pape, fait lire en assemblée générale 3 Communications. La première assure que la procédure a été régulière. La deuxième rappelle l'autorité doctrinale (*Qualificatio theologica*) de la Constitution. Ce sont là de fait deux aspects de nature à plaire à la Majorité. La troisième pièce est destinée à satisfaire la Minorité en vue d'obtenir son assentiment. On me dit que les Cardinaux Ruffini et Siri e.a. émettront un vote affirmatif suivant la demande expresse du Pape. Le Secrétaire Général Mgr Felici insiste, de sa voix de stentor, sur la troisième Communication, en soulignant très fort que c'est «dans l'esprit et dans le sens de cette *Note* qu'il faut expliquer et comprendre la doctrine exposée au Chapitre III». Cette insistance rend la Majorité d'autant plus soupçonneuse. Beaucoup de Pères sont mécontents. Surtout les théologiens, qui n'étaient pas parfaitement au courant des événements et qui n'avaient pas encore pris le temps de lire attentivement les documents, s'agitaient, certains allant jusqu'à préconiser un vote négatif. J'ai été peiné entre autres par les vives réactions du P. Dockx, et encore plus du P. Congar, qui après coup est devenu plus calme. Le Conseiller du Cardinal Frings, Ratzinger, m'a-t-on dit, a insisté jusqu'à la fin pour faire rejeter le Décret. Personnellement j'étais d'avis que de cette façon on perdrait tout ce qu'on avait obtenu. Il faut reconnaître que d'autres théologiens ont sincèrement essayé de calmer les esprits.

Mgr Fagiolo fait remettre à la typographie le texte officiel *De Ecclesia* à imprimer pour le vote qui aura lieu jeudi. Quant à faire distribuer le texte *De Revelatione*, achevé lui aussi, il n'en est pas question. Je n'arrive pas à le faire imprimer: Mgr Fagiolo m'objecte «des raisons d'ordre technique».

Le même jour, au début de la réunion de la Commission Mixte pour le Schéma XIII, le Card. Ottaviani communique une lettre du Pape à la Commission Doctrinale.

Paul VI, en renvoyant les Documents, se dit: «lieto di dare il suo benestare alla redazione definitiva del testo come alla pure nota illustrativa della expensio modorum».

Mgr Fagiolo me remet les épreuves du *texte* du *De Ecclesia* avec deux remarques écrites en marge des feuilles par le Pape; les remarques sont d'ordre mineur. Le chapitre IV, *de Laicis*, n. 35, dernier alinéa, affirmait: à défaut de prêtre, les laïcs «officia sacra pro facultate supplent». Le *pro facultate* (dans la mesure du possible) ne semble pas suffisant. C'est pourquoi j'ai ajouté, sans consulter personne, le mot «*quaedam* officia». De même au début du numéro suivant 36, alinéa 1, le Pape se plaint de rencontrer trop souvent le mot *regnum* ou *regnare*. Le fait provient surtout de la citation de la préface du Christ-Roi. Après avoir lu et relu le passage, je n'arrive qu'à supprimer le qualificatif *regiam* joint à *potestatem*, à la ligne 4. Il est manifeste que en haut lieu le texte a été examiné à la loupe.

Ce mardi* on vote sur les *Modi* des chapitres III, IV et V. Pour le Chapitre III on compte encore 46 *Non placet*. Le Saint Père a donc obtenu son but de rallier pratiquement l'unanimité autour du projet. Certains membres de la minorité prétendent avoir obtenu la victoire. Plus tard d'ailleurs quelques théologiens essaieront encore d'interpréter le texte voté dans un sens restrictif et défavorable à la Collégialité épiscopale, surtout en s'appuyant sur la *Nota Praevia*. Il fallait s'y attendre.

Mercredi 18 novembre.

Après les votes sur les *Modi* des chapitres VI, VII, VIII, on distribue le texte complet de la Constitution *Lumen Gentium*, en vue du vote sur l'ensemble qui aura lieu demain. Le Décret sur la *Révélation* n'est pas distribué. On pourra encore envoyer des *Modi* pendant le mois de décembre. Sur cette matière la controverse n'est donc pas terminée.

Notons que pour le chapitre VIII, *De Beata*, malgré toutes les tribulations, il n'y a plus que 23 votes négatifs.

Jeudi 19 novembre

La journée sera sans doute la plus troublée du Concile. Le vote final sur *De Ecclesia* dans son ensemble ne donne plus que 10 *Non Placet*. Cependant le mécontentement est très répandu. Le journal de Bologne l'*Avvenire d'Italia* du lundi 16 novembre a publié, semble-t-il sous l'inspiration de Don Dosetti, un article violent contre la *Nota Praevia*. Je n'ai pas lu cette prose de Don Dosetti qui est un juriste particulièrement dur.

En même temps on annonce que le vote sur la *liberté religieuse* est remis à la session prochaine. Surtout les Américains sont indignés et s'agitent avec frénésie. Mgr De Smedt lit quand même son Rapport qui est applaudi avec fracas. Le texte final du Décret sur l'*Œcuménisme* est corrigé d'autorité sur des feuilles ronéotypées, en 19 passages. Il s'agit de

---

* Il convient de lire: ce mardi 17 novembre.

Modi refusés par le Secrétariat et réintroduits par la Minorité auprès du Pape. La liste primitive comprenait, paraît-il, quelque soixante corrections. Dans les changements imposés il n'apparaît rien de substantiel, mais l'atmosphère est détestable.

On annonce enfin que le Pape, samedi 21 novembre, à Ste-Marie Majeure, dans l'après-midi (donc après la fermeture de la session conciliaire) proclamera la Ste Vierge Marie *Mère de l'Église*. De fait il le fera le samedi matin après le vote dans son discours de clôture.

Samedi 21 novembre.

Les événements cités ont assombri les derniers jours de la Session Conciliaire et ont fait parler de *Settimana Nera*.

Le vendredi aucune question doctrinale n'a été traitée, et le samedi le vote final solennel sur le *De Ecclesia* a donné 2151 *Placet* contre 5 *Non Placet*.

Malgré cela, nous ne partons pas de Saint Pierre en triomphateurs. Cela vaut d'ailleurs mieux. Nous sommes convaincus cependant que l'Ecclésiologie catholique a fait un grand pas en avant. J'ai l'impression que Paul VI a voulu faire délibérément, de la proclamation de Marie comme Mère de l'Église, un acte «personnel» pour montrer que l'activité conciliaire ne mettait pas fin au Magistère pontifical ordinaire plus ou moins solennel. Car alors qu'il est intervenu à diverses reprises dans les débats de la Commission pour marquer ses préférences, il n'a jamais proposé à la dite Commission d'admettre le titre de *Mater Ecclesiae*, alors qu'il connaissait parfaitement les réserves dont le Rapport officiel constatait l'existence.

*

Pour la documentation des lecteurs j'ai demandé à la Présidence de la Commission de faire publier officiellement l'ensemble des *Modi* concernant le chapitre III, ou du moins des *Modi* auxquels renvoyait le texte publié de la *Nota Praevia*[7]. La réponse à cette demande fut négative. Comme aujourd'hui, en 1969, on autorise à Rome l'utilisation publique des documents distribués au Concile, nous rédigeons, en plus de cet essai historique, une étude analytique de la *Nota Praevia* et des textes sur lesquels elle se base[8].

Suivent en Annexe les photocopies des pièces utilisées, dont plusieurs sont confidentielles.

G. PHILIPS

---

7. Nous avons repris cette lettre en note au bas de la page 25, au début du chapitre I.
8. Il s'agit de l'article paru dans la revue *IDOC-International*, n° 8 (15-09-1969) et repris ici au chap. IX.

III

LE DOSSIER DE G. PHILIPS
ANNEXES FAISANT SUITE AUX
«NOTES POUR SERVIR...»

DOC. I

ANNOTATIONS DU CARDINAL M. BROWNE
(dd. 12.02.1964)

Adnotatio in textum noviter propositum Schematis DE ECCLESIA, Parte I, Cap. II, par. 16 (De Collegio Episcopali eiusque Capite).

Hic novus textus quaedam continet quae, mea humili sententia, a Concilio Oecumenico approbari non possunt.

Docet novus textus, et quidem recte, quod «Romanus... Pontifex habet in Ecclesia vi muneris sui plenam, supremam et universalem potestatem». Sed simul docet quod «Ordo Episcoporum... sub Capite suo Romano Pontifice et nunquam sine hoc Capite *subjectum quoque supremae ac plenae potestatis in universam Ecclesiam existit*». In his verbis, ut clarum est, declaratur supremam ac plenam potestatem iugiter actu residere in praedicto Ordine Episcopali *cum* et *sub* Romano Pontifice. Inferius quidem in textu eiusdem paragraphi conceditur et docetur praedictam potestatem nunquam posse exerceri sine actuali interventu, saltem approbativo, ipsius Romani Pontificis.

An haec novi textus doctrina sufficiat ad salvandam auctoritatem supremam et plenam divinitus concessam Romano Pontifici?

Mihi videtur quod non. Ut haec sententia mea facilius pateat, separo ea quae certa sunt et pacifica ab iis quae ita esse non videntur.

In ipso Concilio Oecumenico collegium Patrum, *cum* et *sub* Romano Pontifice actu habet duo attributa, scil.

a) supremam potestatem in universam Ecclesiam, et

b) eius, positis ponendis, exercitium.

Sed secundum doctrinam superius expositam Collegium Episcoporum *cum* et *sub* Romano Pontifice extra ipsum Concilium Oecumenicum adhuc haberet actu supremam potestatem in universam Ecclesiam, etsi non haberet eius exercitium nisi *actu interveniente* Romano Pontifice.

Quis posset dicere: Parum refert Collegium Episcopale *cum* et *sub* Romano Pontifice habere praedictam supremam potestatem in universam Ecclesiam si, de facto, eam exercere non possit absque actuali interventu ipsius Pontificis.

Observatio haec habet quamdam veritatem sed non omnem.

Potestas enim de qua agitur est potestas activa, seu operativa, cuius natura proinde est ut petat operationem seu actum suum. In casu, iste actus est gubernare universam Ecclesiam. Si divinitus institutum sit universam Ecclesiam, praeter suam subiectionem potestati personali Romani Pontificis, subdi quoque Collegiali potestati Episcopatus cum et sub Ipso, evidens est Pontificem se subtrahere non posse ab obligatione utendi quoque Collegio Episcoporum, aut quibusdam representantibus eiusdem ad gubernandam universam Ecclesiam et quidem non mere ut consiliariis vel executivis (sicut fit hodie cum Cardinalibus et Curia) sed ut vere comparticipibus, etsi subordinatis, eius supremae potestatis.

Haberetur proinde in supradicta theoria systema quoddam co-gubernandi universam Ecclesiam.

Celebris formula potestatem habere gubernandi collegialiter universam Ecclesiam *cum* et *sub* Romano Pontifice potest habere plures sensus.

Cardinales de Curia gubernant quodammodo universam Ecclesiam *cum* et *sub* Romano Pontifice, ut Eius consiliarii, et ut executivi ordinationum Eius. Hic autem agitur de Episcopis gubernantibus *cum* et *sub* Ipso ut comparticipibus Eius auctoritatis seu potestatis.

Potestas, iugiter *actu* in Episcopatu existens, gubernandi universam Ecclesiam *sub* et *cum* Pontifice sed cum iugi comparticipatione Eius supremae potestatis non potest concipi sine diminutione quadam plenitudinis potestatis divinitus concessae Romano Pontifici.

Aliter est quando Pontifex libere convocat Episcopatum ad Concilium Oecumenicum vel etiam, ut videtur, si Ipse extra Concilium invitat Episcopatum ad simul cum Ipso deliberandum et simul cum Ipso decernendum de rebus ad gubernium universalis Ecclesiae spectantibus.

12 Februarii 1964   M. Card. Browne

In n. 22 (antea n. 16) *De Collegio Episcoporum eiusque Capite* Iuxta Adnotationem superius allatam, novum textum proponitur [sic] pro lineis 15-44:

Collegium autem seu corpus Episcoporum auctoritatem non habet nisi simul cum R.P. successore Petri ut Capite intelligatur. R. enim P.

habet in Ecclesia vi muneris sui plenam supremam et universalem potestatem. Ordo autem Episcoporum qui Collegio Apostolorum in magisterio et regimini pastorali succedit, imo in quo Corpus Apostolicum continuo perseverat sub Capite suo R.P. et numquam sine hoc Capite *carisma divinitus collatum habet quo, Romano Pontifice ad hoc invitante vel in hoc consentiente, subjectum quoque supremae ac plenae potestatis in universam Ecclesiam fiat.* Dominus enim... exprimit. In ipso Episcopi primatum et principatum Capitis sui fideliter servantes *communi* potestate in bonu fidelium morum immo totius Ecclesiae funguntur, Spiritu Sancto... roborante. Suprema in universam Ecclesiam potestas qua istud Collegium *ita* pollet solemni modo in Concilio Oecumenico exercetur. Eadem potestas Collegialis una cum Papa *haberi* potest ab Episcopis in orbe terrarum degentibus, dummodo Caput Collegii eos ad actionem collegialem invitet, vel saltem Episcoporum dispersorum unitam actionem approbet ac de eius acceptione certo constet.

DOC. II.

NOTE DE G. PHILIPS

(datée du 19.09.1964, remise au Pape le 20.09.1964)

Nota de sensu quorumdam textuum Cap. III de Ecclesia qui suffragationi Patrum proponuntur.

Ad suffr. 8 (ex n. 21)

Dicitur quod episcopalis consecratio, cum munere sanctificandi, munera quoque confert docendi et regendi, quae tamen natura sua nonnisi in communione cum Collegii Capite et membris exerceri possunt.

Sensus est quod munus docendi et regendi, in consecratione tamquam fundamento reali collatum, ex ipsa indole sua, quippe quae sub inalienabili aspectu collectiva est, ordinari debet secundum determinationem Capitis Collegii vel Collegii sub Capite adunati, v.g. in Concilio oecumenico, seu, ut dicitur in textu, «in eorum communione», ut ad actum procedere possit. Haec determinatio, expressionem iuridicam inducens, prius in Ecclesia «vivitur» quam scriptis mandetur. A.v. prius in vita concreta Ecclesiae apparet, v.g. in Conciliis, antequam in praescriptionibus iuridicis consignetur.

Unde inter consecrationem et *actum* docendi et regendi intercedit quaedam ordinatio seu determinatio seu organisatio, quae in omni casu a Capite Ecclesiae pendet.

Ad suffr. 13 (ex n. 22)

Dicitur in fine, quod potestas Ordinis Episcoporum independenter a Romano Pontifice exerceri nequit.

Ut dicitur in Relatione, p. 91, sub litt. O, antea suggestum erat ut de hac potestate diceretur quod nonnisi «iuxta *ordinationem a Romano Pontifice* approbata» exerceri potest, sicuti in votatione 30 oct. 1963 *explicite* dicebatur.

Sensus rursus est quod inter consecrationem et actuale exercitium potestatis praedictae intercedere debet *ordinatio* a Romano Pontifice approbata, sive ipse personaliter agat, sive decisionem Concilii vel Patriarchatuum approbet.

Res *comparari* potest cum potestate absolvendi peccate, sacerdotibus in ordinatione sua collata, et actum absolvendi peccatorem, inter quae intercedere debet *ordinatio* quae per «iurisdictionem ad confessiones audiendas» exprimitur.

Inde in omni casu salva et intacta remanet auctoritas primatialis a nullo dependens.

Explicatio. Hoc modo non statuitur ulla sententia theologica particularis, sed affirmatur unice illud quod omnes admittunt.

Si non praecederet consecratio, in qua ut in fundamento ontologico concreditur munus, non potest concedi iurisdictio: ita v.g. iurisdictio ad peccata absolvenda *laico* concedi nequit. Ergo fundamentum muneris in omni casu datur per consecrationem, quae est absoluta necessaria et non solum per modum potentiae oboedientialis quae in omnibus adest.

Sed hoc munus, quia essentialiter ad communitatem hierarchicam respicit ulterius determinari debet, ut ad actum procedere valèat.

Unde si quis theologus censet omnem expeditam iurisdictionem per actum Romani Pontificis de facto concedi, a textu Concilii *nullo modo reprobatur*, quidquid sit de valore theologico eius explicationis. Nam historice decem prioribus saeculis huiusmodi regimen non apparet, neque ullus theologus tunc temporis de tali sententia cogitavit.

Aliquando opponitur quodsi munus docendi ac regendi Corpori Episcoporum funditus ac reapse in consecratione datur, exinde sequeretur quod hoc munus de se postulat ut saltem aliquando in actum deducatur. Secus daretur munus inutile quod consequenter non existeret.

Haec deductio ad actum revera obtinetur ex eo quod Episcopi singuli suos populos regunt, et simul sumpti sub eorum Capite totam Ecclesiam. Hoc fit actu solemni in Concilio Œcumenico et etiam quando Romanus Pontifex eos in variis regionibus degentes ad actum proprie collegialem vocat. Actus ille Romani Pontificis ab eius libera voluntate pendet. Unde potestas Romani Pontificis numquam in sua plenitudine minuitur.

Si autem diceretur quod Romanus Pontifex numquam ad constitutionem Ordinis Episcoporum respicere debeat, sequeretur:
- quod ipse arbitrarie de constitutione Ecclesiae disponere posset;
- quod omnes simul Episcopos munere suo de facto privare posset;
- quod apparentia ei imponitur alicuius imperatoris, qui in regimine suo ad nihil et ad neminem respicere deberet, sed omnia puro suo arbitrio facere posset.

Talia autem a nullo theologe statuuntur dum ab omnibus agnitum est, et a Magisterio docetur, Episcopos non esse simplices «vicarios» Romani Pontificis.

Si vero obiicitur quod laicus, ad Romanum Pontificatum electus, statim haberet potestatem regendi ac docendi, respondetur *cum Pio XII*, quod talis laicus intentionem habere debet accipiendi consecrationem. Si autem consecrationem episcopalem recusat, eo ipso renuntiat episcopatui romano et consequenter pontificatui supremo. Ante autem consecrationem de facto acceptam, iam gaudet iurisdictione ecclesiastica. Hic casus, uti patet, est iuridice exceptionalis, neque quaestionem principii solvere potest.

Conclusio

Nulla est ratio timendi quod ex textu Conciliari sequi posset quaecumque diminutio aut restrictio potestatis plenae ac supremae potestatis Romani Pontificis super omnes fideles atque Pastores.

Romae, die 19 septembris 1964.   (signé) PHILIPS

DOC. III

PROPOSITIONS DE L. CIAPPI
D'INTRODUIRE TROIS NOUVEAUX «MODI»

(dd. 25.10.1964)

(si permette di presentare il seguente Voto)

OGGETTO: Proposta di tre nuovi «modus» per il cap. III° dello
Schema DE ECCLESIA: *De constitutione hierarchica Ecclesiae et in specie*
DE EPISCOPATU.
Scopo: Probabile conciliazione delle due opposte sentenze, riguardanti
l'origine della «potestas docendi et regendi», e la «potestas Collegii
Episcoporum».
Motivo della proposta: Il risultato poco confortante della decisione presa
dalla Commissione Teologica, nella recente riunione del 23 ottobre; e
previsione di altre, parimente poco soddisfacenti, deliberazioni.

I. *Breve resoconto dello svolgimento della riunione suddetta.*
    In essa sono stati esaminati i vari «modus» proposti dai Padri per la
definitiva redazione del testo.
    Il più importanti sono apparsi quelli riguardanti il testo della *Suffra-
gatio 8* (pag. 62, al. 38), ch'è il seguente:
«EPISCOPALIS AUTEM CONSECRATIO, CUM MUNERE SANCTIFICANDI, MUNERA
QUOQUE CONFERT DOCENDI ET REGENDI, QUAE TAMEN NATURA SUA NONNISI
IN COMMUNIONE CUM COLLEGIO CAPITE ET MEMBRIS EXERCERI POSSUNT»

Interventi:
Il Card. BROWNE, Mons. CHARUE, P. TROMP, Mons. PHILIPS (ed altri)
hanno ripetutamente fatto notare che non sono accettabili i «modus»
contrari alla dottrina enunziata nel testo, ed approvata dalla maggioranza dei Padri nella Congregazione Generale.
Pertanto devono essere esclusi i seguenti «modus»:
    1) «quocum alia munera *intime connectuntur*»   (10 Patres)
    2) «subiectum *disponere* et *aptum efficere* ad munera docendi..:» (52)
    3) «munera *radicaliter* vel *aptitudinaliter*   (48)
    4) «*radicitus*»   (57)
    5) «*secundum aptitudinem*»   (7)
    6) «*dispositive*»   (4)

7) «*virtualiter*» (3)
8) «*in potentia* vel *in actu primo*» (4)
9) «*datur gratia in ordine ad illa munera*» (9)

Mons. PARENTE ha ribadito la sua tesi, secondo la quale la distinzione tra «potestas sanctificandi seu ordinis» et «potestas docendi et regendi seu iurisdictionis» è stata introdotta dai giuristi nel medioevo. In realtà, egli osserva, anche la «potestas docendi et regendi» nella Chiesa è «sacra» e quindi da non separarsi dalla «potestas sanctificandi». Si deve quindi conchiudere che vengono conferite *simul* nella Consacrazione Episcopale.

Alla difficoltà derivante dalla dottrina di PIO XII, nell'Enc. *Mystici Corporis*: «quamvis (Pastores) ordinaria potestate iurisdictionis fruantur, immediate sibi ab eodem Pontifice summo impertita», Mons. Parente risponde che la dottrina di Pio XII non è contraria a quella del testo conciliare, benchè sia espressa in forma *giuridica*; essa perciò deve essere interpretata nel senso tradizionale, offuscato dal giuridismo medievale. Mons. Parente ritiene che il testo salva la subordinazione «in esse» et «in agere» della «potestas Episcoporum» al R.P.

Il Card. BROWNE (ed altri) non rimangono convinti. Sua Eminenza fa notare che è ardito attribuire anche a S. Tommaso, ed altri grandi teologi, un confusione dovuta a mentalità giuridica.

Mons. C. COLOMBO si è detto d'accordo con gli altri Padri nel ritenere che la Consacrazione Episcopale conferise, oltre al «munus» (cioè alla «potestas») sanctificandi, anche la «potestas docendi et regendi». Però, poichè l'espressione che segue: «nonnisi in communione cum Collegii Capite» non appare sufficiente a salvaguardare il valido e legittimo *esercizio* di tali poteri, egli suggerisce di premettere a «communione» l'agg. «ordinata» = in ordinata communione.

La maggioranza dei Padri, aderendo alla proposta del Card. Browne e di altri, e in accordo con quella di Mons. Colombo, esprime il suo «placet» per la seguente modificazione del testo: «IN HIERARCHICA COMMUNIONE. »

Il Card. BROWNE, non soddisfatto pienamente di tale «modus», che riguarda unicamente l'*esercizio* della «potestas docendi et regendi», non la *sostanza* della medesima, che si dice conferita nella Consacrazione Episcopale, propone che venga chiarito o sostituito il termine «munera», perchè dal contesto che segue appare evidente che simile vocabolo non significa soltanto «officium» ma anche «potestas». Ora il problema, non risolto sufficientemente, è se la «potestas iurisdictionis» si riceva in virtù della Consacrazione o della «missio canonica».

P. FERNANDEZ O.P., e Mons. SCHAUF(perito) hanno fatto notare che nella Sottocomissione, di cui erano rispettivamente membro e perito, il vocabolo «munera» fu scelto perchè non includente necessariamente la «potestas», cosi da lasciare tuttora aperta la discussione teologica sull'origine della «potestas iurisdictionis». I Padri, però, hanno unanimemente dissentito da Mons. Schauf, quando questi ha inferito che il testo conciliare lascerebbe ancora in sospeso tale questione sulla origine della «potestas».

II. *Ragioni che persuadono la proposta di nuovi «modus» conciliativi*, cioè non contrastanti dottrinalmente col testo già approvato. Tali «modus» riguardano anche i testi che affermano i poteri del Collegio Episcopale, per l'intima connessione esistente tra di loro.

1) Testimonianza della S. Liturgia.
Questa testimonianza, benchè non abbia valore di *regola* di fede, ha tuttavia quello di *iudice* della vera fede, se essa è tradizionale e universale (cfr. Enc. *Mediator Dei*).
Orbene, stando al significato ovvio dei testi liturgici, è soltanto la «Consecratio Episcopalis *legitima*» che conferisce, oltre al «munus sanctificandi», i «munera docendi et regendi» : non già «ex opere operato», cioè in virtù della formula essenziale della Consacrazione, il cui effetto è duplice: la *gratia* e il *character* (Conc. Trid., sess. VII, can. 6,8,9: Denz. 849,851-2), ma «ex opere operantis Ecclesiae», nella cui Gerarchia, e *indubbiamente* nel Sommo Pontefice, suo Capo, risiede «tota plenitudo potestatis iurisdictionis» (Conc. Vat. I, Sess. IV, can., Denz. 1831) come nella sua causa *principale seconda*, cioè, non solamente strumentalmente, straordinariamente e perciò transitoriamente.
Testi liturgici della Consacrazione Episcopale: *significanti* e *conferenti* i «munera docendi et regendi», cioè le rispettive «potestas»:
Condizione essenziale alla recezione di tali «munera»: la risposta affermativa alla seguente domanda:
«Vis beato Petro apostolo, cui a Deo data est potestas ligandi ac solvendi; mihi et successoribus meis, Romanis Pontificibus, fidem, subiectionem et obedientiam, secundum canonicam auctoritatem, per omnia exhibere»? R. VOLO.
Testo o formula del conferimento «ex opere operato» della *potestas* o *munus sanctificandi*, e quindi della *gratia sacramentalis* e del *character*.
«Comple in sacerdotibus tuis ministerii tui summam, et ornamentis totius glorificationis instructos, caelestis unguenti rore sanctifica».
Testi esprimenti il conferimento dei «munera docendi et regendi»:
«Da eis Domine, ministerium reconciliationis in verbo et in factis... Da eis, Domine, claves regni caelorum, ut utantur, non glorientur *potestate*, quam tribuit in aedificationem, non in destructionem... Tribuas eis, Domine, cathedram episcopalem, ad regendum Ecclesiam tuam et plebem sibi commissam. Sis eis auctoritas, sis eis potestas, sis eis firmitas».
«Accipe baculum pastoralis officii... Accipe Evangelium, et vade, praedica populo tibi commisso...».

94   G. PHILIPS

Sembra quindi doveroso ammettere:

a) Che la Consacrazione Episcopale conferisce in *qualche modo* real-
mente i «munera docendi et regendi», altrimenti, almeno per i vescovi
titolari, avrebbero i testi riferiti un valore puramente letterario e indur-
rebbero in errore.

b) Che soltanto la consacrazione *legittima*, cioè fatta in ossequio alla
nomina da parte del Sommo Pontefice o almeno col suo implicito
consenso, contenuto nell'approvazione di antiche consuetudini, conferisce i suddetti poteri. Perciò questi non vengono conferiti quando la
consacrazione sia *illegittima*, cioè senza il «mandato apostolico» per la
Chiesa (Si prescinde dalle consacrazioni conferite nelle Chiese ortodosse,
il cui valore dipende indubbiamente dalla Sede Apostolica).

Pio XII si è espresso chiaramente in proposito (Enc. *Ad Apostolorum
Principis*, 29 giugno 1958):

«Quodsi, quemadmodum interdum usu venit, aliis personis aut collegiis
licet in electionem alicuius candidati episcopalis se aliquo modo interpo-
nere, hoc *legitime* dumtaxat fit, si Apostolica Sedes expressis verbis ac
singillatim certis et definitis personis aut collegiis id concesserit, condi-
cionibus rerumque adiunctis planissime constitutis. Hoc posito, efficitur
ut Episcopi nec nominati nec confirmati a Sede Apostolica,immo-
contraexpressas eius ordinationes electi et *consecrati, nulla fruantur
potestate magisterii et iurisdictionis,* cum *iurisdictio Episcopis per unum
Romanum Pontificem obtingat,* quemadmodum in Litteris Encyclicis
Mystici Corporis hisce verbis monuimus.... (A.A.S. 1943, pp. 221-212).
Quam doctrinam, datis postea ad vos Litteris *Ad Sinarum gentium,*
iterum memoravimus: «Iurisdictionis potestas, quae Summo Pontifici
iure ipso *divino directe* confertur, Episcopis ex *eodem* provenit *iure,* at
nonnisi per Petri Successorem, cui quidem non tantum christifidelium,
sed Episcopi etiam omnes et oboedientiae obsequio et unitatis vinculo
constanter subici et adhaerere tenentur» (A.A.S. 47, 1955, p. 9; «Discor-
si di S.S. Pio XII», vol. XX, pp. 496-497).

2) La spiegazione di Mons. Parente non sembra convenire al tenore dei
vari documenti di Pio XII.

Ora a distanza di pochi anni dalla pubblicazione dell'Enc. *Ad Apostolorum Principis,* quando nella Cina continuano ancora forse le
Consacrazioni Episcopali *illegittime* e quindi *invalide* quanto alla «potestas iurisdictionis», benchè valide quanto alla «potestas ordinis» (i cui
atti però sono «graviter illiciti, id est flagitiosi et sacrilegi» *l.c.*) è
opportuno che il Concilio Vaticano insegni, senza un richiamo esplicito
alla *legittimità,* che «Episcopalis consecratio cum munere sanctificandi,
munera quoque confert docendi et regendi» ? Del resto, il contesto
precedente il nostro testo, insinua chiaramente che si tratta delle
consacrazioni episcopali «legittime», cioè in connessione con la santi-

ficazione e missione degli Apostoli. Ma non sarà meglio *dirlo espressamente* ?

3) I nuovi «modus» che si propongono non sono invenzione del sottoscritto, ma vengono suggeriti dal P. PALMIERI S.J., il cui *Tractatus de Romano Pontifice* uscì in prima edizione nel 1878, a pochi anni di distanza dal Conc. Vaticano I, di cui perciò si può presupporre che rispecchi fedelmente la dottrina.

Questi «modus» sembrano altresi accordarsi col pensiero del BILLOT, e col linguaggio di PIO XII.

PALMIERI: «Neque ipsis (Episcopis) prout sunt unum corpus sive dispersi sive uniti in Synodum confertur immediate a Deo talis potestas; nam eatenus verum est supremam potestatem esse in coetu Pastorum quatenus ea *propria est capitis* huius coetus, cuius auctoritate fieri potest ut ceteri pastores simul *cum* ipso et *per* ipsum concurrunt ad exercitium supremae potestatis. Institutio enim Primatus excludit supremam potestatem ab universitate Pastorum omnesque ceteros Pastores simul quoque sumptos subordinat iurisdictioni Romani Pontificis: idcirco Deus potestatem ferendi leges pro universa Ecclesia immediate non communicat nisi *uni*, vult imo ceteros alios *per se non habere*; neque enim habere eam possunt qui sunt supremae potestati subordinati. Sunt ergo *iure divino* Episcopi adunati in Concilium *capaces* huius potestatis, sed ita ut eam *ex* capite suo Romano Pontifice accipere debeant. Et sane cum Romanus Pontifex sit Pastor supremus et immediatus cui universa Ecclesia est commissa habeatque plenitudinem potestatis, ipse ius habet ut nemo citra suum consensum ferat leges qua sui subditi obligentur; ergo ut Episcopi in Synodo valeant decreta fidei vel morum aut disciplinae condere, oportet ut ad id fiat ipsis facultas *a Romano Pontifice*... Nam immediate Christus universalem iurisdictionem *soli* capiti concessit ac *per caput communicat corpori, agenti simul cum capite, potestatem concurrendi ad exercitium universalis iurisdictionis*» («Tractatus de Romano Pontifice», ed. 1891, p. 672).

L. BILLOT: «Concilium Oecumenicum et Pontifex non sunt duo subiecta... supremae potestatis... Non supremae potestatis, quia concilium eam non habet *nisi ratione summi Pontificis*, cuius auctoritas *informat* definitiones communi consensu conciliariter edictas...» (*De Ecclesia Christi*, ed. 1ª 1900; ed. 5ª p. 723).

CONCIL. VATIC. I, Relatio deputationis pro rebus fidei: «Apostolatus ergo et in ipso Episcopatus, *immediate* et *iure divino* est ex institutione Christi, non ad imponendum limitem, sed ad *cooperandum supremae ac plenae potestati*» (Mansi, «Ampliss. Coll. Concil.» 52,715).

III. TRE NUOVI «MODUS» *conciliativi*, riguardanti l'origine dei «munera docendi et regendi» nei Vescovi, e la Collegialità.

1° *Pag.* 62, al. 38: EPISCOPALIS AUTEM *LEGITIMA* CONSECRATIO, CUM MUNERE SANCTIFICANDI, MUNERA QUOQUE CONFERT DOCENDI ET REGENDI, QUAE TAMEN NONNISI IN HIERARCHICA COMMUNIONE CUM COLLEGII CAPITE ET MEMBRIS EXERCERI POSSUNT».

2° *Pag.* 64, al. 8: UNA CUM CAPITE SUO ROMANO PONTIFICE, ET NUMQUAM SINE HOC CAPITE, *IURE DIVINO* SUBIECTUM *CAPAX FUNGENDI* SUPREMA AC PLENA POTESTATE IN UNIVERSAM ECCLESIAM EXISTIT, QUAE QUIDEM POTESTAS INDEPENDENTER A ROMANO PONTIFICE *HABERI ATQUE* EXERCERI NEQUIT»
(Vel cum Conc. Vat. I: «UNA *IURE DIVINO SUBIECTUM CAPAX COOPERANDI SUPREMAE AC PLENAE POTESTATI* IN UNIVERSAM ECCLESIAM EXISTIT, ...NEQUIT».

N.B. Etiam Patres qui tenent quod Collegium Episcoporum est *permamenter* «subiectum supremae ac plenae potestatis» debent admittere quod illa potestas non identificatur cum *charactere* episcopali, alioquin laicus vel simplex Sacerdos electus Summus Pontifex non haberet statim a momento acceptationis, immediate a Deo, potestatem illam. Ergo illa potestas est quid *morale*, seu facultas moralis, seu *ius divinum ad docendum et regendum universam Ecclesiam*, sed dependenter a Romano Pontifice quantum ad tempus et modum. Et ideo non est ius divinum *immediate* ad docendum et regendum universam Ecclesiam, sed ad hoc ut sit subiectum *capax actu exercendi* illam potestatem, seu ad «cooperandum supremae ac plenae potestati».
Patet, ex ipsis verbis Conc. Vat. I, quod tale ius competit *vi legitimae* Consecrationis Episcopalis (etsi non sit ipse character), unde iure divino competit *etiam Episcopis titularibus.*

3° *Pag.* 64, al. 29: «SUPREMA IN UNIVERSAM ECCLESIAM POTESTAS, QUA ISTUD COLLEGIUM *FUNGI POTEST* SOLLEMNI MODO IN CONCILIO OECUMENICO EXERCETUR»

N.B. Perchè, è logico chiedersi, poco prima è affermato: (pa. 64/9) SUBIECTUM QUOQUE SUPREMAE AC *PLENAE* POTESTATIS. e dopo (64/29) SUPREMA IN UNIVERSAM ECCLESIAM POTESTAS. omettendo l'agg. «PLENA», come si legge nel CIC, can. 228, 1: «Concilium Œcumenicum *suprema* pollet in universam Ecclesiam potestate» ?
Sembrerebbe più logico o affermare in ambedue i testi o omettere in entrambi l'agg. PLENA.
Teologicamente sembra che si possa giungere fino ad affermare che il Collegio Episcopale è *soggetto capace di esercitare la suprema e p i e n a potestà sulla Chiesa universale*, in quanto il Romano Pontefice, in cui solo risiede *tutta la pienezza* (Conc. Vat. I, Denz. 1831), partecipa all'

Episcopato la sua *suprema* e *piena* potestà, senza tuttavia perdere o comunicare il *primato* e la *totale pienezza*, ch'è sua prerogativa personale, incomunicabile.

«Salvo meliore iudicio» cui humiliter me submitto
(signé) Luigi CIAPPI o.p.

P.S. I TRE «MODUS» SUGGERITI SEMBRANO PIU' ATTIA SALVAGUARDARE IL PRESTIGIO DEL MAGISTERO PONTIFICIO, LA «MENS» DEL CONCILIO VATICANO I, E LA SOSTANZA DELLA DOTTRINA TEOLOGICA TRADIZIONALE.

DOC. IV

ADDENDA AD RELATIONEM GENERALEM DE G. PHILIPS

d'après la demande de C. Colombo
(dd. 02.11.1964)

Ad quas observationes Commissio statuit sequentia esse respondenda:

1° Collegium non intelligitur sensu *stricte iuridico*, scilicet de coetu aequalium, qui potestatem suam praesidi suo demandarent, sed de coetu stabili, cuius structura et auctoritas ex Revelatione deduci debent. Quapropter in Responsione ad Modum 12 explicite de Duodecim dicitur quod Dominus eos constituit «ad modum collegii seu *coetus stabilis*». Cf. etiam Mod. 53 c. Ob eandem rationem, de Collegio Episcoporum passim etiam adhibentur vocabula *Ordo* vel *Corpus*. Quia autem parallelismus inter Petrum ceterosque Apostolos ex una parte, et Summum Pontificem et Episcopos ex altera parte, non implicat identitatem munerum inter Caput et membra, statuit Commissio scribere, p. 63, lin. 16-19, non «eadem» sed «pari ratione». Cf. Mod. 57.

2° Aliquis fit *membrum Collegii* vi consecrationis episcopalis et communione hierarchica cum Collegii Capite atque membris. Cf. p. 63, lin. 33-36.

In *consecratione* datur *ontologica* participatio *sacrorum munerum*, ut indubie constat ex Traditione, etiam liturgica. Consulto adhibetur vocabulum *munerum*, non vero «potestatum», quia haec ultima vox de potestate *ad actum expedita* intelligi posset. Ut vero talis expedita potestas habeatur, accedere debet hierarchica determinatio, quae consistere potest in concessione particularis officii vel in assignatione subditorum, et quae datur a superiore auctoritate, nempe a Summo Pontifice, vel, in Ecclesiis Orientis, a Patriarcha. Huiusmodi ulterior norma *ex natura rei* requiritur, quia agitur de muneribus quae a *pluribus subiectis*, hierarchice ex voluntate Christi cooperantibus, exerceri debent.

Quapropter signanter dicitur, requiri *hierarchicam* communionem cum Ecclesiae Capite atque membris. *Communio* est notia quae in antiqua Ecclesia (sicut etiam hodie praesertim in Oriente) in magno honore habetur. Non intelligitur autem de vago quodam *affectu*, sed de realitate *organica* quae iuridicam formam exigit et simul caritate animatur. Unde Commissio, fere unanimi consensu, scribendum esse statuit: «in *hierarchica* communione».Cf. Modum 40, et etiam illa quae dicuntur de *missione canoncia*, sub n.24, p. 67, lin. 17-24.

3° Collegium, quod sine Capite non datur, dicitur «subiectum quoque *supremae ac plenae potestatis* in universam Ecclesiam existere». Quod necessario admittendum est, ne plenitudo potestatis Romani Pontificis in discrimen poneretur. Collegium enim necessarie et semper Caput suum cointelligit. A.v. distinctio non est inter Romanum Pontificem et Episcopos collective sumptos, sed inter Romanum Pontificem seorsim et Romanum Pontificem simul cum Episcopis Quia vero Summus Pontifex est *Caput* Collegii, ipse solus quosdam actus facere potest, qui Episcopis nullo modo competunt, v.g. Collegium convocare et dirigere, normas actionis approbare, etc. Cf. Modum 81.

4° Summus Pontifex, utpote Pastor supremus totius Ecclesiae, suam potestatem *indesinenter exercet*. Collegium vero, licet semper existat, non indesinenter agere debet; a.v. non semper est «in actu pleno», immo raris intervallis actu stricte collegiali agit et *nonnisi consentiente Capite*, ut affirmatur explicite, p. 64, lin. 11-13, et explicatur ib., lin. 29-43. Formula negativa *nonnisi* omnes casus comprehendit: unde evidens est quod *normae* a suprema Auctoritate approbatae semper observari debent. Cf. Mod. 84.

In omnibus autem apparet quod agitur de *cooperatione* Episcoporum cum Papa, numquam vero de actione Episcoporum *independenter* a Papa. In quo casu, deficiente actione Capitis, Episcopi agere ut Collegium nequeunt, sicut ex notione Collegii patet. Idea autem *cooperationis* omnium Episcoporum cum Summo Pontifice in Traditione certe sollemnis est.

DOC. V

NOTA INTRODUCTORIA AD RELATIONEM DE «MODIS»
CAP. III. DE C. COLOMBO

avec les corrections proposées par G. PHILIPS et
admises par C. COLOMBO
(dd. 2.11.1964)

Cum multi «modi» a Patribus propositi procedere videantur ex non
plene *intellectis principiis*[1] doctrinae circa potestatem episcoporum, qual-
is in hoc capite exponitur, iuvat hic synthetice exponere *haec principia*[2]
ad cuius trutinam singuli «modi» a Commissione de doctrina fidei et
morum examinati sunt.

Sic enim putamus clariore in luce innotescere Patribus et responsionem Commissionis de singulis «modis» et cohaerentiam doctrinae, quae
hic proponitur, sive cum Concilio Vaticano 1°, sive cum anteriore
traditione Ecclesiae. Cum enim constitutio Ecclesiae divinae sit originis,
nihil docere intendit, nec docere potest, Concilium Vaticanum IIum
quod non fuerit in perenni doctrina Ecclesiae ab ipso Christo Domino
procedente et perenniter conservata.

Quattuor principia totam doctrinam de potestate episcopali eiusque
cum Romano Pontifice relatione regunt, quae breviter exponuntur.
1) Potestas episcopalis quoad omnes suas partes *originis sacramenta-*
lis.
Patres conciliares iam superiore anno manifestaverunt suam esse
mentem quod in Constitutione «De Ecclesia» declararetur consecrationem episcopalem esse sacramentum Novae Legis, scilicet *plenitudinem*[3]
Sacramenti Ordinis. Iamvero Sacramentum Ordinis, ex perenni tradi-

---

* Les corrections ou ajouts proposés par G. Philips et admis par C. Colombo ont été
apportés à la main sur le texte dactylographié. L'écriture n'est pas celle de G. Philips; il est
vraisemblable qu'il s'agit de celle de C. Colombo.
   Afin de pouvoir être distingués dans le texte ci-après, ces corrections ou ajouts ont été
imprimés en caractères italiques. Les variantes du texte original sont reproduites en notes.
(Note de l'éditeur)
   1. intellecta contextura
   2. hanc doctrinam
   3. summum gradum

tione Ecclesiae, non tantum gratiam sed et potestates sacras, *diversas pro diversis gradibus*[4], tradere cognoscitur. Ex eadem traditione, praesertim liturgica, tum Orientis tum Occidentis, certissime constat in perenni fide Ecclesiae fuisse et esse quod Episcopi per episcopalem consecrationem constituuntur non modo sacrorum administri sed et magistri nomine et auctoritate Christi et Ecclesiae pastores.

Ideo in Constitutione positum est illud: «Episcopalis autem consecratio, cum munere sanctificandi, munera quoque confert docendi et regendi» (p.62, linae 38-48). Nunc vero adiungitur «munera *sacra*» ad illustrandam naturam horum munerum.
2) Perennis quoque doctrina in Ecclesia est quod singuli Episcopi consecrati non sunt *inter se et a Capite independentes ideoque iam plene*[5] «autonomi», sed sunt membra ecclesiasticae «communionis», ad cuius regulam munus quod acceperunt exercere debent, ut revera habeantur tamquam legitimi Apostolorum successores, perennem missionem eorum participantes et auctoritate fungentes.

«Communio» vero, prout in perantiqua et constanti dicendi ratione Ecclesiae intelligitur, non est tantum vagus quidam affectus collegialis, sed organica connexio omnium Episcoporum, quae iuridicis normis regitur, vel ex antiqua et probata consuetudine vel formali iure in Concillis vel Romani Pontificis auctoritate sancitis. Ideo Episcopi qui extra vel contra «iura venerandae communionis» (S. Ambrosius: cfr. Denz.-Schönm. 3057) agunt, non agunt ut legitimi Apostolorum successores, eorumque actus pro ratione materiae sunt vel simpliciter illiciti vel invalidi. Ob hanc rationem textus Constitutionis clare declarat haec munera «natura sua nonnisi in communione cum Collegii Capte et membris» exerceri posse (p.62/41-63/1). Neque necessarium videtur amplius specificare, quia omnes sciunt quinam actus sint illegitimi, quinam vero invalidi: illegitimi sunt actus sacramentales extra communionem positi; invalidi actus iurisdictionis cuiuscumque generis, nisi Ecclesia in bonum animarum suppleat potestatem *vel antiquam consuetudinem pergere sinit*[6].

Inter «iura communionis» id perantiquum et praecipuum est quod Episcopus consecratus habeat «plebem sibi commissam» in quam munus apostolicum exerceat, *vel officium particulare*[7] seu determinationem iuridicam sui muneris exercendi. Id autem fit per missionem canonicam, quae pluribus modis haberi potest, ut historice constat et declara-

4. *add.*
5. omnimodo sui iuris seu
6. *add.*
7. *add.*

tur in hoc eodem capite numero 24 (p. 67/17-24). Hinc clare apparet quod plena et perfecta auctoritas seu potestas Episcoporum in subditos originem ducit a Christo Domino quod attinet *ad realitatem suam sacramentalem*[8], sed ab «iure communionis» seu a canonica disciplina Ecclesiae habetur quod attinet ad suam iuridicam determinationem circa subditos in quos exerceatur: sine qua determinatione non est iuridice perfecta, seu veri nominis *canonica*[9] iurisdictio.

Quia vero ordo Episcoporum non est coetus aequalium sed corpus hierarchicum, ideo in modo a Commissione nunc accepteto iure dicitur: «quae (munera) tamen nonnisi in *hierarchica* communione... excerceri possunt»: scilicet in «communione» quae regitur auctoritate successoris Petri, Principis Apostolorum.

3) Episcopi non sunt tantum pastores Ecclesiarum localium, quas regere debent iuxta «iura communionis»: sunt vero sensu successores Apostolorum.

Per consecrationem episcopalem accipiunt Spiritum Sanctum quod datum est Apostolis ad docendas omnes gentes, easque sanctificandas et in spiritu et mandatis Christi pascendas (cfr. p. 62/26-33). Ideo omnes Episcopi consecrati, dummodo sint in «hierarchica communione cum Collegii Capite et membris», sunt membra Collegii seu corporis episcopalis eiusque missionem salvificam universalem et auctoritatem participant. Hoc sensu vere dici potest quod *legitima* episcopalis consecratio, quae scilicet iuxta iura communionis fiat, tribuit eam potestatem sive docendi sive regendi Ecclesiam universam quae unicuique Episcopo competit qua membro corporis episcopalis, et quae statim declarabitur. Haec vero potestas, ut patet, ita declaratur competere, iuxta iura a communione hierarchica determinanda, etiam Episcopis titularibus, qui sunt et ipsi successores Apostolorum ad evangelizandas omnes gentes usque ad ultimum terrae.

Haec omnia in textu *declarantur*[10] quando dicitur: «Membrum corporis episcopalis (et ideo particeps potestatis eius) aliquis constituitur vi sacramentalis consecrationis et communione cum Collegii Capite atque membris» (p. 63/33-36): scilicet vi consecrationis in *hierarchica*[11] communione peractae, seu legitimae.

8. fundamentum suum sacramentale
9. *add.*
10. Hoc... declaratur
11. *add.*

4) De Collegio seu Corpore Episcopali eiusque auctoritate doctrina Constitutionis his perstringitur declarationibus:

a) Ex testimoniis adductis vel indicatis constat de existentia Collegii episcopalis eiusque successione Collegio Apostolorum in munere, hoc est in missione et auctoritate, evangelizandi omnes gentes, et quidem iure divino.

b) Collegium hoc non est collegium membrorum aequalium, sed hierarchicum: necessario enim includit Romanum Pontificem, successorem Petri et Christi Vicarium, tamquam proprium Caput; ideo absque illo nec existit nec operari potest ut Collegium. Ut in quolibet Collegio hierarchico, ita et praesertim in hoc, consensus Capitis non est aliquid extrinsecum sed ipsum elementum formale existentiae activitatis collegialis. In hoc sensu dicitur quod «potestas collegialis independenter a Romano Pontifice exerceri nequit» (p. 64/12-13): consensus Romani Pontificis tali modo intrat in actibus Collegii, ut sine hoc consensu *explicito vel implicito, dummodo sufficienter claro*[12], actus collegialis nec existere possit. Ita omnimodo excluditur omnis possibilitas exercitii potestatis collegialis quae sit a Romano Pontifico non probata.

c) Quia Romanus Pontifex numquam desinit, nec desinere potest, esse Vicarius Christi, ideo Collegium Episcoporum cum suo Capite coniuncto eadem plena et suprema potestate pollet in universam Ecclesiam, in omnes scilicet fideles atque pastores, qua ipse Romanus Pontifex personaliter: non enim potest Vicarius Christi minor esse seipso quando collegialiter agit quam cum personaliter.

In Ipso autem Collegio Romanus Pontifex peculiari munere pollet, quod est illi prorium et *inalienabile*[13]: moderatio activitatis Collegii. Ab eius enim voluntate pendet omnis activitas Collegii ut talis, veluti actio conciliaris vel consuetudo universalem Ecclesiam obligans vel actio collegialis Episcoporum per orbem dispersorum: ideo dicitur quod illi competit Concilia Oecumenica convocare, iisdem praesidere et eadem confirmare, episcopos ad actionem collegialem vocare vel eorumdem unitam actionem approbare vel libere recipere (cfr. p. 64/32-43).

d) Iure divino, ut definitum est a Concilio Vaticano 1°, plenam supremam et universalem potestatem in universam Ecclesiam habet Romanus Pontifex, qua Vicarius Christi et totius Ecclesiae Pastoris, qui hanc semper libere exercere valet (p. 63/42-64/4). Iure divino nunc declarat Concilium Vaticanum IIum eamdem potestatem competere Collegio

12. *add.*
13. incommunicabile

Episcoporum suo Capiti coniuncto. Sed in eadem amplitudine potestatis in eademque missione universali, quae hic duobus *modis*[14] plenae et supremae potestatis in universam Ecclesiam competit, valde attenda differentia intercedit quoad exercitium.

Romanus Pontifex, utpote Pastor Supremus totius Ecclesiae qui numquam desinit esse Vicarius Christi, suam potestatem indesinenter possidet et exercet; dum corpus Episcoporum, ut constat ex natura rei et ex constanti historia Ecclesiae, est quidem subiectum permanens auctoritatis in universam Ecclesiam, sed non necessario permanenter actu exercet modo collegiali suam potestatem. Agere enim nequit nisi quando Romanus Pontifex illud ad actionem vocat vel actioni eius libere consentit; et ex constanti traditione Ecclesiae clare patet Romanum Pontificem nulla obligatione teneri forma collegiali supremae potestatis utendi habitualiter vel frequentissime vel frequenter. Iure divino nulla determinatur norma actionis collegialis: omnia ergo pendent a determinatione Capitis, qui pro sua conscientia et coram Deo iudicare debet pro bono Ecclesiae universalis eiusque missione adimplenda.

Ideo clare dicitur in Relatione Capitis III (p. 90, notae L,M) quod «Episcopi (Romanum Pontificem) cogere non possunt» ad exercendum uno vel alio modo, scilicet *collegialiter potius quam personaliter*[15] suam potestatem Vicarii Christi, in qua principem locum tenet potestas determinandi et frequentiam[16] et normas exercitii potestatis collegialis. Haec omnia moderare ex iure divino competunt prudenti iudicio supremi Pastoris, qui res determinare poterit diversimodo pro diversitate temporum et rerum: neque in hoc derelinquetur a Christo Domino, qui promisit se cum omnibus membris Collegii episcopalis pro gravitate muneris eorum perpetuo permansurum, et qui in eos omnes unum Spiritum, suum scilicet, immittit, qui eorum concordem mentem et voluntatem in organicam structuram continenter roborat (cfr. p. 64/27-29): una est enim omnium Episcoporum fides, una missio, unus Spiritus, unus Dominus, qui universam Ecclesiam per omnem iuncturam subministrationis in caritate aedificat (cfr. Eph. 4,16).

In luce huius doctrine, quae apte componit doctrinam Concilli Vaticani I cum perenni traditione Ecclesiae de auctoritate Episcoporum, Commissio doctrinalis expendit modos a Patribus propositos, sicuti in singulis numeris videre est.

---

14. formis
15. personaliter vel collegialiter
16. *om.* et obiectum

DOC. VI

CORRECTIONES AD TEXTUM C. COLOMBO
A G. PHILIPS IN OMNI CASU PROPOSITAE

1) Pag. 1, al. 4: loco *summum gradum*, scribatur, plenitudinem.
   Ratio: concordia cum art. 21.

2) Pag. 2, al. 1: loco *non sunt omnino sui iuris seu «autonomi»*.
   scribatur: non sunt *inter se independentes neque plene* «autonomi».
   Ratio: secus viderentur vicarii Rom. Pontificis.

3) ib. supprimatur *ut revera habeantur*.
   Ratio: secus redibit tota disputatio de conditionibus legimitatis (Cf.
   Ciappi).

4) p. 2, al. 2, in fine, addatur: *vel antiquam consuetudinem pergere sinit
   non revocatam.*
   Ratio: historice non apparet talis suppletio (tacita) iurisdictionis.

5) p. 2, al. 3, addatur: *vel officium particulare.*
   Ratio: non omnes episcopi fiunt residentiales.

6) p. 2, in fine: rursus exsurget disputatio de vocabulo *iurisdictio*!

6') p. 4, al. 2: consensus Rom. Pontificis potest esse *explicitus vel
   implicitus.*

7) p. 4, al. 4: *incommunicabile*: potest tamen per delegatos exerceri.
   Ideo melius scribatur *inalienabile*.

8) p. 5, al. 3: supprimatur *et obiectum*: obiectum enim determinatur in
   articulo 25,3.

DOC. VII
LETTRE DE C. COLOMBO AU PAPE PAUL VI
(dd. 03.11.1964)

Roma, 3 novembre 1964

Beatissimo Padre,

S.E. Mons. Dell'Acqua mi ha trasmesso il «voto» del Rev.mo P. Ciappi circa tre «modi» da introdurre nel cap.III «De Ecclesia».

Li ho attentamente considerati assieme con il Rev.mo Mons. Philips, secondo le venerate indicazioni ricevute.

Assieme siamo giunti alla conclusione che questi «modi» non si possono accettare senza mutare *sostanzialmente* il sense del testo conciliare già approvato.

Ecco le ragioni:

1) Il primo modo proporrebbe di dire:
Pag. 62, al. 38: «EPISCOPALIS AUTEM *LEGITIMA* CONSECRATIO, CUM MUNERE SANCTIFICANDI, MUNERA QUOQUE CONFERT DOCENDI ET REGENDI, etc.».

Accettandolo si avrebbero queste tre conseguenze:

a) una formula ambigua che sembra far dipendere dalla *legittimità* della consacrazione episcopale lo stesso conferimento dei poteri *sacramentali* del Vescovo («*cum* munere sanctificandi confert...»);

b) una formula che farebbe dipendere dalla legittimità della consacrazione il conferimento di *qualsiasi potere sacro di insegnamento e di governo pastorale.*

Ciò equivarrebbe alla pura e semplice negazione della verità che la consacrazione episcopale costituisce il sommo grado del Sacramento dell'Ordine. Caratteristica di questo Sacramento è infatti di conferire *poteri sacri diversi per i diversi gradi*, oltre la grazia necessaria per il loro esercizio fruttuoso.

c) Sul piano ecumenico una tale formula equivale alla negazione di *qualsiasi potere sacro* nei Vescovi consacrati fuori della comunione cattolica: il che non risponde a verità.

2) Il secondo modo propone di dire:
Pag. 64, al. 8: «...SUBIECTUM *CAPAX IURE DIVINO FUNGENDI* SUPREMA AC PLENA POTESTATE...QUAE QUIDEM POTESTAS INDEPENDENTER A ROMANO PONTIFICE *HABERI ATQUE* EXERCERI NEQUIT».

3) Il terzo modo propone di dire:
Pag. 64, al. 20: «SUPREMA POTESTAS QUA ISTUD COLLEGIUM *FUNGI POTEST* etc.».

Ambedue questi modi riprasentano in parole diverse la dottrina già presentata pià volte alla Commissione dù S.E.il Card. Browne, e da questa non accettata: la dottrina cioè la quale ritiene che il Corpo Episcopale *non è un soggetto permanente* dell'autorità suprema nella Chiesa, ma *diventa* soggetto di tale autorità soltanto quando il Romano Pontefice lo chiama all'esercizio: sarebbe quindi un soggetto abitualmente potenziale e soltanto sporadicamente attuale.

La dottrina della Costituzione nella forma approvata sinora è invece che il Collegio episcopale è *soggetto permanente* di autorità sulla Chiesa universale, sebbene *non* abbia *un esericizio collegiale permanente*: il Romano Pontefice non crea l'esistenza dell'autorità del Collegio, ma determina in modo assolutamente libero l'esercizio di tale potere secondo le esigenze del bene della Chiesa. E tutta la tradizione della Chiesa ci assicura che nessun diritto divino obbliga il Romano Pontefice ad usare la forma collegiale della suprema autorità abitualmente o frequentemente: ciò dipende dal Suo giudizio, che può variare nei diversi tempi secondo le diverse circostanze.

Poiche mi sembra che la continua ripresentazione di questi «modi» dipenda, almeno in una certa misura, da una non perfetta intelligenza della dottrina che sostiene il testo del cap. III, per questo mi sembra che sarebbe *molto opportuno* premettere all'analisi dei singoli «modi» di questo capitolo una «Nota» che esponga sinteticamente ma organicamente tale dottrina, per illuminare maggiormente i Padri circa il senso del testo e le ragioni del giudizio espresso dalla Commissione dottrinale circa i singoli «modi».

Una tale «Nota» potrebbe equivalere, anche per l'analisi teologica futura del testo conciliare, alle notevoli spiegazioni ufficiali che del testo definitivo dei capp. III e IV della Costituzione «Pastor Aeternus» hanno dato i Relatori ufficiali *Zinelli* e *Gasser* (cfr. MANSI, vol. 52 verso la fine). Per questo però dovrebbe essere letta in aula prima della votazione definitiva dei «modi» del cap. III.

Di tale «Nota» viene qui accluso un testo proposto, assieme con le risposte redatte da Mons. Philips per chiarire i problemi discussi, affinchè Vostra Santità possa esprimere il proprio venerato giudizio circa la opportunità o necessità di una tale «Nota» ed eventualmente di una sua presentazione e discusione in Commissione. Mons. Philips ritiene che le sue risposte possano bastare a chiarire ogni difficoltà e fa notare che il tempo ora è purtroppo tanto rispetto da temere che una sua discussione possa creare difficoltà per la approvazione definitiva del testo nella sessione. Ma d'altra parte è pur vero che ogni sforzodeve essere fatto sia per chiarire completamente il testo conciliare, sia per ottenere nella misura del possibile la maggiore unanimità nella votazione ultima della Costituzione.

Giudicherà Vostra Santità.

Prostrato al bacio del Sacro Anello del Pescatore, chiedendo una paterna Benedizione mi professo umilmente

di Vostra Santità
dev.mo figlio nel Signore
(Signé) + Carlo Colombo

DOC. VIII

LETTRE DU CARD. CICOGNANI
au Cardinal A. Ottaviani, Président de la Commission doctrinale
(en date du 10 novembre 1964)

Em.mo e Rev.mo Signor Mio Oss.mo,

Adempio il venerato incarico di restituirLe il volume dello Schema della Costituzione Conciliare «De Ecclesia», con l'accluso fascicolo degli «Addenda» che l'Eminenza Vostra Reverendissima, con gesto di delicata premura, vivamente gradita dal Santo Padre, aveva recentemente sottoposto al Suo augusto esame. Sono unite ai due fascicoli alcune osservazioni per la più esatta formulazione del testo proposto.

Il Vicario di Cristo, dovendo poi far Suo e promulgare il nuovo testo, ha espresso, pertanto, la volontà che esso sia preceduto da una Nota esplicativa della Commissione dottrinale sul significato e sul valore delle emendazioni, apportate al testo; e per tale spiegazione potrebbe essere opportuno tener presente il modo seguito nel Concilio Vaticano I (cf. Mansi, vol. 52, Congregatio Generalis octogesima quarta, 11 iulii 1870, coll. 1218-1230). In tal modo voglia la Commissione usare la carità di formulare una risposta adeguata alle difficoltà sollevate in merito, perchè ciò rassererebbe l'animo di molti Padri Conciliari, e renderebbe possibile una adesione più vasta e interiormente più convinta in sede conciliare. Di fatto, la Commissione, che ha buone ragioni per mantenere il proprio pensiero, cosi deve avere buone ragioni con cui sciogliere le difficoltà.

E', altresi, volontà dell'Augusto Pontefice che alcuni punti dello Schema siano precisati, come indicato negli uniti fogli; e, in particolare, che sia espressa la dipendenza costitutiva dell'autorità collegiale dei Vescovi dal consenso del Romano Pontefice.

Accludo inoltre il testo di un parere, che è stato richiesto in materia dal Rev. mo Padre Guglielmo Bertrams S.J.

Il Santo Padre, mentre esprime il Suo ringraziamento, ama formare per l'attività di Vostra Eminenza e dell'intera Commissione Teologica i Suoi voti cordiali, avvalorati dalla confortatrice Benedizione Apostolica.

Profitto volentieri dell'opportunità per baciarLe umilissimamente le mani e professarmi con sensi di profonda venerazione

di Vostra Eminenza Reverendissima
Umilissimo Devotissimo Obbligatissimo Servitore
(signé) A.G. Card. Cicognani

Circa gli emendamenti introdotti nello schema «de Ecclesia»:

Pagina 64, Linea 11: quae quidem potestas
Questo testo non esclude la necessità d'un esercizio continuo, mentre *occorre dirlo.*
E'una differenza radicale della potestà pontificia l'essere personale e permanente (sempre in atto) dall'autorità collegiale -secondo la costante tradizione della Chiesa -, la quale non postula necessariamente un esercizio permanente strettamente collegiale. L'esercizio collegiale può variare nel tempo secondo i bisogni della Chiesa; il giudizio circa l'apportunità di questo esercizio collegiale spetta al Romano Pontefice, a cui il Signore, affidando la cura di tutto il gregge ecclesiastico, ha per ciò stesso affidato anche l'autorità di scegliere il modo di attuare tale cura, sia in modo personale o collegiale.

Pagina 66 — Linea 24: «salva fidei unitate...» sembra bene aggiungere:
«et unica divina constitutione universalis Ecclesiae super Petrum fundatae»

Pagina 72 — n. 28 Linea 18 et sequentes:
La formula manoscritta sostituita attribuisce a Gesù Cristo stesso il conferimento della consacrazione e della missione ai Vescovi; ciò non è esatto. Il conferimento è avvenuto per il tramite degli Apostoli.

Pagina 75 — Nota explicativa: ubi dicitur *tertia*: «approbante Romano Pontifice» non basta. Dev' essere riservato al Papa.

Per dissipare obbiezioni ed apprensioni circa il carattere sacramentale della consacrazione episcopale ed i conseguenti poteri (munera sacra) sarebbe bene dare in qualche parte dello Schema (ovvero nella relazione o nelle note esplicative del testo) una chiara illustrazione della distinzione e dei rapporti tra l'aspetto sacramentale-ontologico e lo aspetto canonico-giuridico della missione e dei poteri episcopali.

Addenda ad relationem generalem (Pag. 2)

N. 1° — Si faccia notare che il parallelismo non implica eguaglianza di rapporti fra Pietro e Apostoli, da una parte, e Papa e Vescovi, dall' altra. Occorre dire più chiaramente.

N. 2° — «Ut vera talis expedita potestas habeatur, accedere debet... etc.»
sarebbe bene aggiungere esplicitamente:
accedere debet CANONICA, SEU JURIDICA DETERMINATIO PER AUCTORITATEM HIERARCHICAM, quae consistere potest etc.

-» et quae datur..
sarebbe bene precisare:
«et quae (potestas) IUXTA NORMAS A SUPREMA AUCTORITATE ADPROBATAS (seu SANCITAS) datur..»
(cfr. Schema pagina 67, linea 17 ad n. 24 c. III)

Così sarebbe bene aggiungere una parola per distinguere le potestà che richiedono la comunione gerarchica per il loro VALIDO esercizio da quella che la richiede per la sola LICEITA' (potestas ordinis).

Nella Nota introduttiva generale si veda di spiegare perchè la «suprema potestas collegialis» è anch' essa PLENA — Cfr. Modum 81: perchè anch' essa comprende il Capo del Collegio con tutta la sua autorità.
Nelle «ADDENDA»: sarebbe bene aggiungere un 5° punto su questo argomento, che è importante.

ADDENDA
Infra N. 2°
Post verba: «exerceri debent...»
videtur addenda explicatio: «Documenta recentiorum Summorum Pontificum circa jurisdictionem Episcoporum interpretanda sunt de hac necessaria canonica determinatione potestatum».

Notae quoad capitulum tertium schematis de Ecclesia

I. Estne omnino necessarium textum emendare, ut salva sint iura primatus?

Responsum: Patres Concilii, qui hoc affirmant, sine dubio moti sunt sincero zelo salvandi iura primatus. Attamen ratio habenda est:
1) Initio capitis fit relatio ad Conc. Vat. I et expresse dicitur firmiter credenda esse omnia illa, quae ad primatum spectant. Hinc o b i e c t i v e non potest esse ulla ratio interpretandi Conc. Vat. II tamquam correctura Conc. Vat. I. Potius doctrina huius capitis clare apparet tamquam supplementum ad illa, quae in Conc. Vat. I dicta sunt, id est: salvis omnibus, quae in Conc. Vat. I proposita sunt. Haec ratio, a — nisi fallor multis — Patribus Concilii sufficiens habetur, ut in hoc capite — praeter relationem ad Conc. Vat. I — non sit sermo de primatu.
2) Revera autem saepius in hoc capite iura primatus explicite referuntur. Si simul considerantur illa, quae initio de doctrina Conc. Vat. I dicuntur, necnon illa, quae saepius in ipso capite explicite de primatu dicuntur,

non iam habetur ratio vere probata affirmandi iura primatus non esse salva.

3) Positive constat plures praelatos et officiales vere timere «consilium episcopale», de quo sermo fuit. Hic timor videtur influere, non modo reflexo, sed de facto, in iudicium quoad collegialitatem corporis Episcoporum. Accedit ratio, quod doctrina, quam aliquis tenendam habebat, non facile mutatur. Hac ratione autem notandum est schema de Ecclesia non mutare doctrinam Ecclesiae; potius ipso doctrina Ecclesiae magis organice proponitur.

Ratione habitis omnibus hisce dictis respondendum censeo: negative.

II. Estne opportunum ut aliqui textus emendentur?

Responsum: Semper habentur — saltem inter theologos et publicistas — tendentiae minus favorabiles iuribus primatus. Hac ratione negari nequit, ut textus, qui non sunt ex toto praecisi, forte afferuntur — nunc et in futurum — tamquam argumentum Conc. Vat. I correctum esse per Conc. Vatc. II. Porro negari nequit haberi Patres in Concilio, qui sincere iudicant se textus ex toto non praecisos approbare non posse.

Ratione habita horum dictorum opportunum esse censeo, et fere moraliter necessarium, ut aliqui textus emendentur.

III. Necessitas talis emendationis iustificari potest eo, quod in re tam magni momenti pro Ecclesia omnia fieri debent, quae, in quantum hoc sit possibile, omnibus Patribus permittunt, ut textum approbent.

Porro ipse Sanctus Pater facilius approbare potest textum, qui secundum eius iudicium ab omnibus approbari possit.

Vere hisce emendationibus suppositis difficultates propositae videntur sufficienter esse solutae, ut omnes Patres voto maioritatis se associare possint. Accedit ratio oecumenica: Si enim doctrina capitis non approbatur, Orientales se delusos habent.

Altera ex parte Patres maioritatis ob rationes allatas non possunt aegre ferre emendationes applicatas, eo vel minus, quod doctrina in hoc capite contenta per ipsas non modificatur, nec asserta restringuntur; potius illa, quae implicite dicta sunt et aliunde constant, explicite dicuntur.

Emendationes proponendae

Pag. 62, 41 et 63,1: natura sua nonnisi in *hierarchica* communione cum Collegii Capite et membris exerceri possunt, *qua deficiente potestas authentice docendi et regendi in Ecclesia* constituta non est.

Et addatur *nota*: Documenta Ecclesiae quae affirmant potestatem iurisdictionis conferri a Summo Pontifice, referuntur ad potestatem iuridice in Ecclesia constitutam; mentionem non faciunt munerum docendi et regendi, quatenus haec secundum realitatem ontologicam, sacramentalem conferuntur per consecrationem episcopalem.

Pag. 64, 11: quae quidem potestas *nonnisi consentiente Romano Pontifice exerceri potest, qui quo ad tale exercitium promovendum, dirigendum*[1]), *approbandum bonum Ecclesiae respiciens secundum propriam discretionem procedit.*

Pag. 66, 24: qui, salva fidei unitate *et unica divina constitutione universalis Ecclesiae super Petrum fundatae,*

Pag. 72, 18: Christus, quem Pater sanctificavit et misit in mundum (Jo. 10,36), consecrationis missionisque suae Episcopos participes *per Apostolos* effecit, qui munus ministerii sui

Pag. 75, Nota explicativa tertia: *de consensu* Romani Pontificis diaconatus conferri potest viris maturis uxoratis.

Illa quae dicuntur *in Nota ad: Addenda ad Relationem generalem,* necnon illa, quae dicuntur in: *Osservazioni sul Capitolo III « De Ecclesia» le Relazioni e le risposte ai «modi»* mihi videntur fundata; omnia illa etiam ex parte mea dicere possum.

[BERTRAMS]*

---

1. aut: *ordinandum*; aut etiam omittatur et dicatur: *promovendum, approbandum*

DOC. IX

RAPPORT DE G. PHILIPS
CONCERNANT LES OBSERVATIONS TRANSMISES
À LA COMMISSION DOCTRINALE
PAR LE SAINT-PÈRE

(dd. 12.11.1964)

Relatio de Observationibus circa Caput III de Ecclesia ad Commissionem Doctrinalem a Sancto Patre transmissis.

Commissio Doctrinalis Observationes Sancti Patris reverenter accepit et sequente modo obsecuta est.

1° Statuit expensioni Modorum praemittere *Notam explicativam praeviam* commentario officiali responsorum suorum. Huius *Notae explicativae* examplar hic additur.

2° De emendationibus *in ipso textu* introducendis libenter admisit sequentia:

a) Pag. 64, lin. 11, scribitur: «...quae quidem potestas *nonnisi consentiente Romano Pontifice* exerceri potest». Ratio huius emendationis fuse praebetur in *Nota explicativa*, sub n. 4. Quod attinet ad verba sequentia propositionis R.P. Bertrams, scilicet: «Romanus Pontifex ad tale exercitium ordinandum, promovendum, approbandum, intuitu boni Ecclesiae, secundum propriam discretionem procedit», Commissio praetulit ea in *Nota explicativa inserere*, nisi Sanctissimus Pater ea verba in ipso textu inserere praeferret.

b) Pag. 66, lin. 24 (de patriarchatibus) scribitur: «...plures coetus organice coniunctos qui, salva fidei unitate *et unica divina institutione universalis Ecclesiae* (super Petrum fundatae), gaudent propria disciplina...».

Commissio reverenter suggerit, propter solas rationes opportunitatis, ut verba inter parentheses posita, «super Petrum fundatae», in textu non inserantur, nisi Sanctissimus Pater aliter iudicaverit. Observatio de fundamento Petri in textu saepius asseritur et in hac phrasi reliquis verbis iam satis clare indicatur.

c) Pag. 72, lin. 18 (in textu correcto) scribitur: «Christus, quem Pater sanctificavit et misit in mundum (Jo. 10, 36), consecrationis missionisque auae, *per Apostolos suos, eorum successores, videlicet* Episcopos, participes effecit, qui munus misterii sui vario gradu variis subiectis in Ecclesia tradiderunt.»

d) Pag. 76, lin. 11, scribitur (secundum formulam a R.P. Bertrams propositam): «De *consensu* Romani Pontificis hic diaconatus viris maturioris aetatis, etiam in matrimonio viventibus, conferri poterit...». Hoc modo interventio Romani Pontificis explicitius indicatur, quin suffragationi 38ae contradicatur.

3° In *Nota explicativa* sequentia elementa clarius affirmantur:

a) *Sub n.1*: excluditur explicite *aequalitas* inter Caput et membra Collegii.

b) *Sub n.2*: additur expressa mentio de canonica seu *iuridica determinatione et de normis* observandis, necnon declaratio de interpretatione documentorum recentiorum Pontificum.

c) *sub n.3*: insistitur super factum quod Romanus Pontifex in Collegio integrum servat suum munus *Vicarii Christi* et *Pastoris Ecclesiae universalis*, ut explicetur cur potestas Collegii, sub Capite suo adunati, debeat dici «plena». Additur insupor quod ad iudicium Romani Pontificis qpectat determinare modum suum regendi, sive personalem sive collegialem.

d) *Sub n.4*: fuse explicatur sensus expressionis quod potestas Collegii nonnisi *consentiente* Capite exerceri potest. Similiter insistitur in hoc quod Romanus Pontifex munus suum «permanenter» exercet, dum Collegium cum eo nonnisi «per intervalla» ad strictum actum collegialem procedit, et nonnisi Capite consentiente.

e) In *N.B.* explicatur cur in quaestionem de *validitate* et *liceitate* potestatis, v.gr. apud Episcopos Orientales seiunctos, Commissio praetulit non intrare. Non affirmatur explicite eorum regimen esse invalidum, ne explicationes sat intricatae addi debeant, et ne dialogus cum Orientalibus inde ab initio in magnas difficultates incidat.

Hoc modo sperat Commissio Doctrinalis se sensum summae reverentiae et spontaneae docilitatis erga Sanctissimum Patrem expressisse.

DOC. X

NOTA EXPLICATIVA PRAEVIA

(remise le 12.11.1964)

Commissio statuit, pro facilitate lectoris, expensioni *Modorum* sequentes observationes generales praemittere.

1° *Collegium* non intelligitur sensu *stricte iuridico*, scilicet de coetu aequalium, qui potestatem suam praesidi suo demandarent, sed de coetu stabili, cuius structura et auctoritas ex Revelatione deduci debent. Quapropter in Responsione ad Modum 12 explicite de Duodecim dicitur quod Dominus eos constituit «ad modum collegii seu *coetus stabilis*». Cf. etiam Mod. 53, c. — Ob eandem rationem, de Collegio Episcoporum passim etiam adhibentur vocabula *Ordo* vel *Corpus*. Parallelismus inter Petrum ceterosque Apostolos ex una parte, et Summum Pontificem et Episcopos ex altera parte, non implicat transmissionem potestatis extraordinariae Apostolorum ad successores eorum, *neque, uti patet, aequalitatem inter Caput et membra Collegii*, sed solam *proportionalitatem* inter primam relationem (Petrus — Apostoli) et alteram (Papa — Episcopi). Unde Commissio statuit scribere, pag. 63, lin. 16-19, non *eadem* sed *pari* ratione. Cf. Modus 57.

2° Aliquis fit *membrum Collegii* vi consecrationis episcopalis et communione hierarchica cum Collegii Capite atque membris. Cf. pag. 63, lin. 33-36.

In *consecratione* datur *ontologica* participatio *sacrorum* munerum, ut indubie constat ex Traditione, etiam liturgica. Consulto adhibetur vocabulum *munerum*, non vero «potestatum», quia haec ultima vox de potestate *ad actum expedita* intelligi posset. Ut vero talis expedita potestas habeatur, accedere debet *canonica seu iuridica determinatio* per auctoritatem hierarchicam, nempe Summo Pontifice, vel, in Ecclesiis Orientis, ab auctoritate patriarchali. Quae determinatio potestatis consistere potest in concessione particularis officii vel in assignatione subditorum, *et datur iuxta normas a suprema auctoritate adprobatas*. Huiusmodi ulterior norma *ex natura rei* requiritur, quia agitur de muneribus quae *a pluribus subiectis*, hierarchice ex voluntate Christi cooperantibus, exerceri debent.

Quapropter signanter dicitur, requiri *hierarchicam* communionem cum

Ecclesiae Capite atque membris. *Communio* est notio quae in antiqua Ecclesia (sicut etiam hodie praesertim in Oriente) in magno honore habetur. Non intelligitur autem de vago quodam *affectu*, sed de realitate *organica*, quae iuridicam formam exigit et simul caritate animatur. Unde Commissio, fere unanimi consensu, scribendum esse statuit: «in *hierarchica* communione». Cf. Modum 40 et etiam illa quae dicuntur de *missione canonica*, sub n. 24, p. 67, lin. 17-24.

Documenta recentiorum Summorum Pontificum circa iurisdictionem Episcoporum interpretanda sunt de hac necessaria determinationo potestatum.

3º Collegium, quod sine Capite non datur, dicitur: «*subiectum quoque supremae ac plenae potestatis* in universam Ecclesiam existere». Quod necessario admittendum est, ne plenitudo potestatis Romani Pontificis in discrimen poneretur. Collegium enim necessario et semper Caput suum cointelligit, *quod in Collegio integrum servat suum munus Vicarii Christi et Pastoris Ecclesiae universalis.* A.v. distinctio non est inter Romanum Pontificem et Episcopos collective sumptos, sed inter Romanum Pontificem seorsim et Romanum Pontificem simul cum Episcopis. Quia vero Summus Pontifex est *Caput* Collegii, ipse solus quosdam actus facere potest, qui Episcopis nullo modo competunt, v.gr. Collegium convocare et dirigere, normas actionis approbare, etc. Cf. Modum 81. *Ad judicium Summi Pontificis, cui cura totius gregis Christi commissa est, spectat, secundum necessitates Ecclesiae decursu temporum variantes, determinare modum quo haec cura actuari conveniat, sive modo personali, sive modo collegiali.*

4º Summus Pontifex, utpote Pastor Supremus Ecclesiae, suam potestatem omni tempore ad placitum exercere potest, sicut ab ipso suo munere requiritur. Collegium vero, licet semper existat, non propterea permanenter actione *stricte* collegiali agit, sicut ex Traditione Ecclesiae constat. A.v. non semper est «in actu pleno», immo nonnisi per intervalla actu stricto collegiali agit et nonnisi *consentiente Capite.* Dicitur autem «*consentiente Capite*», ne cogitetur de *dependentia* velut ab aliquo *extraneo*; terminus «consentiens» evocat e contra *communionem* inter Caput et membra, et implicat necessitatem *actus* qui Capiti proprie competit. Res affirmatur explicite, p. 64, lin 11 ss., et explicatur ibid., lin. 29-43. Formula negativa «*nonnisi*» omnes casus comprehendit: unde evidens est quod *normae* a suprema Auctoritate approbatae semper observari debent. Cf. Modus 84.

In omnibus autem apparet quod agitur de *coniunctione* Episcoporum *cum Capite suo*, numquam vero de actione Episcoporum *independenter* a Papa. In quo casu, deficiente actione Capitis, Episcopi agere ut Collegium nequeunt, sicut ex notione «Collegii» patet. Haec hierarchica communio omnium Episcoporum cum Summo Pontifice in Traditione certe solemnis est.

N.B. Sine communione hierarchica munus sacramentale-ontologicum, quod distinguendum est ab aspectu canonico-iuridico, exerceri *non potest*. Commissio autem censuit non intrandum esse in quaestiones de *liceitate* et *validitate*, quae relinquuntur disceptationi theologorum, in specie quod attinet ad potestatem quae de facto apud Orientales seiunctos exercetur, et de cuius explicatione variae exstant sententiae.

DOC. XI

REQUÊTE DE F.M.R. GAGNEBET

(transmise le 10.11.1964 mais parvenue en retard à Mgr Philips)

Dans une question dogmatique, si l'unanimité d'un Concile n'est pas nécessaire, elle est souverainement souhaitable. Cela est vrai particulièrement de la question centrale du présent Concile: la collégialité. Car ce problème touche à la Constitution divine de l'Église et est appelé à avoir des conséquences dans Sa vie durant les siècles futurs. Or cette unanimité n'existe pas, et tout le possible n'a pas été fait pour l'obtenir.

Il s'agit d'une *question nouvelle* qui n'a pas été comme la Primauté ou l'infaillibilité, l'objet de discussions approfondies entre les théologiens ni avant ni pendant le Concile.

Le manque d'organisation du travail des théologiens pendant le Concile a fait que jamais n'a été présenté aux Pères un état précis de la question s'efforçant de distinguer les éléments certains de cette doctrine admis de tous et les points controversés.

Il est arrivé ainsi que partisans et adversaires s'opposent davantage sur une conception théologique de la collégialité que sur la collégialité elle-même. La rédaction du schéma elle-même semble influencée par cette conception spéciale, la moins commune jusqu'en 1960.

L'analyse des «modi» aurait pu fournir l'occasion d'un rapprochement des thèmes opposés. Mais le juridisme, si décrié par la majorité conciliaire, a triomphé: on ne peut rien objecter puisque les normes suivies sont rigoureusement conformes au règlement.

Toutefois, il est permis de regretter qu'en ce temps d'universel dialogue, on n'ait pas essayé d'instituer un dialogue entre la majorité et la minorité du Concile sur ce point crucial. Ainsi, les décisions centrales de cette auguste assemblée auraient donné au monde le spectacle d'une unité de pensée. Il n'y aurait pas des doutes et de la rancoeur dans certains cœurs épiscopaux. De l'autre côté, on n'entendrait pas des interprétations fausses et dangereuses de cette doctrine.

Cette méthode aurait exigé qu'on examine la position théologique qui est à l'origine des difficultés de la minorité et qu'on se rende compte que la collégialité sainement comprise n'est pas solidaire de l'opinion théologique triomphante.

Il est peut-être trop tard pour réparer les déficiences qui ont abouti à la division présente tant parmi les Évêques que parmi les théologiens et qui ont leur répercussion dans une large portion des prêtres et des fidèles. Toutefois ces divisions sont venues de l'absence au Concile de Celui qui est le principe de l'unité du corps des Pasteurs et de toute l'Église. Il est certain qu'une exhortation de sa part à chercher à s'entendre — si elle venait directement de lui — pourrait avoir les meilleurs effets. Il y a encore la base d'un accord possible. Il suffit pour s'en rendre compte de faire un examen précis des points sur lesquels porte l'accord et de ceux sur lesquels subsistent les divergences qui ne sont pas telles qu'elles ne puissent être surmontées par une volonté de s'entendre qu'un mot du Pasteur suprême pourrait encore susciter.

Accord des théologiens sur l'exercice collégial du pouvoir suprême dans les Conciles

Les théologiens s'accordent tous à reconnaître que dans les *Conciles œcuméniques* les Évêques ont *en fait* exercé le pouvoir suprême sur l'Église universelle en union avec le Pape. Ils s'accordent encore sur la possibilité d'autres formes d'exercice de ce pouvoir selon les modes voulus par le Pape, quand il voudra et comme il voudra.

Certains comme Journet pensent que lorsque les Évêques enseignent la foi commune, font observer la discipline universelle et encouragent les oeuvres d'intérêt universel, ils exercent aussi cette juridiction suprême. Toutefois il semble difficile de reconnaître dans ces activités l'originalité propre de l'acte collégial qui est d'être une action collégiale attribuable au collége uni au Pape: «Actiones sunt suppositorum». Dans l'action collégiale, la personne morale agissante, c'est le corps tout entier des Pasteurs de l'Église uni au Pasteur Suprême.

Point de divergence entre les théologiens sur la nature du pouvoir collégial exercé au Concile ou dans toute autre activité collégiale

Sans rentrer dans le détail des positions théologiques, nous voudrions souligner le point essentiel qui est à l'origine des oppositions. Ce pouvoir collégial qu'exerce le corps épiscopal uni à son chef est-il un pouvoir qui appartient en propre au collége en tant que tel? Est-il le pouvoir propre du Successeur de Pierre communiqué par lui au corps épiscopal?

En 1960, la première position qui est celle de Bolgeni, précédé par le Dominicain Christianopolis, fut exposée dans la Revue des Sciences théologiques et philosophiques (pp. 40-50). Elle trouva un accueil favorable près des théologiens qui allaient se faire auprès des Évêques du Concile les champions de la collégialité. Selon cette position, chaque Évêque reçoit par sa consécration épiscopale qui le fait devenir membre du collége, une juridiction sur l'Église universelle, qu'il ne peut exercer que collectivement, lorsque le Pape le veut et dans les modalités fixées par lui. Il faut donc distinguer deux titulaires du pouvoir suprême: le Pape tout seul et le Corps uni à son chef. On interpréta à la lumière de cette théorie des textes de la députation de la foi au Vatican I et ainsi la doctrine du collège apparut solidaire de cette conception théologique.

Pour comprendre l'opposition que suscite cette théorie, il faut avoir présent à l'esprit l'autre position classique exposée par tous les théologiens les plus marquants depuis les grands scolastiques jusqu'à nos jours. Le Pape seul est le titulaire du pouvoir suprême sur l'Église universelle. Ce pouvoir, il peut l'exercer tout seul et il peut aussi associer à son exercice le corps épiscopal en vertu d'une communication qu'il lui fait de son propre pouvoir.

La consécration épiscopale ne confère aux Évêques qu'une aptitude d'origine divine à être associés ainsi à l'exercice du pouvoir suprême. On peut bien dire que le pouvoir suprême convient au corps, mais ce sera «ratione capitis». Les membres du corps ne deviennent sujet actuel du pouvoir suprême qu'en vertu de ce complément de pouvoir par lequel le Pape les rend participants de sa propre juridicition.

Cette position, à quelques exceptions près, est exposée par tous les théologiens et canonistes qui ont traité la question depuis le Concile de Vatican I. Ces auteurs réfutent aussi la position de Bolgeni. Il est facile de constater que la réfutation qu'ils en font inspire les difficultés de la minorité contre la doctrine du collège telle qu'elle est proposée depuis 1960.

1) Elle a contre elle l'autrorité de tous les plus grands théologiens depuis le Moyen-Age et de presque tous les théologiens et canonistes juqu'en 1960.

2) Elle est *dépourvue de fondements*. Les autorités citées établissent bien que le collège peut être associé à l'exercice du pouvoir par le Pape. Mais elles ne prouvent pas que ce soit en vertu d'un pouvoir que chaque Évêque recevrait au moment de sa consécration épiscopale.

3) Elle est *difficilement conciliable* avec la plénitude du pouvoir qui, selon la définition vaticane, convient au Successeur de Pierre: «uni Simoni Petro contulit Jesus post suam resurrectionem summi pastoris et rectoris jurisdictionem in totum suum ovile» (Denz. 3053). Citons par exemple Wilmers «Si episcoporum iurisdictio respiciens totam Ecclesiam, non e Summi potestate, sed e consecratione oritur, profecto praeter primatus potestatem, alia est potestas, ad totam Ecclesiam regendam destinata quae a Pontificis potestate non oritur ac proin eidem additur... Non enim plena potestas, cui additur alia potestas, quae originem trahit non e capitis potestate, sed aliunde» (pp. 368-69)

Strau, adversaire lui aussi de Bolgeni, conteste cet argument puisqu'au

Pape tout seul reste la plénitude du pouvoir et qu'il peut tout sans le corps.

Toutefois, on ajoute un autre argument plus fort. Si aux Évêques conviennent en raison d'un droit divin un pouvoir de participer au gouvernement de l'Église universelle, le Pape ne se doit-il pas de mettre les Évêques en mesure de l'exercer soit par la réunion périodique des Conciles Œcuméniques soit par l'institution d'une représentation auprès de lui de l'épiscopat universel.

Cette obligation pour le Pape ne sera-t-elle pas une limitation de sa propre juridiction ou du moins de son exercice?

L'histoire de l'Église ne témoigne pas en faveur d'un tel droit de la part des Évêques, puisqu'il n'a jamais existé une institution épiscopale ainsi associée au gouvernement de l'Église universelle. Si l'on dit que le Pape n'est pas obligé de recourir à l'exercice de ce pouvoir, pourquoi existe-t-il? De plus peut-on nommer pouvoir, un pouvoir de gouvernement qui ne peut pas passer à l'acte sans l'intervention d'une cause supérieure? Le parallèle avec le pouvoir de remettre les péchés ne vaut pas ici. Car le pouvoir de remettre les péchés, est un pouvoir spécifié pour la rémission des péchés. Il est donné par l'ordre, mais il ne pourra s'exercer que sur des sujets que lui assignera l'autorité compétente. Au contraire, dans notre cas, le pouvoir de gouvernement présuppose une relation par laquelle une personne est constituée superieure par rapport à des sujets. Si les sujets n'existent pas il n'y a pas relation, il peut y avoir seulement un fondement pour cette relation, une faculté morale qui ne peut passer à l'acte.

4) Enfin cette théorie ne s'accorde pas avec les normes fixées par le droit canon pour la participation au seul exercice de la collégialité qu'il connaît: le Concile œcuménique. Selon cette théorie c'est par la consécration qu'un Évêque reçoit le pouvoir d'exercer cette juridiction. Le droit canon concède le pouvoir de participer au Concile à tous les Évêques résidentiels même non consacrés, et à certains prélats non revêtus de la dignité épiscopale: tels que les Cardinaux non évêques, les Abbés généraux et les Généraux non exempts. Comme la commission préparatoire de Vatican I, le droit canon s'est refusé à trancher la controverse en faveur du droit à la participation des Évêques titulaires.

Enfin et surtout, si un laïc ou un clerc nommé Évêque était élu Pape, il recevrait la plénitude de la juridiction et le don de l'infaillibilité personnelle au moment de l'acceptation de son élection, avant sa consécration. Le fait s'est réalisé dans l'histoire de l'Église. Il y eut des Papes qui exercèrent la juridiction suprême avant d'être consacrés. Mais, dit-on, leur acceptation de la papauté incluait l'acceptation de l'épiscopat. Bien sûr puisque le Pape est le successeur de Pierre sur le siège épiscopal de Rome. Mais il reste que ce n'est pas la consécration qui lui donne la juridiction universelle.

Peut-on admettre que le droit de l'Église sont fondé sur une méconnaissance de la véritable de la consécration épiscopale?

Nous ne faisons que rapporter ces arguments sans les discuter pour montrer les solides fondements des réserves de la minorité et de son opposition décidée. Est-il possible d'arriver à un accord?

Conclusion: voie de l'accord possible

1) Dans l'état actuel de la question, il serait dommage que le *texte du schéma* semble approuver une théorie nouvelle à laquelle on peut opposer de solides difficultés. Il ne faut pas fermer le chemin à des discussions futures sur des problèmes qui ne sont pas encore mûrs et qui ont besoin du temps pour trouver leur solution. Enfin ce serait une chose inouïe dans l'histoire des Conciles que soit réprouvée par un Concile une position traditionnelle qui a pour elle l'assentiment de 7 siècles de théologie sans qu'aucune étude exhaustive du problème ait montré sa fausseté.

2) La théorie du collège n'est pas solidaire de l'explication récente. Des auteurs comme le bénédictin Auguste Reding montrent que dans le corps épiscopal le Pape est comme le principe formel qui transmet à tous les membres leur être collectif, leur unité et leur pouvoir d'agir. Cette doctrine permet elle aussi une explication pleinement suffisante de la collégialité.

3) Les différences ne sont pas irréductibles:
a) sur le pouvoir transmis par l'ordination, la première théorie affirme qu'il est un pouvoir habituel ou in actu primo. La seconde, une simple aptitude. Toutes les deux confessent que ce pouvoir ne saurait passer à l'acte sans le «complementum virtutis» qui vient du Souverain Pontife.
b) L'une parle du collège sujet permanent du pouvoir suprême, l'autre non. Mais la première dit que ce sujet permanent n'est pas en acte complet, tandis que la seconde dit que ce sujet est permanent aptitudinaliter.
c) Selon la première théorie, il y a deux sujets de l'autorité première. La seconde théorie tient à préciser que le Pape est le sujet propre, le corps le sujet secondaire ou extensif.

4) Ainsi il semble que pour faire l'accord, il faudrait seulement nuancer deux affirmations du schéma:
a) la première ayant trait aux effets de l'ordination, p. 62,1.38-40. On pourrait accepter le «saltem radicitus» pour le pouvoir de gouverner

ou d'enseigner: «munera quoque saltem radicitus confert docendi et regendi» ou bien «aptumque reddit ad exercenda munera regendi et sanctificandi quibus nonnisi in hierarchica communione... fungi possunt».

b) Le seconde a trait a l'autorité du collège: on pourrait dire «subjectum quoque est quod potest supremam auctoritatem in universam Ecclesiam exercere». Le sujet est le principe qui exerce l'opération. Il n'est pas nécessaire qu'il soit le principe de l'autorité qu'il exerce. Ainsi le texte pourrait être interprété dans le sens des deux opinions. Le schéma acceptable par tous ne prêterait pas flanc à des interprétations abusives, dangereuses pour le suprême pouvoir du successeur de Pierre.

L'accord sur ce point rassérénerait l'atmosphère du Concile et lui permettrait de poursuivre son travail d'une façon plus efficace.

(signé) F.M.R. GAGNEBET O.P.

[Adresse indiquée sur l'enveloppe:] Segreteria di Stato di Sua Santità
[mention manuscrite:] urgenta
n° 34175
Ill.mo e Rev.mo Signore
Mons. Gerardo Philips
Segretario aggiunto della Commissione
«De doctrina fidei et morum»
[inscription manuscrite:] Ospizio S. Marta
[cachets de la poste Vaticane datés du 11 et 12 novembre 1964]

[carte personnelle jointe au pli:]
N. 34175 Dal Vaticano, 10 Novembre 1964
Monsignor Angelo Dell' Acqua
Arcivescovo Titolare di Calcedonia
Sostituto della Segreteria di Stato di Sua Santità

porge distinti ossequi all'Ill.mo e Rev.mo Mons. Gerardo Philips, Segretario aggiunto della Commissione «De doctrina fidei et morum», e in esecuzione dei venerati ordini del Santo Padre, gli rimette l'unita nota del Rev. P. Gagnebet O.P., con la preghiera di volerla attentamente considerare.

(con allegato)   (signé) A. DELL'ACQUA

IV

PIÈCES CONCERNANT LES TREIZE SUGGESTIONS PONTIFICALES

I
SUGGERIMENTI PER LA REVISIONE DEL CAPITOLO III DELLO SCHEMA DE ECCLESIA

(dd. 19.05.1964)

Note d'introduction: Il s'agit ici des treize suggestions que Paul VI fit adresser à la Commission doctrinale du Concile, alors que celle-ci siégeait à Rome pour préparer la seconde lecture du schéma De Ecclesia. Ces suggestions concernent le chapitre III et plus particulièrement les points litigieux, qui reviendront à l'avant — scène du débat en octobre — novembre 1964. Le lecteur trouvera ici: a) la lettre d'accompagnement adressée au Cardinal Ottaviani, président de la Commission conciliaire; b) le texte des treize propositions d'amendement; c) le schéma amendé selon ces propositions avec présentation du texte en deux colonnes avant et après l'amendement proposé. Les numéros dans le texte renvoient aux treize propositions. J.G.

SACROSANCTUM OECUMENICUM CONCILIUM VATICANUM II

Secretaria Generalis
Prot. N. E/2509   E Civitate Vaticana, d. 19-5-1964

Eminenza Reverendissima,

Compio il venerato incarico di comunicare all'Eminenza Vostra Reverendissima che il SANTO PADRE ha sottoposto a particolare esame il testo del Capitolo III dello Schema *De Ecclesia*, compiacendoSi altresí di chiedere il parere di persone qualificate, molte delle qualí appartengono a cotesta Commissione Conciliare.

La stessa SANTITA' Sua, presa visione dei suggerimenti in merito formulati, mi ha incaricato nell'Udienza del 18 Maggio c. di comunicarli a cotesta Commissione, perchè voglia accoglierli nella revisione del testo, che si compiacerà eseguire.

Il SANTO PADRE confida inoltre che la definitiva redazione dell'intero Schema *De Ecclesia* sia al più presto possibile condotta a termine.

Bacio la sacra Porpora e mi professo con i sensi della più profonda venerazione

dell'Eminenza Vostra Reverendissima
dev.mo e obbl.mo
+ PERICLE FELICI, segr. gen.
(con allegato)

A Sua Eminenza Reverendissima
Il Signor Card. Alfredo OTTAVIANI
Presidente della Commissione
«De Doctrina Fidei et morum».

Suggerimenti per la revisione del capitolo III dello schema de Ecclesia

Essendo stato il testo approvato alla quasi unanimità dalla Commissione dottrinale, non sembra opportuno apportare correzioni o ritocchi, se non dove si stima necessario, onde evitare in seguito, per quanto possibile, errate interpretazioni del testo.

Alla luce di tale principio si suggeriscono le modifiche che seguono:
1° Nella parte introduttoria del Capitolo III, ove si riafferma la fede nel Primato, definito dal Vaticano I, l'espressione di pag. 18, n. 18, 1.17: cunctis fidelibus credendam rursus proponit, sia completata cosi: cunctis fidelibus *firmiter* credendam rursus proponit.
2° A pag. 20, n. 21, 1.24: invece di: munera quoque confert docendi et regendi, quae tamen nonnisi in communione etc., dire: munera quoque confert docendi et regendi, quae tamen *natura sua* nonnisi in communione etc.
3° A pag. 20, n. 22, 1.33: Sicut, *statuente Domino*; si desidera una conveniente documentazione (dalla S.Scrittura e dalla Tradizione) di quanto asserito. L'affermazione è di importanza fondamentale.
4° Ib., 1.39, dopo: itemque concilia celebrata, aggiundere: *praesertim oecumenica.*
5° A pag. 21, n. 22, 1.8-9, dopo: ut capite eius intellegatur, aggiungere: *Eiusque integre servata potestate Primatus in omnes sive Pastores sive fideles.*
6° Ib. 1.9 sqq.: in luogo di: Romanus enim Pontifex... et universalem potestatem, dire: Romanus enim Pontifex habet in Ecclesi*am*, vi muneris sui, *Vicarii scilicet Christi et totius Ecclesiae Capitis*, plenam, supremam et universalem potestatem, *quam semper et libere exercere valet.*
7° Ib. 1.14 in luogo di: subiectum quoque supremae et plenae etc.,

leggere: subiectum quoque exsistit supremae et plenae potestatis in universam Ecclesiam, *iuxta Capitis ordinationem exercendae.*

8° Ib. 1.17: *illud autem* etc.: si domanda se sia sufficiente il testo citato per provare che il potere di legare e di sciogliere concesso al collegio degli Apostoli sia parallelo a quallo dato a Pietro personalmente. Sarà forse utile il voto di un Biblista.

9° Ib. 1.22 sqq.: in luogo di: primatum et principatum Capitis sui, dire: primatum et principatum *Capitis Ecclesiae.*

10° Ib. 1.32 sqq.: in luogo di: dummodo Caput collegii eos ad actionem collegialem invitet, dire: dummodo Ipse (Papa), *uni Domino devinctus,* eos ad actionem collegialem *vocet.*

11° A pag. 21, n. 23, 1.37 sqq.: Sicut Romanus Pontifex etc..... ita episcopi singuli etc., togliere le due particelle comparative *sicut, ita,* e leggere il periodo cosí: Romanus Pontifex, ut successor Petri etc..... visibile fundamentum: Episcopi singuli principium et centrum etc. ......

12° A pag. 24, n. 25, 1.16: in luogo di: Romanus Pontifex, Collegii Episcoporum Caput, vi muneris sui gaudet etc., dire: *Romanus Pontifex vi muneris sui gaudet, quando ut supremus omnium christianorum pastor et doctor, qui fratres suos in fide confirmat* etc.

13° A pag. 26, n. 27, 1.4 sq.: anzichè: ultimatim regatur, dire: *coordinandum sit.*

Pericopae revidendae

N.B.: Ut melius intellegantur observationes missae ab Ill.mo Secretario Generali, columnis iuxtapositis proponimus pericoparum, de quibus agitur, redactionem a Commissione doctrinali propositam *(A)* et eandem redactionem revisam *(B).*

(A)

18. /*Prooemium*/. (lin.14-21)..
....

Quam doctrinam de institutione, perpetuitate, vi ac ratione sacri apostolici Primatus, necnon de Romani Pontificis infallibili Magisterio, Sacra Synodus suam facit, eamque cunctis fidelibus credendam rursus proponit, et in eodem incepto pergens, doctrinam de Episcopis, successoribus Apostolorum, qui cum successore Petri, Christi Vicario ac totius Ecclesiae visibili Capite, domum

(B)

18. /*Prooemium*/. (lin.14-21)..
....

Quam doctrinam de institutione, perpetuitate, vi ac ratione sacri apostolici Primatus, necnon de Romani Pontificis infallibili Magisterio, Sacra Synodus suam facit, eamque cunctis fidelibus *firmiter*[1] credendam rursus proponit, et in eodem incepto pergens, doctrinam de Episcopis, successoribus Apostolorum, qui cum successore Petri, Christi Vicario ac totius Ecclesiae visibili Capite, domum

Dei viventis regunt, coram omnibus profiteri et declarare constituit.

21. /*De Episcopatu ut Sacramento*/ (lin. 23-32) ....

....

Episcopalis autem consecratio,
cum munere sanctificandi, munera
quoque confert docendi et regendi
quae tamen nonnisi in communione
cum Collegii Capite et membris
exerceri possunt. Ex traditione
enim, quae praesertim liturgicis
ritibus et Ecclesiae tum Orientis
tum Occidentis usu declaratur,
perspicuum est manuum impositione
et verbis consecrationis gratiam
Spiritus Sancti ita conferri et
sacrum characterem ita imprimi,
ut Episcopi, eminenti ac adspec-
tabili modo, ipsius Christi Magistri, Pastoris et Pontificis partes sustineant et in Eius persona
agant. Quare soli Episcopi per
Sacramentum Ordinis novos electos
in corpus episcopale assumere
possunt.66

22. /*De Collegio Episcoporum
eiusque Capite*/.
Sicut, *statuente Domino*, sanctus
Petrus et ceteri Apostoli unum
Collegium apostolicum constituunt,
eadem ratione Romanus Pontifex,
successor Petri, et Episcopi, successores Apostolorum, inter se
coniunguntur. Iam perantiqua disciplina, qua Episcopi in universo orbe constituti ad invicem et
cum Romano Episcopo communicabant in vinculo unitatis, caritatis
et pacis, itemque concilia celebrata, per quae et altiora quaeque in commune statuerentur, sententia multorum consilio pondera-
ta, ordinis episcopalis indolem
et rationem collegialem significant; quam etiam innuit ipse usus,

21. /*De Episcopatu ut Sacramento*/ (lin. 23-32) ....

....

Episcopalis autem consecratio, cum
munere sanctificandi, munera
quoque confert docendi et regendi,
quae tamen *natura sua*[2] nonnisi in
communione cum Collegii Capite et
membris exerceri possunt. Ex traditione enim, quae praesertim liturgicis ritibus et Ecclesiae tum Orientis
tum Occidentis usu declaratur,
perspicuum est manuum impositione
et verbis consecrationis gratiam
Spiritus Sancti ita conferri et
sacrum characterem ita imprimi,
ut Episcopi, eminenti ac adspec-
tabili modo, ipsius Christi Magistri, Pastoris et Pontificis partes sustineant et in Eius persona
agant. Quare soli Episcopi per
Sacramentum Ordinis novos electos
in corpus episcopale assumere
possunt.

22. /*De Collegio Episcoporum
eiusque Capite*/.
Sicut, *statuente Domino*[3], sanctus
Petrus et ceteri Apostoli unum
Collegium apostolicum constituunt,
eadem ratione Romanus Pontifex,
successor Petri, et Episcopi, successores Apostolorum, inter se
coniunguntur. Iam perantiqua disciplina, qua Episcopi in universo
orbe constituti ad invicem et cum
Romano Episcopo communicabant in
vinculo unitatis, caritatis et pacis,
itemque concilia celebrata, *praesertim œcumenica*[4], per quae et altiora
quaeque in commune statuerentur,
sententia multorum consilio pondera-
ta, ordinis episcopalis indolem
et rationem collegialem significant; quam etiam innuit ipse usus,

antiquitus inductus, plures advo-
candi Episcopos qui in novo electo
ad summi sacerdotii ministerium
elevando partem haberent. Membrum
Corporis episcopalis aliquis constituitur vi sacramentalis consecrationis et communione cum Collegii Capite atque membris.

Collegium autem seu corpus
Episcoporum auctoritatem non habet, nisi simul cum Pontifice Romano, successore Petri, ut capite
eius intelligatur.

Romanus enim Pontifex habet in
Ecclesia, vi muneris sui, plenam,
supremam et universalem potestatem

Ordo autem Episcoporum, qui Collegio Apostolorum in magisterio
et regimine pastorali succedit,
immo in quo corpus apostolicum
continuo perseverat, una cum Capite suo Romano Pontifice, et
numquam sine hoc capite, subiectum quoque supremae ac plenae potestatis in universam Ecclesiam
exsistit.

Dominus enim Simonem ut petram
et clavigerum Ecclesiae posuit,
(cf. Mt. 16, 18-19), eumque Pasto-
rem totius sui gregis constituit
(cf. Io. 21, 15 ss.); *illud autem*
ligandi ac solvendi munus, quod
uni Petro datum est (Mt. 16, 19),
collegio quoque Apostolorum, suo
Capiti coniuncto, tributum esse
constat (Mt.18,18). Collegium hoc
quatenus ex multis compositum va-
rietatem et universalitatem Populi
Dei, quatenus vero sub uno capite
collectum unitatem gregis Christi
exprimit. In ipso, Episcopi, primatum et principatum Capitis *sui*
fideliter servantes, propria po-

antiquitus inductus, plures advo-
candi Episcopos qui in novo electo
ad summi sacerdotii ministerium
elevando partem haberent Membrum
Corporis episcopalis aliquis constituitur vi sacramentalis consecrationis et communione cum Collegii Capite atque membris.

Collegium autem seu corpus
Episcoporum auctoritatem non habet, nisi simul cum Pontifice Romano, successore Petri, ut capite
eius intelligatur *eiusque integra*
servata potestate Primatus in
omnes sive Pastores sive fideles[5]
Romanus enim Pontifex habet in
Ecclesi*am*, vi muneris sui, *Vicarii*
scilicet Christi et totius Eccle-
siae Capitis, plenam, supremam
et universalem potestatem, *quam*
semper et libere exercere valet[6].
Ordo autem Episcoporum, qui Collegio Apostolorum in magisterio
et regimine pastorali succedit,
immo in quo corpus apostolicum
continuo perseverat, una cum Capite suo Romano Pontifice, et
numquam sine hoc capite, subiectum quoque *exsistit* supremae ac
plenae potestatis in universam
Ecclesiam, *iuxta Capitis ordina-*
tionem exercendae[7].
Dominus enim Simonem ut petram
et clavigerum Ecclesiae posuit,
(cf. Mt. 16, 18-19), eumque Pasto-
rem totius sui gregis constituit
(cf. Io. 21, 15 ss.); *illud autem*
ligandi ac solvendi munus, quod
uni Petro datum est (Mt. 16, 19),
collegio quoque Apostolorum, suo
Capiti coniuncto, tributum esse
constat (Mt.18,18). Collegium hoc
quatenus ex multis compositum va-
rietatem et universalitatem Populi
Dei, quatenus vero sub uno capite
collectum unitatem gregis Christi
exprimit. In ipso, Episcopi, primatum et principatum Capitis *Eccle-*
siae[9] fideliter servantes, propria

testate in bonum fidelium suorum, immo totius Ecclesiae funguntur, Spiritu Sancto organicam
structuram eiusque concordiam continenter roborante. Suprema in
universam Ecclesiam potestas, qua
istud Collegium pollet, sollemni
modo in Concilio Oecumenico exercetur. Romani Pontificis praero-
gativa est Concilia Oecumenica
convocare, iisdem praesidere et
eadem confirmare; nec Concilium
Oecumenicum umquam datur, quod
a successore Petri non sit ut tale confirmatum vel saltem receptum.
Eadem potestas collegialis una cum
Papa exerceri potest ab Episcopis
in orbe terrarum degentibus, dummodo *Caput collegii* eos ad actionem collegialem *invitet*, vel saltem Episcopcrum dispersorum unitam
actionem approbet vel libere
recipiat, ita ut verus actus collegialis efficiatur.6

23. */De relationibus Episcopo-*
rum in Collegio/ (par. 1).
Collegialis unio etiam in mutuis
relationibus singulorum Episcoporum cum particularibus Ecclesiis
Ecclesiaque universali apparet.
Sicut[11] Romanus Pontifex, ut successor Petri, est unitatis tum Episcoporum tum fidelium multitudinis
principium ac visibile fundamentum, *ita* Episcopi singuli principium et centrum sunt unitatis in
suis Ecclesiis particularibus, ad
imaginem Ecclesiae universalis
formatis, in quibus et ex quibus
una et unica Ecclesia catholica
exsistit. Qua de causa singuli Episcopi suam Ecclesiam, omnes autem
simul cum Papa totam Ecclesiam
repraesentant in vinculo pacis,
amoris et unitatis.

potestate in bonum fidelium suorum, immo totius Ecclesiae funguntur, Spiritu Sancto organicam
structuram eiusque concordiam continenter roborante. Suprema in
universam Ecclesiam potestas, qua
istud Collegium pollet, sollemni
modo in Concilio Oecumenico exercetur. Romani Pontificis praero-
gativa est Concilia Oecumenica
convocare, iisdem praesidere et
eadem confirmare; nec Concilium
Oecumenicum umquam datur, quod
a successore Petri non sit ut tale confirmatum vel saltem receptum.
Eadem potestas collegialis una cum
Papa exerceri potest ab Episcopis
in orbe terrarum degentibus, dummodo *Ipse, uni Domino devinctus,* eos
ad actionem collegialem *vocet*[10],vel
saltem Episcoporum dispersorum
unitam actionem approbet vel libere
recipiat, ita ut verus actus collegialis efficiatur.

23. */De relationibus Episcopo-*
rum in Collegio/ (par. 1).
Collegialis unio etiam in mutuis
relationibus singulorum Episcoporum cum particularibus Ecclesiis
Ecclesiaque universali apparet.
Romanus Pontifex, ut successor
Petri, est unitatis tum Episcoporum tum fidelium multitudinis
principium ac visibile fundamentum: Episcopi singuli principium
et centrum sunt unitatis in
suis Ecclesiis particularibus, ad
imaginem Ecclesiae universalis
formatis, in quibus et ex quibus
una et unica Ecclesia catholica
exsistit. Qua de causa singuli Episcopi suam Ecclesiam, omnes autem
simul cum Papa totam Ecclesiam
repraesentant in vinculo pacis,
amoris et unitatis.

25. /*De Episcoporum munere docendi*/ (par. 3)

....

Haec autem infallibilitas, qua Divinus Redemptor Ecclesiam suam in definienda doctrina de fide vel moribus instructam esse voluit, tantum patet quantum divinae Revelationis patet depositum, sancte custodiendum et fideliter exponendum. Qua quidem infallibilitate Romanus Pontifex, *Collegii Episcoporum Caput* vi muneris sui gaudet, quando, ut supremus pastor et doctor, qui fratres suos in fide confirmat (cf. Lc.22,32), doctrinam de fide vel moribus definitivo actu proclamat. Quare definitiones eius ex sese, et non ex consensu Ecclesiae, irreformabiles merito dicuntur, quippe quae sub assistentia Spiritus Sancti, ipsi in beato Petro promissa, prolatae sint, ideoque nulla indigeant aliorum approbatione, nec ullam ad aliud iudicium appellationem patiantur. Tunc enim Romanus Pontifex non ut persona privata sententiam profert, sed ut universalis Ecclesiae magister supremus, in quo charisma infallibilitatis ipsius Ecclesiae singulariter inest, doctrinam fidei catholicae exponit vel tuetur. Infallibilitas Ecclesiae promissa in corpore Episcoporum quoque inest, quando supremum magisterium cum Petri successore exercet. Istis autem definitionibus assensus Ecclesiae numquam deesse potest propter actionem eiusdem Spiritus Sancti, qua universus Christi grex in unitate fidei servatur et proficit.96

27. /*De Episcoporum munere regendi*/ (par. 1). Episcopi Ecclesias sibi commissas ut vicarii et legati Christi regunt, consiliis,

25. /*De Episcoporum munere docendi*/ (par. 3).

....

Haec autem infallibilitas, qua Divinus Redemptor Ecclesiam suam in definienda doctrina de fide vel moribus instructam esse voluit tantum patet quantum divinae Revelationis patet depositum, sancte custodiendum et fideliter exponendum. Qua quidem infallibilitate Romanus Pontifex vi muneris sui gaudet, quando, ut supremus *omnium Christianorum*[12] pastor et doctor, qui fratres suos in fide confirmat (cf. Lc.22,32), doctrinam de fide vel moribus definitivo actu proclamat. Quare definitiones eius ex sese, et non ex consensu Ecclesiae, irreformabiles merito dicuntur, quippe quae sub assistentia Spiritus Sancti, ipsi in beato Petro promissa, prolatae sint, ideoque nulla indigeant aliorum approbatione, nec ullam ad aliud iudicium appellationem patiantur. Tunc enim Romanus Pontifex non ut persona privata sententiam profert, sed ut universalis Ecclesiae magister supremus, in quo charisma infallibilitatis ipsius Ecclesiae singulariter inest, doctrinam fidei catholicae exponit vel tuetur. Infallibilitas Ecclesiae promissa in corpore Episcoporum quoque inest, quando supremum magisterium cum Petri successore exercet. Istis autem definitionibus assensus Ecclesiae numquam deesse potest propter actionem eiusdem Spiritus Sancti, qua universus Christi grex in unitate fidei servatur et proficit.

27. /*De Episcoporum munere regendi*/ (par. 1). Episcopi Ecclesias sibi commissas ut vicarii et legati Christi regunt, consiliis,

suasionibus, exemplis, verum etiam
auctoritate et sacra potestate,
qua quidem nonnisi ad gregem
suum in veritate et sanctitate
aedificandum utuntur, memores
quod qui maior est fiat sicut minor et qui praecessor est sicut mi-
nistrator (cf. Lc.22,26-27). Haec
potestas qua, nomine Christi personaliter funguntur, est propria, ordinaria et immediata, licet a suprema Ecclesiae auctoritate exercitium eiusdem *ultimatim regatur*
et certis limitibus, intuitu utilitatis Ecclesiae vel fidelium, cir-
cumscribi possit. Vi huius potestatis Episcopi sacrum ius et coram
Domino officium habent in suos
subditos leges ferendi, iudicium
faciendi, atque omnia, quae ad
cultus apostolatusque ordinem
pertinent, moderandi.

suasionibus, exemplis, verum etiam
auctoritate et sacra potestate,
qua quidem nonnisi ad gregem
suum in veritate et sanctitate
aedificandum utuntur, memores
quod qui maior est fiat sicut minor
et qui praecessor est sicut mini-
strator (cf. Lc.22,26-27). Haec potestas qua, nomine Christi personaliter funguntur, est propria, ordinaria et immediata, licet a suprema
Ecclesiae auctoritate exercitium
eiusdem *coordinandum sit*[13] et
certis limitibus, intuitu utilitatis
Ecclesiae vel fidelium, circum-
scribi possit. Vi huius potestatis Episcopi sacrum ius et coram
Domino officium habent in suos
subditos leges ferendi, iudicium
faciendi, atque omnia, quae ad
cultus apostolatusque ordinem
pertinent, moderandi.

II
ANNOTATIONES
(dd. 04.06.1964)

Au cours d'une réunion préliminaire, un groupe restreint procéda à la préparation du débat en commission concernant les 13 amendements proposés au nom du Saint-Père.

Annotationes pro novis emendationibus Cap. III.

1° «*firmiter*»: Placet et potest sine ullo incommodo admitti.

2° «*natura sua*»: Potest admitti dummodo haec verba non intelligantur de munere sanctificandi.

3° «*statuente Domino*»: de his verbis iudicat Pont. Commissio Biblica.

4° «*praesertim oecumenica*»: Additio placet est enim valde opportuna.

5° «*Eiusque integre servata potestate Primatus in omnes sive Pastores sive fideles*»: Quoad rem certe nulla habetur difficultas; additio tamen praesertim ultimorum verborum non videtur necessaria nec opportuna. Etenim:

a) Est simplex iteratio doctrinae Vat. I (Denz. 3060/1827), quae doctrina in n. 18 schematis Const. De Ecclesia perspicuis verbis incalcatur.

b) Verbum «*servata*» sic posset intelligi ac si Vat. II doctrinam de collegialitate proponens, praerogativas Romani Pontificis in Vat. I iam definitas abrogare vel minuere posset, quod sane absonum est. Ideoque si haec additio admittitur pro hoc verbo suadetur «*manente*».

c) Insistentia videtur minus psychologica.

6° «in Ecclesi*am*»: emendatio potest admitti, praesertim si sequentia mutantur.

«*Vicarii scilicet Christi*»: emendatio placet.

«*et totius Ecclesiae Capite*»: Suadetur omissio horum verborum vel eorum substitutio verbis «totius Ecclesiae Pastore». Etenim «capitalitas» Romani Pontificis non est univoca cum capitalitate Christi, ut evidens est. Oportet igitur etiam in verbis quaerelas fratrum separatorum praecavere. Cf. n. 18 (pag. 18, lin. 19) ubi merito et consulto de «*visibile*» Capite loquitur.

«*quam semper et libere exercere valet*»: haec emendatio placet. Dicitur in relatione: «... ad quam exercendam Romanus Pontifex ab Episcopis non pendet, neque ad actionem incipiendam, neque ad eam prosequendam aut finiendam».

7° «*iuxta Capitis ordinationem exercendam*»: haec verba non videntur necessaria neque opportuna, nam:

a) Continentur in verbis «una cum Capite suo Romano Pontifice et numquam sine hoc capite» (cf. pag. 21, lin. 13).

b) Videntur insuper nimis ad hodiernam conditionem iuridicam respicere, quin sufficienter factis historicis consulant.

c) Etiam Concilium oecumenicum, approbante Romano Pontifice, de hac re statuere potest.

Si nihilominus additio inseritur, parva emendatio introducatur hoc modo: «*quae potestas exerceri nequit nisi secundum ordinationem a Capite statuendam vel saltem de eius consensu condendam*».

8° «*illud autem ... constat*»: de vi textus Mt 18,18 iudicat Comm. Biblica.

9° «*Capitis Ecclesiae*» pro «*Capitis sui*»: Si hac mutatio acceptatur, addatur saltem verbum «*visibilis*» (cf. supra, n. 6). Melius adhuc dici posset «primatum et principatum *supremi Pastoris*».

10° «*Ipse*», quod verbum ponitur pro verbis «*Caput collegii*»: Melius videtur si verba «Caput collegii», quae inveniuntur in textu simpliciter apposita, serventur. Non dicitur «*ut* Caput collegii», quod revera multis Patribus non placeret. Sufficit explicatio huius sensus in Relatione.

«*uni Domino devinctus*»: Verba haec videntur redundantia et doctrinam in Vat. I iam declaratam exponunt (cf. Denz. 3063/1830). Forsitan sic possent mutari ut earum indoles iuridica clarius appareat: «*cuius auctoritas a nulla alia ecclesiastica auctoritate pendet*» (cf. Denz. 3063/1830).

11° «*Sicut*» - «*ita*»: Expunctio horum verborum non videtur necessaria, agitur enim in textu de analogia quaedam, non de univocitate. Sufficeret igitur explicatio Relatoris. Attamen emendatio sine incommodo acceptari potest.

12° «*Collegii Episcoporum Caput*»: Secundum propositam emendationem verba haec expunguntur. Si mentio de Summo Pontifice, *collegii Capite* (cf. supra n. 10) in n. 22 (pag. 21, lin. 32) servetur, hic posset omitti.

«*omnium christianorum*»: suadetur ut pro his verbis scribatur «*omnium fidelium*»; secus nova difficultas pro dialogo oecumenico exsurget.

13° «*coordinandum sit*»: Emendatio placet.

Romae, d. 4 Iunii 1964.

III
RELATIO
(dd. 07.06.1964)

A la suite de la délibération au sein de la Commission doctrinale, Monseigneur G. Philips fut chargé de rédiger le rapport. Celui-ci sera adressé au Pape.

Relatio de suggestionibus Commissioni Doctrinali propositis 5-6 iunii 1964.

Commissio Doctrinalis gratum suum animum expressit pro libertate qua in examinandis suggestionibus sibi propositis uti potuit ad perficiendum textum Capitis III Schematis de Ecclesia.

De singulis autem sequens responsum dandum esse censuit.

1. Propositum est, n. 18, p. 18, lin. 17, ut dicatur de doctrina Primatus: «cunctis fidelibus *firmiter* credendum rursus proponit.» Licet additio vocis *firmiter* non appareat necessaria, quia in casu non agitur de «Professione» fidei, libenter tamen a Commissione *acceptatur*.

2. Proponitur ut n. 21, p. 20, lin. 24, de muneribus Episcoporum docendi et regendi dicatur quod «*natura sua* nonnisi in communione ... exerceri possunt»: *Admittitur.* Ex se enim haec munera in communione cum Collegii Capite et Membris exerceri debent. Notatum insuper est in disceptatione quod munera illa *de facto* apud Orthodoxos exercentur, sed in *explicationem* theologicam et canonicam huius facti non videtur intrandum.

3. Petitum est a Pont. Commissione Biblica utrum, n. 22, p. 20, lin. 33, dici posset: «*Statuente Domino S. Petrus et ceteri Apostoli* unum collegium apostolicum constituunt.» Responsum Commissionis Biblicae est *positivum.* Secundum eandem Commissionem sequens assertio quae rem Romano Pontifici et Episcopis applicat in Scriptura «fundamentum» habet, in quantum voluntas Domini manifesta est ut «collegium apostolicum a se fundatum maneat usque ad consummationem saeculi». Sed ex sola Scriptura «modus exsequendi» voluntatem Domini non absolute constare dicitur. Quod ceterum in textu Schematis non asseritur. E contra ibi invocantur indicationes et demonstrationes ex doctrina et vita Ecclesiae.

4. Proponitur, ib. lin. 39, ut post «concilia celebrata», addatur «*praeser-*

tim œcumenica». Haec insertio *admittitur,* sed in aptiore loco videtur ponenda. Lin. 39 enim agitur unice de *perantiqua* disciplina. Quapropter textus ita componitur: «... itemque concilia *coadunata,* per quae et altiora quaeque in commune statuerentur ..., ordinis episcopalis indolem et rationem collegialem significant. *Quam manifeste comprobant Concilia œcumenica decursu saeculorum in Ecclesia celebrata. Eandem vero iam innuit usus antiquitus inductus...»* Argumentum ex Conciliis œcumenicis tamen non est necessario unicum; a.v. assertio Commissionis positive non exclusive intelligitur.

5. Proponitur, n. 22, p. 21, lin 8-9, ut addatur: Corpus Episcoporum auctoritatem non habet, nisi simul cum... capite eius intelligatur, *huiusque integre manente potestate primatus in omnes sive Pastores sive fideles.* Haec additio *admittitur.* Correspondet incisa superaddita *Quaestioni 3ae,* cui die 30 oct. 1963, Patres responderunt: Placet: 1808; Non placet: 336. Ponitur *huiusque* ratione connexionis cum praecedentibus; ponitur *primatus* pro *primatialis* ratione solius latinitatis; dicitur denique *manente* loco *servata,* quia prima vox est accuratior in contextu.

6. Proponitur n. 22, p. 26, lin. 9 ss., ita prosequi textum: «Romanus enim Pontifex habet in Ecclesi*am,* vi muneris sui, *Vicarii scilicet Christi et totius Ecclesiae Pastoris,* plenam, supremam et universalem potestatem, *quam semper libere exercere valet.» Admittitur* cum leviori emendatione, scilicet: dicitur secundum suggestionem: in Ecclesi*am,* sicut paulo infra, lin. 14-15, etiam de Ordine Episcoporum dicitur. Loco tamen «Ecclesiae *Capitis»* in hoc contextu dicitur: «totius Ecclesiae *Pastoris»,* ut expressio sit magis concors cum locutione biblica, secundum quam Christus dicitur *Caput* Corporis, Petrus Petrus vero *Pastor,* cf. Io. 21, 16-17: «Pasce agnos meos ... pasce oves meas.»

Dicitur simpliciori modo «semper libere» (deleto «et»), ne impressio ingeratur quod Rom. Pontifex arbitrarie et continuo in regimine Episcoporum interveniret. In *Relatione* autem ad n. 22, explicite dictum est quod Romanus Pontifex ad exercendam suam potestatem ab Episcopis non pendet, neque ad actionem incipiendam neque ad eam prosequendam; a.v. Episcopi eum cogere non possunt. Assertio illa itaque *in ipsum textum* nunc inseritur, ad praecavendas quascumque anxietates. Romanus Pontifex igitur suos collaboratores cum plena libertate eligit sive ex Episcopis sive ex aliis, secundum suam prudentiam, de qua ipse est iudex.

7. Proponitur additio eodem n. 22, p. 21, lin. 14: «... numquam sine hoc capite, subiectum quoque supremae ac plenae potestatis in universam Ecclesiam existit; *quae quidem potestas independenter a Romano Pontifice exerceri nequit.» Admittitur.*

Suggestio quidem erat ut dicatur: «iuxta capitis ordinationem exercendae». Sed haec formula excludebat ordinationem in Concilio statutam et a Romano Pontifice approbatam. Unde alii proposuerunt ut adhiberetur sententia, quae Quaestioni 3ae et 4ae diei 30 oct. 1963, ut «Nota 1a» adiecta erat, scilicet «Potestatis Corporis Episcoporum actuale exercitium regitur ordinationibus a Romano Pontifice approbatis.» Commissio tamen praetulit formulam primam utpote clariorem et simpliciorem.

8. Quaeritur an probatum sit illud quod n. 22, p. 21, lin. 17, dicitur: «illud ligandi et solvendi munus quod uni Petro datum est, collegio quoque Apostolorum, suo Capiti coniuncto, tributum esse constat» Responsum Pont. Commissionis Biblicae quoad *parallelismum* est *positivum*. Sed eadem Commissio advertit quod exegetae *non concordant* de praecisa interpretatione huius «potestatis ligandi et solvendi», et speciatim utrum haec potestas fuerit suprema in universam Ecclesiam. Quapropter Commissio Doctrinalis, lin. 15, suppressit particulam *«enim»*, quae videbatur introducere sequentia tamquam demonstrationem completam. Insuper statuit ut ad referentiam Mt. 18,18 addatur referentia ad Mt. 28, 16-20, ubi ad Undecim dicit Dominus: Data est Mihi omnis potestas ... euntes ergo ... et ecce Ego vobiscum sum usque ad consummationem saeculi. Denique statuit ut in *Relatione* summatim indicarentur, praeter fundamenta biblica iam alibi indicata, etiam testimonia Traditionis, Conciliorum v.g. in Prologo «Pastor Aeternus» Denz 3050, vitae Ecclesiae, etc.

Interea recolantur illa quae in *Conc. Vat. I* sine contradictione officialiter prolata sunt. Cf. Schema Const. dogm. II, *de Ecclesia Christi*, c. 4: *Mansi* 53, 310: «Illud enim ligandi et solvendi pontificium, quod Petro soli datum est, collegio quoque Apostolorum, suo tamen capite coniuncto, tributum esse constat, protestante Domino: «Amen dico vobis, quaecumque alligaveritis ...» Recolatur etiam Relatio *Zinelli*, *Mansi* 52, 1109 CD: «... concedimus libenter et nos, in concilio œcumenico sive in Episcopis coniunctim cum suo capite *supremam* inesse *et plenam ecclesiasticam potestatem in fideles omnes*: utique Ecclesiae cum suo capite coniunctae optime haec congruit. Igitur Episcopi congregati cum capite in Concilio oecumenico, quo in casu totam Ecclesiam repraesentant, *aut dispersi, sed cum suo capite, quo casu sunt ipsa Ecclesia vere plenam potestatem habent...»* Illud autem quod Relator ita corpori Episcoporum agnoscit, utpote ab omnibus agnitum, deinde etiam pro Romano Pontifice vindicat, propter verba Christi ad solum Petrum.

9. Suggeritur ut in n. 24, p. 21, lin. 22 sq., loco *Capitis sui*, nempe collegii Episcoporum, dicatur: «Capitis Ecclesiae». Commissio Doctrinalis fere unanimiter censuit potius *standum esse textui recepto*, quia in

toto contextu agitur de relatione Collegii Episcoporum cum Romano Pontifice, deque huius capitalitate in *collegio*. A.v. idea expressa recolit verba *Concilii Vaticani I, Denz.* 1821/3051, ubi ponitur B. Petrus, eiusque successor tamquam principium perpetuum et visibile unitatis corporis Episcoporum.

10. Proponitur n. 22, p. 21, lin. 32 sq., ut dicatur: «dummodo *ipse* (Papa), *uni Domino devi(n)ctus*, eos ad actionem collegialem *vocet*». Haec ultima expressio «*vocet*» libenter *acceptatur*, quia etiam in iuramento Episcoporum adhibetur. Incisa autem «uni Domino devinctus» Commissioni *non placuit*:

a) quia duae priores novae insertiones eam *inutilem* reddunt, scilicet: «Papa semper libere agere potest», et: «potestas Episcoporum independenter a Romano Pontifice exerceri nequit». Sensus enim insertionis «uni Domino devinctus» videtur in intentione suggerentium praecise excludere altiorem auctoritatem humanam, quam Romanus Pontifex observare deberet.

b) quia formula est *nimis simplificata*: Romanus Pontifex enim etiam observare tenetur ipsam Revelationem, structuram fundamentalem Ecclesiae, sacramenta, definitiones priorum Conciliorum, etc. Quae omnia enumerari nequeunt. Formulae huiusmodi de «solo» vel «uno» cum maxima circumspectione tractandae sunt; secus innumerabiles excitant difficultates. Unde ne postea longiores et complicatae explicationes de tali formula praeberi debeant, Commissio censuit melius ab illa abstineri. Ratio est etiam ordinis psychologici, ne, unam partem pacificantes, alteram in novam anxietatem inducamus, praesertim quod spectat relationes cum Orientalibus, ut apparet ex historia aliae formulae, nempe «ex sese et non ex consensu Ecclesiae».

11. Proponitur n. 23, p. 21, lin. 37 sq., ut supprimantur particulae «Sicut» et «ita», et simpliciter iuxtaponantur duae phrases. *Acceptatur*. Comparatio non nisi aliquem parallelismum manifestum indicare volebat, quin aliquid suggeratur *de modo quo* respective Romanus Pontifex in universa Ecclesia, Episcopus vero in *sua* Ecclesia, sit centrum unitatis.

12. Proponitur n. 25, p. 24, lin. 16, ut supprimatur *Collegii Episcoporum Caput*, et ut addatur postea: Romanus Pontifex, ut supremus *omnium christianorum* pastor...» Suppressio de Capite Collegii Commissioni *non videtur opportuna*:

ex una parte non habet valorem restrictivum: consulto enim non dicitur «ut» vel «quatenus» caput collegii;

ex altera parte ordo idearum exigit hanc incisam, quia explicat quare in textu qui *de munere docendi Episcoporum* agit, tam fuse de potestate docendi Romani Pontificis fiat sermo. Ceterum statim postea, scilicet lin.

24, explicite dicitur de Romano Pontifice: «ut *universalis Ecclesiae* magister supremus».

Admittitur autem additio «omnium christianorum» sed potius scribatur «christi*fidelium*». Protestantes et Orthodoxi enim se «christianos» dicunt, sed generatim vocem «christifidelium» non adhibent.

13. Suggeritur n. 27, p. 26, lin. 4 sq., loco *ultimatim regatur*, ponatur «*coordinandum sit*». Quia tamen haec nova expressio debilior est quam praecedens, mutatio Commissioni *non videtur opportuna*.

7 iunii 1964.

IV
NOTE DE L. CERFAUX

La note qui fut demandée au prof. L. Cerfaux, le maître de ce qu'on a appelé «l'école de Louvain», ne porte pas de date. Cependant aux Archives G. Philips elle se trouve dans le dossier P. 39 qui a pour titre «De Collegialitate — 13 suggestiones 5-6 iunii 1964». Il y a donc ici une forte présomption du lien entre cette note et les travaux en cours à la Commission doctrinale à la fin de mai et au début de juin 1964.

Les arguments scripturaires concernant la succession apostolique

(regardant plus spécialement le collège des évêques succédant au collège apostolique).

Notes préliminaires.

1. Dans la tradition évangélique telle que la présentent les trois évangiles synoptiques, les Douze, avec la mission qui leur est confiée, occupent une place essentielle. Ils sont le trait d'union entre la vie de Jésus et l'Église qu'il prépare dans la personne et l'œuvre des Douze. Pierre est l'un d'entre eux, le premier, le chef du groupe constitué par les disciples privilégiés.

2. Ni les Douze, ni Pierre leur chef n'ont un rôle simplement personnel. Jésus a en vue une Église qui doit durer. Il y aura continuité entre son oeuvre durant sa vie mortelle et l'institution même de l'Église. Le choix des Douze et leur mission sont déjà le début de l'institution que sera l'Église après la Pentecôte. Ce principe de continuité est reconnu par tous quand il s'agit de Pierre, et il est précisé dans l'idée de succession. Refuser d'admettre ce principe et sa précision quand il s'agit des apôtres, individuellement ou en groupe, ce serait affaiblir dangereusement la foi catholique concernant la succession de Pierre: car on ne peut raisonner différemment pour le chef du groupe et pour le groupe lui-même.

3. L'histoire de la fondation de l'Église nous révèle, dans l'apparition du Ressuscité à saint Paul, dans l'œuvre de l'Apôtre et dans les traditions de l'Église romaine, que Jésus a eu la volonté d'unir Paul aux Douze, au point qu'il fasse partie de leur groupe (ou collège). L'institution apostolique s'étend donc jusqu'à lui comme elle s'étend à Jacques de Jérusalem

(suivant l'hypothèse que ce dernier ne serait pas du nombre des Douze).

4. Les textes que nous examinerons démontrent suffisamment qu'il y aura des successeurs des Apôtres. Cette affirmation générale devra être précisée par la tradition, qui nous montre comment, après une courte période qui pourrait être celle d'une indétermination réelle (la succession pouvant être assurée par des disciples immédiats des apôtres, ou par un collège de presbytres, ou par des «épiscopes»), la succession se stabilise dans le chef des épiscopes monarchiques. La tradition est ferme là-dessus, depuis que nous pouvons l'entendre, entre saint Irénée et le IVe Concile du Latran[1].

Textes scripturaires principaux.

A. *Mt.*, 28, 18-20.

Ce passage est la conclusion solennelle de l'évangile de *Mt.* et même de toute la tradition évangélique primitive (cf. *Mc.*, 13, 15-20; *Act.*, 1, 6-8). Il se présente comme le dernier discours du Christ, discours d'adieu, testament et charte de la fondation de l'Église. Jésus s'adresse aux Douze (ici, les Onze), qui non seulement représentent l'Eglise, mais reçoivent l'autorité que leur délègue celui à qui a été «donnée toute puissance au ciel et sur la terre» (v. 18). Ils fonderont l'Église universelle par leur enseignement qui sera celui même du Christ (cf. v. 19: faites-vous des disciples), baptiseront, garderont et feront garder tous les commandements du Christ, et cela jusqu'à la consommation du siècle, donc au-delà de leur existence éphémère; et c'est pourquoi Jésus leur promet sa présence toute puissante (v. 18 et v. 20).

Certes, les apôtres se disperseront (euntes, v. 19; cf. *Mc.*, 16,20; *Act.*, 1,8), mais de droit resteront toujours en groupe, tels qu'ils sont en vertu de l'institution du Christ. *Mc.* surtout, en racontant l'élection des Douze, a insisté sur leur organisation en groupe (il fit les Douze, *Mc.*, 3,14); leur nombre même de Douze est mystique, significatif d'une volonté profonde, celle de constituer un groupe représentant l'Israël idéal avec ses douze tribus; en outre, Pierre reçoit le nom de «Pierre» en vue de l'Eglise mais aussi pour caractériser sa position vis-à-vis du groupe, celle de premier et, comme nous l'apprendrons plus tard, de celui qui devra fortifier la foi de tous (cf. *Lc.*, 22, 32); les relations de Pierre avec le groupe des Douze et ses relations avec l'Église, fondation des Douze, sont donc intrinsèquement liées, et s'il est comme par définition chef du

---

1. *Irénée*, Adv. Haer. III, 3, 1: «Et habemus adnumerare eos qui ab apostolis instituti sunt episcopi in ecclesiis et successiones eorum usque ad nos»; Conc. Lateran. IV, De fide catholica. Denz. 430: «secundum claves Ecclesiae, quas ipse concessit Apostolis eorumque successoribus Jesus Christus».

groupe, par le fait même les Douze, par définition aussi, forment un groupe, un collège. L'activité personnelle de chacun des Douze est aussi activité du groupe (ce qui est inclus dans l'idée primordiale de l'unité de l'Église), leur autorité personnelle leur est conférée en dépendance aussi du groupe: toutes ces implications sont affaire d'institution, de volonté du Christ.

Ces implications ne cesseront pas à la mort des apôtres, car l'institution dépasse le temps limité. Nous nous séparons en ce moment de la majorité des exégètes protestants, qui ne veulent à aucun prix entendre parler de succession apostolique. Nous leur accordons volontiers que certains privilèges des apôtres, surtout celui d'avoir vu le Christ ressuscité, ne peuvent être cédés par succession; mais l'organisation des églises, leur gouvernement, l'enseignement si l'Église doit durer, doivent se transmettre de génération en génération, et par un ministère qui prendra la suite de celui des apôtres[2]. C'est à ce prix que Jésus «sera avec eux jusqu'à la consommation du siècle». Nous pouvons recourir avec droit aux règles et analogies de l'Ancien Testament, et insister en particulier sur les analogies, même littéraires, fournies par la prophétie de Nathan, promettant à David la perpétuité de son règne: «ta maison et ta royauté subsisteront à jamais devant moi, ton trône est affermi pour l'éternité» (II *Sam.*, 7, 4 ss.).

Le parallélisme entre la promesse faite aux Douze dans *Mt.*, 28, 18-20 et celle faite à Pierre (*Mt.*, 16, 18-19) renforce considérablement notre exégèse. Pierre et les Douze sont inséparables dans l'histoire évangélique. Ils resteront inséparables, implicitement, dans les deux discours de fondation de l'Église (Mt., 16, 18-19 et Mt., 28, 18-20); le parallélisme de ces deux discours ne s'expliquerait pas sans l'idée non seulement qu'aucune contradiction n'est possible entre les deux testaments du Christ, mais que le Christ lui-même veut qu'ils restent indissolubles et qu'ils s'impliquent mutuellement. Pierre n'était rien sans les Douze, et le groupe des Douze dépendait de Pierre; lorsque jouera le principe de succession, prévu par la durée illimitée de l'Église, la succession de Pierre et celle des Douze (individuellement et en groupe) continueront à s'impliquer et à se confirmer mutuellement, selon la volonté même du Christ.

B. *Mt.*, 18,18.

Le logion de Mt., 18,18: «Ce que vous lierez sur la terre», etc. reprend visiblement Mt., 16,19 où il était appliqué à Pierre. Ce n'est pas l'unique

2. La loi de transmission des pouvoirs par succesión s'impose en fait à toute société hiérarchisée, cf. A.M. JAVIERRE, *El tema literario de la sucesión*, Zürich, 1963. L'hypothèse (protestante) suivant laquelle les apôtres resteraient présents à l'Eglise dans leurs écrits inspirés est contredite par toute la pensée du Nouveau Testament.

cas où une même parole est appliquée par la tradition à des circonstances différentes.

Il est assez généralement reçu par les exégètes catholiques qu'il faut exclure, en *Mt.*, 18,18, l'application à n'importe quel membre de l'Église. La teneur même de cette parole, avec l'usage de la formule «lier-délier», qui marque un acte d'autorité, soit d'enseignement, soit de discipline, ne convient en fait qu'aux chefs de la communauté. Ainsi le comprenait saint Jérôme: «potestatem tribuit apostolis, ut sciant qui a talibus condemnantur humanam sententiam divina sententia corroborari».

Deux lignes d'exégèse se présentent à nous. Dans la première, on fait confiance à la contexture générale de *Mt.*, en admettant que la concession du pouvoir de lier et délier faite à Pierre (entendue là d'un acte d'autorité absolue dans l'Église) précède la situation supposée par le discours de *Mt.*, 18,2 ss., où Jésus donne à ses disciples des conseils généraux visant la discipline de l'Église. Les disciples auxquels Jésus s'adresse étant de fait les Douze, il est naturel de penser à eux et de voir dans ce pouvoir de lier et délier un pouvoir qui leur est propre: «D'après le texte (le pouvoir) est confié à ceux auxquels parle Jésus... les disciples déjà investis de si grands pouvoirs lors de leur mission, et destinés par là même à être les dispensateurs de l'autorité confiée d'abord à Pierre» (Lagrange, Évangile selon saint Matthieu, Paris, 1923, p. 356).

La seconde ligne d'exégèse, plus moderne, se désintéresse, ici comme en général, des contextes littéraires des synoptiques et préfère expliquer les logia pour eux-mêmes, indépendamment du contexte où les évangélistes les ont insérés. Ainsi, d'après K. Stendahl[3], le même logion «lier-délier», est appliqué deux fois par *Mt.*, avec des implications et même un sens différent, donnant à Pierre le pouvoir d'enseigner, aux Douze un pouvoir disciplinaire (cf. I *Cor.*, 5,4). Il faut sans aucun doute, dans ce cas-ci, étant donné la solidité des contextes et la vraisemblance générale des deux situations, où l'activité même des disciples est en jeu en face de l'avenir de l'Église, conserver l'hypothèse que Notre-Seigneur a répété deux fois le logion, une fois en faveur de Pierre, une autre fois en faveur des apôtres. Il ne l'a pas fait de manière tout à fait indépendante, car, ainsi que nous l'avons montré plus haut, il n'a jamais séparé totalement, dans sa pensée, Pierre et les Douze, l'autorité qu'il accordait à Pierre en tant que premier des Douze et celle qu'il accordait aux Douze indissolublement voulus comme une institution unique, avec Pierre leur chef. Pierre n'est pas séparé des Douze quand il reçoit le pouvoir de lier et de délier et les Douze non plus ne sont pas séparés de Pierre. Il nous semble donc que le schéma «de Ecclesia», dans sa brièveté et l'imprécision dans laquelle il laisse la formule «ligandi ac solvendi munus» représente bien l'enseignement de l'Écriture. La tradi-

3. *The School of St. Matthew*, Upsala, 1954, p. 28.

tion et le magistère auront à préciser et ce sens, et les rapports intimes qui unissent Pierre et le collège des Douze.

C. *Éph.*, 2,20 et *Apoc.*, 21,14.

De part et d'autre, dans un contexte eschatologique, l'Église est représentée en image, comme un temple s'élevant vers le ciel (*Éph.*), ou comme la Jérusalem céleste descendant du ciel (*Apoc.*). Les exégèses des deux passages se soutiennent mutuellement.

Nous commençons par le passage de la Lettre aux Éphésiens (2,19-22). Les chrétiens de la Gentilité sont admis dans la construction céleste dont les fondations sont les apôtres et prophètes, et la clef de voûte (ou la pierre d'angle) le Christ.

Tout le contexte de l'épître aux Éphésiens nous oblige à interpréter les «apôtres» de ce texte des grands apôtres (les Apôtres de Jérusalem et saint Paul). Ils sont fondement parce qu'ils ont reçu la révélation du mystère du Christ et qu'ils ont le privilège de communiquer la connaissance de ce mystère et par là de réunir et de fonder l'Église. On s'entend moins pour identifier les prophètes. Les Pères, en général, ont songé aux Prophètes de l'Ancien Testament, et cette exégèse n'est pas à rejeter sans examen. Nous nous rallierons cependant à l'exégèse plus commune aujourd'hui, et qui pense aux prophètes du Nouveau Testament. Ils sont cités à côté des Apôtres parce que, avec ceux-ci, et en tant qu'ils étaient approuvés par eux, ils ont reçu, d'un charisme spécial, la révélation du mystère. Ils ne sont en tout cas, dans ce rôle, qu'une autorité subsidiaire: c'est le collège apostolique qui porte vraiment le poids de l'Église en construction. Peut-être supposerait on, avec grande vraisemblance, qu'il s'agit de judéo-chrétiens de Jérusalem. Il nous semble en effet que ces «Saints» et familiers de Dieu (v. 19), dont les chrétiens de la Gentilité partagent désormais les privilèges, ont été choisis dans le peuple d'Israël en vertu du principe de l'élection, du libre choix divin, mais choisis dans le peuple d'Israël, parce que Dieu voulait rester fidèle à ses promesses (cf. *Rom.*, 11). Les apôtres, avec les prophètes de Jérusalem, forment le «Reste» Saint, la souche de l'olivier *nouveau* qui sera l'Église.

C'est ainsi que les apôtres sont fondement du temple saint qui monte vers le ciel, ou plutôt est déjà dans le ciel. En langage apocalyptique, l'image définit l'Église présente sur la terre, et en même temps existant au ciel. Définition expliquant l'essence même de l'Église; définition, et non pas histoire dans laquelle les apôtres seraient une réalité de passé.

Dieu, et les hommes dans la foi, voient les apôtres présents aujourd'hui et toujours, comme le fondement qui fait la cohésion et la solidité du temple. En somme, la définition eschatologique illustre à sa manière, en image, le testament du Christ de *Mt.*, 28,18-20, et nous devons expliquer la présence actuelle des apôtres fondement de l'Église, comme nous l'avons fait alors pour la permanence du message apostolique: ils sont présents dans leurs successeurs et dans la tradition que ceux-ci ont reçue des fondateurs. Le message, la tradition sont la Parole vivante de Dieu, et ils ne le peuvent être que par la vie que leur communique une institution d'autorités toujours vivantes en vertu de la succession.

L'Apocalypse de son côté décrit longuement la Jérusalem céleste, descendant sur la terre, au dernier jour, telle qu'elle existe déjà constituée dans le ciel en réalisation de la volonté divine. Les douze apôtres sont à leur place, puisque leurs noms, «les noms des douze apôtres de l'agneau», sont écrits sur les douze fondements du mur de la ville (21,14). S'il en était besoin, ce parallèle entre l'Apocalypse et l'épître aux Éphésiens garantirait notre exégèse de celle-ci.

Le style apocalyptique des deux passages (*Éph.* et *Apoc.*) réunit ciel et terre, présent et futur. Les apôtres sont présents au ciel et sur la terre, dans l'Église intemporelle et temporelle, qui ne serait plus l'Église sans la présence actuelle réalisée par leurs successeurs, gage et signe et effet de la présence du Christ.

Conclusion

Le sens même du Nouveau Testament et les quelques textes que nous avons analysés justifient les formules du schéma de Ecclesia. L'essence de l'Église est visible dans sa fondation: les apôtres, institution du Christ, constituent son fondement; ils assurent la perpétuité de l'œuvre du Christ. L'institution n'atteint les apôtres que pour les continuer, par le principe de succession, dans la personne des évêques. La succession apostolique s'applique en même temps au collège des évêques et à son chef, successeur de Pierre.

Nous ne pouvons demander à nos textes que d'ouvrir les perspectives qui vont se développer au cours de toute la tradition de l'Église et se développent encore sous nos yeux. L'œuvre de l'exégèse s'arrête après avoir découvert ces perspectives dans leur jaillissement, la révélation du Christ et des apôtres.

L.C.

V

OBJECTIONS À LA DOCTRINE DE LA COLLÉGIALITÉ ET RÉFUTATION DE CES OBJECTIONS

Les documents que nous présentons dans ce chapitre ne figuraient pas dans les annexes du dossier constitué par G. Philips et cependant il y fait explicitement allusion aux premières pages de ces «Notes pour servir à l'histoire...».

I. NOTE DU CARD. CLEMENTE MICARA

Transmise à la Commission doctrinale par les soins de la Secrétairerie d'État (sans date).

NOTE DI SUA EMINENZA REV.MA CARDINAL CLEMENTE MICARA

Beatissimo Padre,

A proposito di alcune idee che da varie parti mi si dice siano condivise da alcuni membri della Commissione Teologica al Concilio, tanto che affiorerebbero in alcune proposizioni dello Schema Conciliare «De Ecclesia», vorrei permettermi di dire filialmente alla Santità Vostra qualche considerazione che esse mi suggeriscono, e ciò dopo di aver portato tante e tante volte queste preoccupazioni all'Altare.

Tali proposizioni fanno derivare la potestà di giurisdizione dei Vescovi dalla consacrazione; attribuiscono all'ordine episcopale, per diritto divino, una costituzione collegiale, in virtù della quale il collegio dei Vescovi sarebbe soggetto di un potere supremo, pieno ed universale, sia pure nel suo esercizio dipendente dal Sommo Pontefice.

Perchè tali proposizioni potessero venire accolte in una Costituzione Conciliare, la dottrina in esse contenuta dovrebbe essere certa; non sembra invece che la certezza di queste proposizioni sia stata raggiunta, se anche non si vuol dire certa la opinione contraria. Le conseguenze poi teoriche e pratiche di quelle proposizioni mi sembrano estremamente gravi per la vita della Chiesa e per il Primato stesso del Romano Pontefice. Se Questo infatti, per costituzione divina, nell'esercizio del suo potere supremo è unito al Collegio Episcopale, sembra logico concludere che Egli non potrà agire validamente se non collegialmente. E' evidente lo studio che i Redattori dello Schema hanno posto per evitare le conseguenze temute, ma questa stessa cura appare una conferma della forza intrinseca del principio che essi hanno accolto e che necessariamente conserva, per la logica e la virtù propris dei principi, tutta la sua natura pericolosa.

Sarebbe anche opportuno, penso, di tenere presente che se fosse esatto che con la consacrazione episcopale il vescovo riceve anche tutta la potestà di giurisdizione, si dovrebbe concludere che i vescovi scismatici esercitano validamente le due potestà di ordine e di giurisdizione.

Mosso unicamente dall'amore verso la Chiesa e il Suo amatissimo Capo, invoco con fiducia dalla Santità Vostra, a Cui spetta in modo esclusivo decidere quali materie debbano trattarsi nel Concilio (can. 222, par. 2), che le questioni accennate vengano considerate come immature per una definizione conciliare come anche per una affermazione ufficiale. Così avvenne anche nel Concilio Tridentino e nel Concilio Vaticano I.

Prostrato ai Vostri Piedi con totale e affettuosa dedizione e col più profondo rispetto, imploro la grazia della Benedizione Apostolica.

+ Card. MICARA

Missa a Secretariatu Suae Sanctitatis.

II. NOTE DU CARD. ERNESTO RUFFINI

Sur le schéma conciliaire «De Ecclesia» (sans date).

RUFFINI, ARCIVESCOVO DI PALERMO, SULLO SCHEMA CONCILIARE «DE ECCLESIA»

1° *Nel Capo I, n. 4, linea 22-23.* Si afferma che lo Spirito Santo dirige la Chiesa «diversis *donis* hierarchicis et charismaticis». Questa frase da luogo, almeno, a serie ambiguità, sembrando che mediante la medesima parola «*donis*» si equiparino i gradi gerarchici ai doni carismatici. Il governo della Chiesa appartenne sempre alla sacra Gerarchia, e non mai ai carismatici in quanto tali. Se all'inizio troviamo profeti e dottori che dirigono la Cristianità, essi non erano soltanto carismatici, ma *veri pastori* d'anime ornati di carismi, specialmente dei doni della *Profezia* e del *Dottorato* (cf. Lettere di S. Paolo), dai quali doni — dato che mancavano ancora vocaboli *definitivi* per indicare i gradi gerarchici — non di rado si traevano i nomi per designarli.

I protestanti abusano di questa circostanza per sostenere che la Chiesa primitiva era governata direttamente dalla Spirito Santo mediante carismi, e solo più tardi sarebbe sorta la Gerarchia.

2° *a pag. 14, linea 23 e segg.* Si dice che «Cristo ama la Chiesa come l'uomo, amando sua moglie, ama il suo corpo».

Ora S. Paolo, nella lettera agli Efesini, (5,28) dice, inversamente, che l'uomo deve amare sua moglie come Cristo ama la sua Chiesa e si sacrifica per essa. Infatti non è dall'amore che l'uomo porta alla moglie che si può apprendere quale amore Cristo porti alla sua Chiesa, ma è l'uomo che deve imparare da Cristo come egli sia tenuto ad aver cara la propria sposa. Ed è proprio in questo rapporto — il matrimonio raffigurante l'unione di Cristo con la Chiesa — che è riposto il valore del carattere sacramentale del matrimonio cristiano.

3° *Nel Capitolo II a pag. 33 n. 12 linea 20-22* si legge: «Universitas fidelium, qui *unctionem habent a Sancto* (Spiritu), in credendo falli nequit». Sembra quindi che la Chiesa *discente* (considerata nella sua universalità) sia infallibile, nel credere, per diretto influsso dello Spirito Santo, e soltanto per quello. Anche qui mi sembra che penetri alquanto — certamente in buona fede — il pensiero protestante, secondo il quale non è il magistero vivo della Chiesa che istruisce i fedeli perchè questi conoscano la verità da credersi, bensì lo Spirito Santo.

Finora si è sempre da noi distinta la infallibilità *attiva*, propria del Magistero continuo della Chiesa, dall'infallibilità *passiva*, che è quasi l'eco e il riflesso della prima.

4° Nel Capitolo III si trovano affermazioni assai rischiose e pericolosissime. Adduco un solo esempio: *a pag. 61 linea 34-39* si legge: «sicut autem permanet munus a Domino singulariter Petro, ut *primo* (!) Apostolorum concessum et successoribus eius transmittendum, ita permanet munus Apostolorum *pascendi Ecclesiam*, ab ordine sacrato Episcoporum iugiter exercendum».

Sorvolo sul termine *primo*, che di certo nè suona bene nè esprime il posto che spetta essenzialmente a Pietro di *Capo*; mi accontento di osservare che non si può ammettere «simpliciter» la parità della successione del Papa rispetto a Pietro e dei Vescovi rispetto agli Apostoli. Il Sommo Pontefice ha nella Chiesa *tutti* i poteri che Cristo ha dato a Pietro, mentre i Vescovi non hanno ereditato dagli Apostoli tutti i poteri che questi avevano ricevuto dal Salvatore, non essendo stata loro trasmessa l'infallibilità personale e nemmeno la giurisdizione effettiva in tutta la Chiesa.

III. OBSERVATIONS DU CARD. J. LEFEBVRE

Datées du 16 septembre 1964. Selon les indications figurant sur la copie d'archives ce texte fut rédigé par Mgr Ch. Moeller, Mgr Martimort, le P. Congar et Mgr Ancel

DE CAPITE III SCHEMATIS «DE ECLESIA»

Animadversiones Em.mi ac Rev.mi J. Card. LEFEBVRE Archiepiscopi Bituricensis.

Decursu mensium proxime elapsorum, Patribus Conciliaribus diversi «de Ecclesia» libelli sparsim missi sunt, qui eo tendebant ut anxium Patrum animum redderent circa ea quae in schemate inscripta sunt tam de episcopatus sacramentalitate, quam de episcoporum collegio.

Cum vero de tantis tamque gravibus rebus agatur, summe optandum videtur, ut Patres sine ulla haesitatione nec dissimulatione assentiri possint perinsignibus textibus a Commissione de Fide exaratis. Deficiente autem Nobis facultate in Aula conciliari mentem nostram aperiendi de illo schemate mox in suffragium mittendo, mihi liceat hisce litteris ingenue dicere quid sentiam sperans me utilitati esse huic vel illi ex meis in episcopatu Fratribus, qui libellis nuper acceptis conturbatus fuerit.

Jamvero, omnes difficultates ex eo mihi videntur provenire, quod quandoque verbis significatio quaedam imponitur, insufficienter perspecta ea significatione quam contextus ipse schematis determinat.

Et primum de episcopatus sacramentalitate, cum quidam anxio animo legunt in paragrapho 21 (pag. 62) haec asserta: «Episcopalis autem consecratio cum munere sanctificandi, munera quoque confert docendi et regendi» (= suffragatio 8[a]).

Eorum anxietas mihi videtur ex eo oriri, quod non satis lucide distinguunt inter «munus regendi» et canonicam ipsam jurisdictionem. «Munus» enim «regendi» est ea sacra potestas quae immediate a Deo episcopo per episcopalem consecrationem confertur. Jurisdictio autem ea est potestas quae a jure canonicam suam temperationem accipit. Quae cum ita sint, textus schematis supra allegatus, dum nullo modo dirimere intendat liberas inter theologos controversias (utrum ista jurisdictio immediate a Christo dimanet an mediate per Romanum Pontificem) statim haec asserit: «Quae tamen (munera) nonnisi in communione cum collegii capite et membris exerceri possunt». (=Suffragatio 8ª).

Quod posterius comma, mea quidem sententia, ad omnem ambiguitatis speciem dispergendam sufficit.

Ad nexum jurisdictionis potestatis cum manuum impositione quod attinet, mihi liceat ceterum observare, *distinctionem* inter utramque, sensu hodierno intellectam, *non ante Medium Aevum* in Ecclesia occidentali factam esse. Semper traditio Ecclesiarum, antequam orientalis et occidentalis dividerentur, Ordinis sacramentum stricte colligavit cum ea pastorali potestate quae jurisdictionem continet et supponit (vide textus liturgicos in schemate, pag. 86-87, nota I allegatos).

Quod ea jurisdictio, de qua agimus, forte antecedere possit ipsam episcopalem consecrationem, ut omnes sciunt, nulla ex eo difficultas oritur, quia electus episcopus obligatione tenetur sine mora consecrationem recipiendi. Quae cum ita sint, patet cur in volumine cui titulus inscribitur: «*Symposium theologicum de Ecclesia Christi*», ut ab Universitate Lateranensi anno 1962 editum, auctores asserere ausi sint (pp. 110-111): «Potestas jurisdictionis *radicaliter sacro ritu confertur* ac de facto plura per saecula etiam formaliter hoc modo collata est... Missio autem canonica, quae dicitur jurisdictionem transmittere, *non creat potestatem*, sed potius subjectos designat».

De *Collegialitate*, in duas tantum difficultates explanandas insistam.

A) Prima existimanda est quasi metaphysica; in eo consistit quod incapaces sumus mente comprehendere duplex subjectum unius plenae ac supremae in Ecclesia potestatis. Ad quam difficultatem solvendam, duo sunt notanda. Et *primum, Ecclesiam mysterium esse*, ideoque non esse intelligendam sapientia hujus mundi, nec ratione, vel rerum humanarum scientia, sed lumine fidei et talem contemplandam qualem Christus esse voluit. Ejus supernaturalis indoles, qua fit omnino sui generis, impedit quominus ejus instituta nos adequate definiamus, dum illis verbis utamur quae solent usurpari ad describenda instituta mere humana; necesse quidem nobis est verbis uti, at ea sensu analogico, non vero univoco usurpare.

Collegialitas in Ecclesia modo utique singulari invenitur, cum non adequate distinguantur duo auctoritates plenae ac supremae. Idem enim ac unus Petri successor simul et suprema potestate personnaliter gaudet, et insimul ita caput est collegii episcopalis ut, sine capitis consensu, membra incapaces jaceant quidquam Christifidelibus praescribendi.

B) Secundo, anxietas quidem nasci possit, si quando collegium describatur a Papa distinctum et ei adversans, dum e contra ipse sit caput collegii, unumque sit cum eo. De quibus insuper rebus Schema clarius loqui non potuit, cum plus quam vicies successive repetit, *nullum sine Papa collegium possibile esse*, Papam independenter a Collegio omnia posse, episcopos nihil sine Papa collegialiter posse.

Mihi videtur tanta luce anxietates dispulsum iri.

Altera tamen difficultas animo occurrit, quae quidem magis *circa praxim versatur*. Fingunt enim Pontificem Romanum, quidquid sit de doctrina, liberum non fore in primatu exercendo, si adversaretur collegio diversa sentiente ac optante. Timor ille hauritur ex falsa ratione collegialitatis. Iterum atque iterum dicendum, non ita esse Ecclesiae instituta sicut terrestrium rerum publicarum instituta. In rebus publicis, collegium virorum deputatorum seu legatorum sic rebus se immiscit, ut major eorum pars voluntatem suam praesidi imponat. In Ecclesia autem, Collegium nihil sine suo capite valet; ipsa temperatio, seu organisatio collegialitatis a Pape pendet, et nisi secundum ejus decreta vigere potest. Arcte unitum cum suo capite, Collegium Ecclesiam universam docere et regere potest; sine vere suo capite, immo, ipsi capiti oppositum, non jam existit. Theoria sic dicta «Conciliarismi» nullo modo convenire potest cum authentica Ecclesiae constitutione, qualem Christus statuit.

Sic intellecta, *collegialitas* non solum nullos terminos *auctoritati Pontificis romani imponit*, nec ei adversatur, sed etiam *novum splendorem affert*. Eo plenius faciet plenum exercitium propriae potestatis, quo plenius Collegia membra, ex conscientia suae praestationis erga universam Ecclesiam, ad Romani Pontificis proposita se adjungent, promptioresque erunt ad sacrificandum bono universae Ecclesiae bonum suae particularis ecclesiae.

Schematis textus hanc authenticam collegialitatis rationem tam luculenter exponit, ut securos in eodem sensu eademque sententia convenire nos liceat, mea quidem opinione. Et eo magis quo nunquam in decursu ecclesiasticae historiae tam pulchra unitas episcoporum in orbe cum Romano Pontifice, aspicientibus ac plaudentibus hominibus, apparuit.

Romae, die 16.9.64   Joseph, Card. LEFEBVRE

Cum nova causa anxietatis ex *voto Commissionis Biblicae* nuper in Aula nobis distributo oriri possit, a quodam ex peritis quaesivi ut observationes mihi de hac re faciat, quas libenter hic adjiciam.

                                                Joseph, Card. LEFEBVRE.

A. Quoad *Institutionem Collegii apostolici* a Domino et quoad eius *perpetuitatem* ex eadem voluntate Domini usque ad consummationem saeculi, *constat ex Scriptura*.

E *sola* Scriptura vero non constat de *modo* et *forma* istius perpetuitatis. (Cf. Schema, p. 63, 1.13-19; p. 87, nota A; Suffragatio 10a).

B. Quoad «potestatem ligandi et solvendi», ex Mt. 16,19, Petro collatam, et, ex Mt. 18,18, Apostolis et eorum successoribus collatam (cf. Schema, p. 64, 1.4-20; Suffragatio 13a, Suffragatio 14a), notandum est:

1. Responsum commissionis biblicae est *positivum quoad parallelismum*.

2. Cum e Scriptura *sola* non constet utrum haec potestas *suprema* sit *in universam Ecclesiam*, Commissio doctrinalis suppressit in Schemate, p. 64, 1.15, particulam «enim», quae «videbatur introducere sequentia tamquam demonstrationem completam».

3. Eadem Commissio doctrinalis statuit ut, ex aliis textibus biblicis, adderetur Mt. 28,16-20 (Missio Undecim Apostolorum).

4. De cetero, cum doctrina catholica non fundetur in Scriptura *sola* sed in *Scriptura in Traditione viventi Ecclesiae*, eadem Commissio doctrinalis statuit ut, praeter textus biblicos alibi allegatos, *testimonia Traditionis* in memoriam revocentur quae iam in Relatione leguntur:

a. Imprimis *Concilium Vaticanum Ium*:
- in Prologo Constitutionis *Pastor Aeternus* (Denz. 3053)
- in Relatione *officialiter* facta de hac Constitutione.
- in Relatione a Zinelli facta.
(Haec omnia vide in Schemate, p. 91, nota Q).

b. Deinde testimonia antiquarum *Liturgiarum* et *Patrum* (cf. in Schemate, p. 82, nota K).

c. Denique testimonia *Summorum Pontificum*, e quibus Coelestinus, Leo Magnus, Felix, Gelasius, etc. (Cf. in Schemate, p. 89, nota G, et J. LECUYER, *Études sur la collégialité épiscopale*, Lyon, 1964).

d. Insuper iuvat notare doctrinam continuam, a Concilio Tridentino usque ad Concilium Vaticanum Ium, *theologorum Curiae romanae* (e.g. Christianopoulo, Bolgeni, etc.) (Cf. G. ALBERIGO, *Lo sviluppo della dottrina sui poteri nella Chiesa universale*, Romae, 1964).

IV. MÉMOIRE REMIS AU PAPE PAUL VI
PAR LE CARD. L.J. SUENENS

Ce texte, non daté, qui concerne principalement le chapitre III et la notion de «collège» fut, selon le témoignage de G. Philips, rédigé par le P. Lécuyer, assisté du P. Dupuy et de Mgr Moeller. Il fut remis à Paul VI par le Card. Suenens en date du 18.09.1964.

Plusieurs auteurs croient depuis quelque temps pouvoir critiquer la doctrine de la Collégialité épiscopale exposée dans le schéma *De Ecclesia*, comme s'il s'agissait d'une thèse nouvelle qui ne serait pas en harmonie avec la doctrine de la hiérarchie qui est celle de l'Eglise catholique depuis les origines.

Ils veulent y voir une doctrine incertaine, non parfaitement établie, et sur laquelle par conséquent le Concile devrait s'abstenir de prendre position. En fait, cette opposition, établie au nom d'objections soi-disant tirées de la Tradition et du droit de l'Église, ne conduit à rien moins qu'à vider le contenu du schéma *De Ecclesia* de sa substance théologique même.

Ces auteurs contestent en particulier les quatre points suivants:

1° Que les pouvoirs (munera) de sanctification, d'enseignement et de pastoration que les évêques exercent dans l'Église puissent être conférés dans l'acte de la consécration épiscopale (sic D. Staffa, in Divinitas, 1964, p. 45 à 61; R. Dulac, in La Pensée catholique, 1964, n° 91, p. 9).

2° Que la notion de Collège épiscopal, telle que la comprennent — selon une terminologie qui cherche encore à se préciser — les théologiens contemporains, soit *homogène* à la notion — supposée très imprécise, mystique et morale — de *collegium* qu'on trouve évoquée chez les Pères de l'Église, dans les textes liturgiques et dans les documents, même récents, du Magistère.

3° Que l'autorité des évêques puisse s'exercer dans l'Église, selon les dispositions réglées par le droit ecclésiastique et par le Souverain Ponti-fe, de par sa nature même, comme un pouvoir *propre*.

4° Que les évêques puissent avoir, dans l'exercice même de leur charge pastorale dans leur diocèse, une responsabilité à l'égard de l'*Église universelle*.

Aux arguments invoqués par ces auteurs on peut répondre ceci:

1° *Sur la nature des pouvoirs épiscopaux*

Ils opposent sans cesse à la *doctrine* des pouvoirs (munera) conférés par le sacrement la thèse de la «dérivation» de la juridiction épiscopale à partir de celle du Souverain Pontife. — Mais ces affirmations ne sont pas de même ordre. Affirmer que les pouvoirs épiscopaux sont conférés dans le sacrement n'oblige nullement à prendre parti sur les thèses relatives à *l'origine* et au *mode de communication* de la juridiction. Le schéma *De Ecclesia* s'abstient, tout comme Vatican I, de trancher sur ce second point. Le schéma *De Ecclesia* traite de la *constitution* de l'Église; il ne décide pas des formes historiques diverses de son *régime*.

Les auteurs cités avancent (Cfr. Mgr Staffa, art. cit. p. 31) qu'aucun Souverain Pontife n'a, au cours des derniers siècles, enseigné que les pouvoirs épiscopaux sont conférés dans la consécration. On pourrait opposer d'abord à cette objection le simple fait de la liturgie romaine de la consécration épiscopale, ainsi que l'ensemble imposant des liturgies orientales. On peut répondre que les Souverains Pontifes ne traitent pas toujours de tous les points de la doctrine catholique. Mais en outre une telle affirmation est abusive, si l'on songe à tous les textes des Souverains

Pontifes rappelant le devoir missionnaire des évêques, qui ne peut se fonder que sur leur ordination.

On est allé jusqu'à s'appuyer expressément sur cette opposition instaurée entre la doctrine traditionnelle, qui est celle du schéma et une thèse relative à la juridiction, pour rejeter la doctrine du droit divin de l'épiscopat, et pour voir même dans celle-ci une menace de limitation des pouvoirs du Souverain Pontife (Cfr Mgr Staffa, art. cit. p. 20). C'est une théorie bien étrange que celle qui, sous couvert de soucis juridiques, prétend ériger ainsi les pouvoirs épiscopaux en face de ceux du successeur de Pierre. Le Collège dont il est question dans le schéma, c'est toujours le collège avec sa tête, uni à sa tête, tel qu'il a été institué par le Seigneur: 1° Quand le Seigneur a envoyé ses douze apôtres prêcher et enseigner toutes les nations, il les a envoyés ensemble, et l'Esprit qui leur a été donné les a unis pour toujours dans une même communion. 2° Lorsque le chef du Collège règle l'exercice des pouvoirs de ses collègues, ceux-ci y reconnaissent l'exercice d'un pouvoir propre et suprême, établi par le Seigneur, contre lequel le leur, si suprême soit-il également, ne saurait entrer en conflit. De sorte qu'il n'y a pas dans l'Église deux pouvoirs suprêmes mais un seul, un pouvoir apostolique, établi par le Christ, dont le Souverain Pontife a la direction. Si l'on hésitait à être net sur ce point du droit divin des pouvoirs épiscopaux, Vatican II serait en recul par rapport à Vatican I, qui ne mettait pas ce point en question (comme le montrent les déclarations de Mgr Zinelli, rapporteur de la Députation de la Foi), et se proposait de le définir.

2° *Sur la notion de Collegium des Pères de l'Église*

Il est vrai, certes, que les Pères n'ont pas donné à la notion de *collegium* des précisions que, sous l'action de l'Esprit Saint, elle reçoit en cette période contemporaine de l'Église. Mais, si l'on considère la vie de l'Église, la réalité de ce Collège apparaît dès les origines avec une grande vigueur. C'était une donnée vécue plus que professée.

Si l'on voulait comparer la notion antique et la notion moderne du Collège, on pourrait dire ceci: le Collège des évêques, pour les Pères, c'était essentiellement l'*ordo* dans lequel le nouvel élu entre par la consécration, et dont il acquiert les pouvoirs en prenant sa part de responsabilité et de service. — Le Collège des évêques, au sens contemporain, apparaît plutôt comme constitué ontologiquement par l'*unité de la mission* donnée par le Christ à son Église et confiée dès l'origine au groupe des douze Apôtres. On s'est peut-être attaché à l'époque récente moins à l'*ordo* qu'à la permanence et à la transmission de la *mission* apostolique, moins à un service chrétien accompli dans l'Église à l'image et au nom du Christ qu'aux pouvoirs et au mandat ecclésiastiques reçus, moins en définitive à l'aspect mystérique et à la réalité de vie cachée de la hiérarchie qu'à son aspect temporel et à sa structure visible.

Ces différends poseront, certes, des problèmes aux théologiens et aux canonistes au lendemain du Concile. Mais qui oserait prétendre qu'il n'y a pas homogénéité entre l'une et l'autre notion de collège et de hiérarchie? Qui oserait soutenir qu'il puisse s'agir ici et là de deux réalités différentes? S'il est vrai que la conception actuelle pèche encore par défaut de précision, c'est plutôt par un insuffisant ressourcement dans la doctrine la plus traditionnelle. On peut penser que les Églises d'Orient, par la providence de Dieu activement présentes au Concile au moment où s'élabore la doctrine de la collégialité épiscopale, peuvent encore apporter beaucoup pour la maturation et l'élaboration de ces données, par le rappel vivant qu'elles constituent de la doctrine de l'Église des Pères.

3° Sur l'exercice de l'autorité épiscopale

Certains auteurs en sont venus jusqu'à contester la doctrine théologique des pouvoirs, traditionnelle depuis le Moyen-Age, chez S. Thomas en particulier, et qui a toujours été en harmonie avec la pratique de l'Église.

Selon cette théologie traditionnelle, les pouvoirs ministériels ont une réalité ontologique, spirituelle; ils sont conférés par la réception d'un *ordre*, dont la juridiction règle l'*exercice* et détermine l'application en tout point où celle-ci n'est pas déterminée par la nature même des choses. Cette distinction entre les pouvoirs conférés par la consécration ou par l'ordination et l'usage de ces pouvoirs (cfr. S. Thomas, in lib. IV Sent. d.19.Q.1.a.3, sol. 1) est en étroite relation avec le problème de la collégialité épiscopale.[1] Cela est clair chez S. Thomas qui explique

---

1. Cfr. J. Lécuyer, *Études sur la Collégialité épiscopale*, Lyon, 1964, chapitre 4. — Cette distinction est tout-à-fait classique en théologie, et le reste toujours dans la période qui va du Concile de Trente au Premier Concile du Vatican, comme l'a montré récemment le Professeur Giuseppe Alberigo, *Lo sviluppo della dottrina sui poteri nella Chiesa universale*. Rome, 1964.

Pour le Concile de Trente lui-même, les textes sont innombrables où les Pères ont affirmé que les évêques reçoivent dans leur consécration leurs pouvoirs «ad regendas animas», «ad regendam ecclesiam Dei»; ainsi parlent de nombreux évêques cités pp. 40-41; 43; 46, etc... Ils ajoutent toutefois que cette «potestas» est «subordinata tamen ad summum monarchum pontificem maximum»: celui-ci, expliquent-ils «confert materiam», ce qui correspond exactement à la conception de la juridiction que nous trouvons chez S. Thomas. Ainsi par exemple, l'évêque de Montemarano: «Aliudque esse ius, aliud usum iuris; ius igitur in hoc casu est potestas faciendi, quae a Christo est, usus autem iuris est a summo Pontifice ... qui neque potentiam in habitu, neque in actu episcopis dat, sed aliquid facit, per quod potentia in actu sequitur... Episcopis itaque pontifex dat tantum materiam, non autem potestatem, et si materia aufertur, uti auferre potest, remanet potestas» (Ibid. p. 41).

Cette terminologie se retrouve dans un très grand nombre d'auteurs; il est même remarquable que ce sont souvent les plus ardents défenseurs du pouvoir du Pape qui sont aussi les défenseurs d'un certain pouvoir de juridiction conféré aux évêques par leur

comment certains pouvoirs spirituels demeurent même dans l'Église schismatique, en s'appuyant sur ces lignes attribuées à S. Cyprien: «Qui nec unitatem spiritus nec conventionis pacem observat, et se ab Ecclesiae vinculo atque a *sacerdotum collegio* separat, nec *episcopi* potestatem habere potest nec honorem» (Summa IIIa, q. 39, a.4, sed Contr. et corp.).

Selon cette théologie classique, affirmer que le pouvoir des évêques s'exerce selon sa nature comme un pouvoir *propre* n'empêche nullement — et telle est la disposition traditionnelle du droit — qu'il puisse être *limité* — non seulement dans son application, mais quant aux conditions même de son exercice ou relativement à certains cas réservés. Ces différentes conditions sont venues constituer tous les éléments de la notion de juridiction (sur l'histoire de cette notion au Moyen-Age, cfr. M. Van de Kerckhove, *La notion juridique chez les Décrétistes et les premiers Décrétalistes*, dans Études Franciscaines, 49, 1937, pp. 420-455).

Cette théologie médiévale des pouvoirs est demeurée classique en Occident jusqu'au XIXe siècle. Mais à cette époque, une nouvelle école, formée surtout aux disciplines des juristes, et développée dans le cadre d'une ecclésiologie de l'Église comme *societas* plutôt que comme *communio*, a élaboré une conception des pouvoirs ministériels basés sur une analogie stricte avec les pouvoirs de gouvernement d'une société quelconque. Cette conception trop extrinséciste et profane entraîne une perte grave de la perspective mystérique, ontologique des pouvoirs qui fondait la théologie traditionnelle. Le Concile de Vatican II, en retournant à des données plus classiques, et en n'urgeant pas sur des catégories exagérément juridiques et profanes, manifeste le souci de la tradition dans la vie de l'Église.

4° *Sur la responsabilité des Évêques à l'égard de l'Église universelle.*
Pour les auteurs opposés à l'idée collégiale, un collège épiscopal

---

consécration elle-même: ainsi l'évêque de Vérone, Girolamo Trevisan (cité p. 48), le légat du Pape Seripando (p. 51) etc...

D'autres, dont par exemple l'évêque de Nicastre, G.A. Pacchinetti, qui sera plus tard Innocent IX, affirment que par la consécration tout évêque contracte un lien matrimonial avec l'Église universelle, lien que le Pape lui-même ne saurait briser. Cette doctrine était, selon l'affirmation du même prélat, celle de nombreux canonistes du 13ᵉ au 15ᵉ siècle, celle en particulier de Enrice di Susa, bien connu sous le nom de l'*Ostiensis* (p.61, ss. Ibid.)

En fait, la position prise par Laynez, qui réserve à la consécration épiscopale uniquement la collation des pouvoirs concernant l'administration des sacrements, est loin d'être conforme à la plus authentique tradition (ibid. p. 75, ss.): la majorité *romaine* au Concile de Trente ne partage pas cette opinion, qui demeure en fait très isolée. On remarquera à ce sujet les déclarations de Gabriele Paleotti, auditeur de la Rote, l'un des représentants officiels de la Curie Romaine au Concile (ibid. p. 77 et 85). Et le Pape Pie IV lui-même, comme nous le fait savoir une lettre du Card. Amulio au Card. Seripando, rejette la position de Laynez (p. 95-101)

conscient de sa responsabilité dans l'Église pourrait devenir une menace envers les pouvoirs du Souverain Pontife et constituerait un retour de flamme du gallicanisme (cfr. N. Lattanzi, dans *Divinitas*, 1964, p. 62-96).

Cependant, c'est bien une doctrine traditionnelle[2] que la consécration donne à tout évêque un certain nombre de pouvoirs sur l'Église universelle (l'usage de ces pouvoirs demeurant toujours sous l'autorité du pape). C'est en effet sur cette base qu'on a considéré comme obligatoire la convocation des évêques titulaires au Concile de Trente (cfr. G. Alberigo, op. cit. ch. 2, p. 103-178); cette conviction sera également celle de Benoît XIV (ibid., p. 177, note 149). Cette doctrine se manifeste plus encore dans l'autorité reconnue par l'Église aux conciles tant oecuméniques que provinciaux ou régionaux.

On peut donc penser que la doctrine de la collégialité épiscopale élaborée par Vatican II, loin de s'opposer à celle des Pères, est en harmonie avec la doctrine la plus profonde et la plus traditionnelle de l'Église catholique.

2. Au XVIIIe siècle il faut citer les travaux très importants de Martin Gerbert von Hornau, dont la thèse fondamentale est exprimée en ces termes: «... episcopi collegium apostolorum repraesentant, non excluso Petro, sed ei indissolubiliter coniuncto collegio episcoporum, quod succedit collegio apostolorum» (p. 238). «Quae ergo singulariter accepit Petrus in ecclesiae regimine munia, ea in successores transmisit, haud minus ac collegii apostolici praerogativae in episcoporum collegium sunt derivatae, quas nimirum ordinario iure gubernandae ecclesiae sunt necessaria» (p. 242)

Il faut citer encore les écrits du Dominicain Cristianopoulo, au couvent de la Minerve, qui vont dans le même sens: «Essendo di tutti esse insieme composte il corpo episcopale, ognuno di loro ha parte nella giurisdizione universale da Gesù Cristo istituita sulla sua Chiesa, ma vi ha parte non da sè, bensi nel complesso di tutto il Corpo, *a singulis in solidum pars tenetur*, secondo l'espressione di S. Cypriano» (p.278).

Même Ballerini, tout préoccupé de défendre la primauté pontificale, soutient que les pouvoirs des évêques au Concile viennent directement du Christ (p. 298 ss.). Il faut en dire autant de nombreux autres théologiens romains, et spécialement de Bolgeni, dont l'œuvre est bien connue; pour ce dernier, les évêques reçoivent dans leur consécration un pouvoir universel sur toute l'église, pouvoir qui leur est donne «non divisamente considerati», mais en tant qu'ils forment «il corpo episcopale con pontefice romano alla testa succedente al collegio apostolico» (p.340-341).

Les polémiques qui précédèrent le premier Concile du Vatican ne réussirent pas à diminuer cette conviction traditionnelle. C'est ainsi que le canoniste vénitien Giovanni Politi considère comme hérétique ceux qui nient qu'un certain pouvoir sur l'Église universelle soit conféré par la consécration, tout en maintenant que l'exercice de ce pouvoir dépend évidemment du pape (p. 355 s.). Mauro Capellari qui deviendra le Pape Grégoire XVI écrit: «(La giurisdizione universale) vien di vescovi comunicata immediatamente da Dio ma non basta per l'attuale governo, e l'altra vien loro comunicata dalla chiesa per oezzo del Papa suo capo» (p. 364)

Les textes du Concile du Vatican I sont bien connus, spécialement ceux des Relatores de la Commission de la Foi. Il est inutile de les citer ici, mais il faut souligner combien ces déclarations supposaient que cet enseignement était bien traditionnel: «in episcopis coniunctis cum suo capite supremam inesse et plenam ecclesiasticam potestatem in fideles omnes» (Zinelli, Mansi 52, 1109 C).

V. APPROBATION FINALE PAR LE PAPE PAUL VI

Cette pièce ajoutée ici en appendice contient l'approbation finale de la *Nota explicativa Praevia* par le Pape en date du 13 novembre 1964

SACROSANCTUM ŒCUMENICUM CONCILIUM VATICANUM II
COMMISSIO DE DOCTRINA FIDEI ET MORUM

Romae, 17 novembris '64

E.me ac Rev.me Domine,

cum a quibusdam Patribus Commissionis Doctrinalis manifestatum fuerit desiderium habendi exemplar epistulae pontificiae, qua Beatissmus Pater gratulatur de laboribus nostrae Commissionis et gratias rependit, benedictionem Suam singulis membris impertiendo, gratum mihi est unicuique supradictae epistulae exemplar, ope lucis impressum mittere, simulque meam quoque gratiarum actionem addere de sapienti ac sollerti collaboratione in Commissione impertita.

Qua par est observantia me profiteor

Tibi addictissimum
(signé) A. Card. OTTAVIANI

E.mis ac Rev.mis Patribus Commissionis Doctrinalis Concilii Œcumenici Vaticani II

Signor Cardinale!

Le restituiamo i documenti che Ella ieri ci ha inviati relativi al capitolo terzo dello schema conciliare «De Ecclesia». Siamo lieti di dare il nostro benestare alla redazione definitiva del testo di detto capitolo, come pure alla nota illustrativa della «expensio modorum».

Le siamo grati delle Sue cortesi premure, come pure lo siamo per il lavoro svolto dalla Commissione «De doctrina fidei et morum», che Ella ha presieduta.

Sia segno della nostra riconoscenza la nostra Benedizione apostolica. Dal Vaticano. 13 Novembre 1964.

(signé) Paulus PP. VI-

Al Signor Cardinale ALFREDO OTTAVIANI
Presidente della Commissione Conciliare «De doctrina Fidei et Morum»

VI

EXTRAITS DE LA «CHRONIQUE» DE S. TROMP

Note d'introduction
Nous présentons ici deux extraits de la «chronique» tenue par le Père S. Tromp, qui est un compte rendu analytique des principaux événements survenus à la Commission doctrinale.
a. Nous extrayons du compte rendu pour la période du 15 mars au 16 juillet 1964, les pages qui concernent les délibérations des 5 et 6 juin 1964.
b. Nous reproduisons du compte rendu, pour la période du 17 juillet au 31 décembre 1964, les trois passages qui concernent le chapitre III du schéma De Ecclesia et la Nota Praevia en octobre et novembre 1964.

Données biographiques
Sebastiaan Tromp (13.03.1889 — 08.02.1975), qui était originaire des Pays-Bas, devint jésuite (1907), enseigna au Theologicum de la Société à Maastricht (1926), en fut nommé professeur à la Faculté de Théologie de la Grégorienne à Rome (1929).
Parmi les nombreux ouvrages qu'il publia, retenons ses considérations sur l'Action Catholique et des écrits mariologiques. L'intérêt qu'il porte à l'œuvre du Card. Bellarmin aboutit à l'édition des inédits de cette grande figure.
Mais ce fut son enseignement sur la doctrine du Corps Mystique qui le plaça à l'avant-garde de la théologie romaine sous Pie XI et contribua, semble-t-il, à la publication de l'encyclique du même nom sous Pie XII. Consulteur au Saint-Office, il fut dès l'abord secrétaire de la Commission doctrinale préparatoire de Vatican II et eut une part importante dans la rédaction du «De Ecclesia» préconciliaire. La refonte complète de ce texte fut confiée à Mgr Philips dès le début de 1963 à la suite du tournant important pris par le Concile au cours de la première session.
Ceci eut pour effet de reléguer le Père Tromp à l'arrière-plan. Quoique de tendances divergentes, S. Tromp et G. Philips avaient déjà collaboré auparavant. L'un et l'autre avaient eu dans le passé des centres d'intérêt proches et s'étaient parfois trouvés ensemble, notamment lors de la préparation des Congrès mondiaux pour l'apostolat des laïcs, quoique généralement dans un style assez différent.
Au sein de la Commission doctrinale de Vatican II, la collaboration du Père Tromp avec Mgr Philips témoigna par la suite d'une grande loyauté: les liens personnels d'estime et d'amitié entre le théologien hollandais et le théologien flamand furent constants jusqu'au bout du Concile, ainsi qu'en témoigne leur correspondance.

En tant que responsable officiel du secrétariat de la Commission doctrinale le Père S. Tromp s'était imposé le devoir de rédiger régulièrement un compte-rendu analytique des discussions en Commission. Ce compte-rendu ne recevait pas le sceau d'une approbation officielle mais n'en constituait pas moins un aide-mémoire utile.

Cette *relatio* de la Commission doctrinale couvre l'entièreté du concile en sept sections dont la première débute en février 1963 et la dernière s'achève en décembre 1965. Les extraits de notre chapitre VI proviennent de ce compte-rendu du Père Tromp auquel G. Philips fait explicitement référence dans son mémoire «Notes pour servir à l'histoire...»

Pour des données biographiques concernant Sebastiaan Tromp, voir notamment: J.N. BAKHUIZEN VAN DEN BRINK, dans *Gregorianum* 57 (1976), pp. 365-372; J.T.P. BARTEN, *S. Tromp*, dans *Biografisch Woordenboek van Nederland*, t. I, La Haye, 1979, pp. 594-599; H. SCHAUF, *Zur Textgeschichte grundlegender Aussagen aus «Lumen Gentium» über das Bischofskollegium*, dans *Archiv für katholisches Kirchenrecht*, 142 (1972), pp. 5-147.

J.G.

I. RELATIO SECRETARII DE LABORIBUS COMMISSIONIS DE DOCTRINA FIDEI ET MORUM
(15 Martii — 16 Iulii 1964)

Cet extrait concerne les travaux de la Commission du 1er au 7 juin 1964.

Caput II. Sessiones plenariae Commissionis Doctrinalis (1-8 Iunii 1964)

Ut iam supra notavi in sessionibus plenariis non mixtis, habitis ineunte mense Iunio quattuor fore obiecta primaria:
1. Definitiva redactio textus *de Revelatione*
2. Definitiva redactio Capitis *de B.M. Virgine*
3. Revisio textus *de Collegialitate*
4. Definitiva redactio Capitis *de Relatione Ecclesiae peregrinantis et Ecclesiae coelestis.*

Ut quantum fieri potest conservare possim ordinem chronologicum, incipiam a Capite Mariologico et Mariano. (...)

Capitulum tertium. Revisio textus de Collegialitate Episcoporum sec. suggestiones missas a R. Pontifice.

Die 19 Maii 1964 Em. Praeses Commissionis doctrinalis accepit epistolam Secretarii Generalis, Exc. D.P. Felici, communicantis Summum Pontificem, auditis personis qualificatis, etiam ex Commissione doctrinali, necnon suggestionibus quibusdam ab iisdem factis circa Episcoporum Collegialitatem, voluisse ut eaedem suggestiones transmitterentur ad Commissionem doctrinalem, ut earum haberet rationem in redigendo textu definitivo. Deinde Secretarius Generalis in epistola diei 27 Maii 1964 scripsit insuper Papam desiderare accuratam examinationem duorum punctorum: 1° quomodo probaretur id quod dicitur initio Cap. III num. 22: Petrum et ceteros Apostolos constituere *statuente Dominoa* unum collegium; deinde 2° num munus solvendi et ligandi uni Petro datum Mt. 16,19 et munus tributum collegio Mt. 18,18 sufficiant ad probandum potestatem collatam personaliter, etiam collatam fuisse collegio in sensu Schematis. Postea autem Summus Pontifex voluit ut hac in re Commissio doctrinalis edoceretur a Commissione Pontificia Biblica.

Examinatio *Suggestionum* inchoata est die 5 Iunii 1964 hora 17.50 post finitam revisionem Schematis de divina Revelatione. Hora 17.50 leguntur epistolae Secretarii Generalis et hora 17.57 responsiones Commissionis Biblicae. Post pausam birratam 18-18.15 incipit studium Suggestionum. Rogat Em. Koenig, quomodo intellegendae sint normae acceptae et respondet Em. Praeses se interrogasse Papam et Papam dixisse de Suggestionibus libere disputari posse. Deinde loquitur Exc. Parente, Praeses Subcommissionis de Collegialitate: dicit Suggestiones admitti posse, etsi non sint necessariae; immo fieri posse ut proponantur suggestiones aliae, meliores quam illae a Papa missae. Hora 18.44 loquitur Em. Browne: dicit assertionem: Corpus Episcoporum esse subiectum supremae potestatis, multum debilitatam esse responso Commissionis Biblicae dicentis exegetas non esse concordes in explicandis verbis Mt. 16,18 et 18,18 de potestate solvendi et ligandi. Quibus dictis rogat Exc. Charue, quinam sit valor responsionis Commissionis Biblicae. Replicat Em. Browne et observat Secretarius examinationem quaestionis prius commissam fuisse Commissioni doctrinali, deinde eidem subtractam et concreditam Commissioni Biblicae. Ergo...

Post haec praeliminaria, hora 18.55, inchoatur examen Suggestionum. Prima suggestio, ut nempe num. 18, ubi de Primatu, legatur addita voce *firmiter*: «Cunctis fidelibus firmiter credendum proponit», statim accipitur.

Secunda suggestio respicit num. 21: proponitur ut dicatur quod munera Episcoporum docendi et regendi, *natura sua* non exerceri possint nisi in unione cum S. Pontifice. Loquuntur plures. Proponit relator Philips, consentiente Congar ut scribatur, *ultima natura sua*. Deciditur autem hora 19.05 ut secundum suggestionem legatur *natura sua*, non autem *ultima natura sua*.

Deinde agitur de quaestione num *statuente Domino* S. Petrus et ceteri Apostoli forment unum collegium. Audito responso Commissionis Biblicae deciditur hora 19.07, ut remaneant verba: *statuente Domino*.

Facta hac decisione agitur de suggestione in num. 22 post verba «Concilia celebrata» addendi *praesertim œcumenica*. Loquuntur D'Ercole, Maccarrone, Gagnebet. Proponit Exc. Henriquez ut verba addantur, sed non prorsus eodem loco, sed paulo post. Placet et providebit Ill.mus Philips. Hora 19.15 finis sessionis.

Continuatur examen *Suggestionum* die 6 Iunii hora 9.30 in aedibus Vaticanis, vid. in septima sessione plenaria, Praeside Em. Ottaviani.

Postquam electi fuere relatores pro singulis Capitibus in tertia periodo Concilii, peritus Maccarrone ponit de novo problema collegialitatis: ex Scriptura probari nil posse, ideo seligenda esse ex Traditione elementa reapse certa. Sese opponit Exc. Charue: decisionem Commissionis Biblicae non obstare textui uti iacet, ideoque manendum esse in decisis. Rev. P. Ciappi notat in citando Concilio Vaticano bene distingui debere decreta Conciliaria et dicta theologorum et relatorum; collegialitatem nec probari ex Scriptura nec etiam ex Traditione: redeundum esse ad Schema Commissionis Theologicae non admissum, non quia doctrina displacebat, sed ob formam nimis scholasticam. Contra loquitur Exc. Ancel dicens Commissionem ligari decisione de collegialitate in aula facta. R.P. Betti putat responsum Commissionis Biblicae perfici posse ex allocutione Pii XII et ex dictis relatoris Gasser in Conc. Vaticano I. Hora 10.15 deciditur: «missa quaestione generali, potius agatur de Suggestionibus in concreto».

Hora 10.15 Ill.mus Philips refert de mandato sibi heri commisso circa Concilia de quibus in num. 22. Proponit ut legatur: «itemque Concilia *coadunata*... ordinis episcopalis indolem et rationem collegialem significant, *quam manifeste comprobant Concilia Oecumenica, decursu saeculorum in Ecclesia celebrata. Eandem vero iam annuit etc.*» Placuit redactio.

Hora 10.20 disputatur de Suggestione legendi num. 22: «huiusque integra manente potestate Primatus in omnes sive Pastores, sive fideles». Non dicitur «primatialis» tum ob latinitatem, tum etiam quia potestas primatialis includit quoque potestates infrapapales. Placet emendatio, etiam hac de causa, quia conformis est quaestioni 30 Oct. 1963 in aula propositae. Loco verum: «integre *servata*» scribitur «integre *manente*».

Hora 10.28 incipit discussio num dici debeat R.Pontificem habere potestatem in Ecclesi*am* vel in Ecclesi*a*. Deciditur ut legatur in Ecclesi*am* sicut et paulo post dicitur Episcopos in Ecclesi*am* habere potestatem: placuit autem in contextu legere non: «Ecclesiae Capitis», sed magis biblice «Ecclesiae *Pastoris*». Cf. Ioh. 21, p. 16-17. Deinde ubi dicitur quod R. Pontifex in exercenda potestate debet gaudere libertate, placet scribere: «semper libere exercere valet», non vero «semper *et* libere».

Hora 11.05 disputatur de Suggestione facta ab Exc. Colombo vid. redeundi in eodem num. 22 ad antiquam lectionem: vid. quod potestas (collegialis) «iuxta Capitis ordinationem sit exercenda». Exc. Parente proponit aliam suggestionem, vid. legendi: «quae quidem potestas independenter a Romano Pontifice exerceri nequit». Loquuntur Colombo, qui putat a quibusdam non satis retineri doctrinam Vaticani I, Parente, D'Ercole, Philips et Em. Koenig. Ab Exc. Spanedda proponitur: «iuxta ordinationes a Capite datas vel probatas». Post quam dixerant quoque Salaverri et Betti factum est suffragium et cum votis 13 contra 7 et duo alba, hora 11.40 admittitur lectio Parente.

Hora 11.40 coepta est disputatio de parallelismo inter Mt. 16,19 et 18,18. Rogat Ill.mus Philips ut deleatur illud *enim* et ut ad Mt. 18,18 adducantur textus paralleli Novi Testamenti. Hora 11.45 ponitur quaestio num in num. 22 in verbis «Episcopi, primatum Capitis *sui* fideliter servantes», parva emendatione facta, legi debeat loco «Capitis *sui*» (i.e. Capitis Collegii) «Capitis Ecclesiae». Loquuntur plures et suffragio facto deciditur (18 contra 4), ut textus maneat sicuti est, quippe quia in textu praecise agatur de relatione Capitis et Collegii.

Hora 11.55 agitur de suggestione in fine num. 22 scribendi non ut iacet: «dummodo Caput Collegii eos ad actionem collegialem invitet» sed mutatis verbis: «dummodo ipse in Domino devinctus, eos ad actionem collegialem vocet». Rogatus a Praeside dicit Secretarius verba «uni Domino devinctus» accipi posse sensu morali: «unice Domino responsabilis» vel etiam sensu ontologico ad mentem Bonifatii VIII et Pii II: «utpote cum Domino unum Caput constituens». Hanc considerationem Christologicam deesse in toto Schemate de Hierarchia et Episcopis: et esse originem totius miseriae. Loquuntur adhuc plures donec rogat Praeses: «Estne nova formula necessaria?» et deciditur hora 12.13 ut textus maneat sicuti est. Solummodo loco *invitet* scribatur secundum suggestionem: *vocet*.

Hora 12.13 agitur de initio num. 23, ubi comparatur potestas Romani Pontificis et singulorum Episcoporum. Deciditur ut statuantur facta, missa comparatione, ideoque tolluntur verba «*sicut...ita*».

Hora 12.17 consideratur suggestio ad num. 25 ut vid. loco «Collegii Episcoporum Caput» scribatur «omnium Christianorum Pastor». Exc. Schroeffer non placet vox *christiani*, dicatur potius *Christifideles*. Loquuntur Moeller et Congar. Placet ut maneat «Collegii Episcoporum Caput», sed ut insuper addatur «omnium Christifidelium Pastor».

Hora 12.24 sermo fit de ultima suggestione vid. ut in num. 27 in medio primae alineae loco «ultimatim regatur» ponatur «coordinandum sit». Suggestio, utpote redactio debilior, non videbatur opportuna. Et sic hora 12.25 finis impositus est *Suggestionum* examini.

Die autem 7 Iunii 1964 Suae Sanctitati missa fuit relatio ab Ill.mo Philips conscripta de *Suggestionum* examine, additis rationibus, cur aliae acceptae essent, aliae vero non essent admissae.

II. a) RELATIO SECRETARII DE LABORIBUS COMMISSIONIS DE DOCTRINA FIDEI ET MORUM
(17 Iulii — 31 Decembris 1964)

Cet extrait couvre les travaux de la Commission, du 19 octobre au 6 novembre 1964.

Periodus Altera (16 Oct.-8 Nov. 1964)

Periodus modorum, paucis aliis interrupta.

Quia postea de *Modorum* problemate et examine fusius agam, hic de modis tantum obiter dicam et latius de paucis aliis hoc tempore in Sessionibus plenariis tractatis.

19 Oct. 1964.

Hora 16.30 Sessio Commissionis loco solito in Vaticano. Absunt E.mus Léger necnon Exc. mi Dearden, Wright, Spanedda, Doumith et Volk. Adsunt 23 periti. Quia paucae emendationes ad Cap. I iam discussae erant die 28 Sept. incipitur a Cap. II et agitur de emendationibus ad numeros 9-15.

Hora 18.15 fit discussio de modo procedendi circa modos Cap. III. E.mus enim Praeses acceperat epistolam datam ab Exc.mo Dell'Acqua, substituto Secretarii Status, rogante ut in Commissione advisoria parva de modis, quando ageretur de Cap. III, adesset etiam repraesentans minoritatis et mitigaretur decisio de non redeundo ad antea decisa. Loquuntur Exc.mi McGrath, Granados et Secretarius Tromp, qui explicat modum obiective procedendi in parva commissione. E.mus Ottaviani rogat ut parvae Commissioni addantur pro Cap. III ad membra 4 ordinaria (Exc.mus Charue, duo Secretarii, respectivus relator) duo alia quorum unus ex minoritate. Votatione facta apparet Exc.mum Granados accepisse 15 suffragia, Exc.mum Franic 6. Quare nil deciditur. Exoptant plura membra ut Secretarius referat Exc.mo Substituto de modo procedendi honesto.

Hora 18.50 absente E.mo Ottaviani revisio modorum Cap. II num. 13-15. Hora 19.30 finis.

22 Oct. 1964.

Consessus plenarius hora 16.30 in Aula solita Vaticana. Venit E.mus Praeses hora 16.40. Absunt E.mus Léger, E.mus Koenig necnon Exc.mi Florit, Seper, Parente, van Dodewaard et Abbas Gut. Adsunt 30 periti.

Hora 16.45-17.35 Exc.mus Roy (utpote medius inter E.mos Santos et Koenig) legit relationem in Aula habendam de B.M. Virgine. Postquam Exc.mus Garrone in memoriam vocaverat dicta anno praeterito in Aula a Card. Frings, vid. Schema inire viam mediam, ideoque convenire ut fiant ex utraque parte sacrificia, exoritur discussio quae imprimis respiciebat *viam mediam*, quae vox non placet Exc.mis Granados et Fernandez, et *concordiam* in sinu Commissionis. Rev.mus Abbas Gut putat illam concordiam non esse nimis extollendam. Hac de re proponit Secretarius ut scribatur esse concordiam in Commissione de iis quae in Schemate proponuntur, quae solutio ut nimis diplomatica non accipitur. Postquam de novo dixit Rev.mus Fernandez de via media et post observationes E.mi Browne et Exc.morum Dearden, Charue et Garrone, accipitur hora 17.50 relatio cum quibusdam modificationibus.

Hora 17.50 inchoatur revisio modorum Cap. III, et hora 18.10 verba: «S.S. Synodus...docet» Exc.mum Spanedda movent ad rogandum, quaenam sit Capitis qualificatio. Verba faciunt Exc.mus Henriquez, cui respondet interrogator, Rev.mus Butler, Exc.mus Charue et Rev. P. Gagnebet notans Schema continere plura controversa. Secretarius in memoriam revocat qualificationis historiam[1], addendo vim inferri veritati, si dicatur controversa fuisse omissa. Loquuntur dein E. mus Browne, et Exc.mi Poma et Colombo. Observato a Secretario hoc Schema utpote non mere dogmaticum, non gaudere eodem valore ac Schemata dogmatica Vaticani I, inquiritur ab Exc.mo Charue, cur in titulo Schematis sublata sit vox «dogmaticum». Ratio est quod Relator una cum Cap. I, ut typis ederetur obtulerat frontispitium, in quo deerat vox *dogmaticum* sicut postea tradidit frontispitium in quo vox iterum apparet.

Post infructuosam discussionem, non amplius actum est de modis, sed hora 19.05 finis sessioni imponitur.

23 Oct. 1964.

Hora 16.30 consessus in loco solito Vaticano, Praeside E.mo Browne, absente E.mo Ottaviani ob audientiam apud S. Pontificem. Nec adsunt E.mus Koenig, Exc.mi Florit, Franic et van Dodewaard, necnon Abbas Gut. Adsunt 28 periti. Legit Secretarius notulam E.mi Ottaviani in qua commendat verborum parsimoniam et ut scripto tradant res minores Secretario. Examinatis modis ad nn. 19 et 20, ad n. 21 reassumitur discussio de *muneribus*, collatis in consecratione episcopali, inde 17.10 usque ad horam 18.00 expletam, quando fit pausam. Repetit E.mus Browne *munera* docendi et regendi necessario implicare potestatem, et hac de causa vocem *munera* permitti non posse. Accedit Rev.mus

---

1. Instituta Subcomm. (Parente, Schroeffer, Fernandez), primae sessiones habitae sunt 20 et 25 Oct. 1963. Formula proposita a triumviris, in plenaria 28 Oct. non accipitur. Reformata formula a plenaria confirmatur 29 oct. et die sequenti mittitur ad Card. Moderat. Die 29 Nov. 1963 legitur formula in Aula, sed valde mutata ab auctore ignoto. Die 3 Mart. 1964 Subcommissio aucta (accedunt Ancel et van Dodewaard) praeparat novam redactionem, quae die sequenti reicitur, sed emendata probatur a plenaria die 6 Mart. 1964. — Videas dein infra ad 29 Oct. 1964.

Fernandez, arguens ex electione Papae, etiam si sit merus Sacerdos, accipit potestatem episcopalem in totam Ecclesiam ipsa electione ab eo acceptata. Etiam Episcopos ditari potestate regendi quando a Papa praeficiuntur alicui Ecclesiae, et etiam Papam sibi dixisse Episcopos in consecratione accipere idoneitatem tantum. E contra defendit Exc.mus Parente Episcopos electos nondum consecratos regere suam dioecesim ut Vicarios Papae. Exc.mus Spanedda consentit cum P. Fernandez dum Exc.mus Doumith ex visione orientali ad sententiam Exc.mi Parente accedit. Contrarium facit Exc.mus Colombo arguens e differentia Episcoporum residentialium et non residentialium, ex differentia missionis et consecrationis, tandem ex doctrina communi de potestate regendi et docendi collata Episcopis a Papa. Etiam post pausam E.mus Browne de novo protulit suam difficultatem contra munera, quae tamen remanserunt, et ad difficultates aliquatenus tollendas scriptum fuerit, quod exerceri debent nisi in *hierarchica* communione cum Collegii Capite et membris.

Hora 18.38 venit E.mus Ottaviani sub cuius ductu finitur hora 19.00 examen modorum n. 21-22.

24-25 Oct. 1964: vacat.

26 Oct. 1964.

Hora 16.30 consessus in Aula solita Vaticana Praeside E.mo Ottaviani. Non erant praesentes E.mi Koenig et Santos, necnon Exc.mi Scherer, Florit, Dearden, Franic, van Dodewaard et Abbas Gut. Aderant 32 periti. Initio communicat Secretarius Commissionem de Laicis rogare ut nominentur Relatores pro capitibus specificatis Schematis XIII et ab eadem Commissione proponi Wright (dignitas personae humanae), Dearden (matrimonium et familia), Charue (cultura), Hengsbach (oeconomia et ordo socialis), Schroeffer (solidarietas et pax). Approbat Commissio Doctrinalis relatores propositos.

Deinde usque ad finem agitur de modis ad n. 22, quibus usque ad ultimum examinatis clauditur sessio hora 19.15.

27 Oct. 1964.

Hora 16.30 Sessio Commissionis in Aula solita Congregationum Praeside E.mo Ottaviani. Absunt E.mi Browne et Koenig, Exc.mi Parente, Florit, Pelletier, Franic, Spanedda, Doumith, van Dodewaard, necnon Rev.mi Gut et Fernandez. Adsunt 23 periti.

Expediuntur feliciter modi de n. 23-27 Cap. III. Ad n. 25 perplures loquuntur de nova revelatione, quae non datur. Sed textus etsi imperfectus remanet, quia nihil proponitur, quod sit melius.

Finis hora 19.15.

29 Oct. 1964.

Hora 16.30 loco solito Sessio Commissionis Praeside E.mo Browne. Absunt E.mi Ottaviani, Koenig et Santos; Exc.mi Roy, Parente, Dearden, Schroeffer, Poma necnon Rev.mi Gut et Fernandez. Adsunt 22 periti.

Hora 16.38-18.38 examinantur ultimi modi Cap. III vid. ad numeros 28-30. Hora 17.35-17.50 discussio exorta est de positione religiosorum in collegio presbyterorum. Locuti sunt R.P. Congar et Exc.mi Garrone, Seper, Henriquez, Charue, necnon in fine Rev.mus Anastasius a S. Rosario. Hora 17.50-18.00 actum est de diacono benedicente matrimonio. Dixerunt Exc.mi Colombo, Seper et Doumith, qui putat dogmatice constare diaconum matrimonio benedicere non posse ob ritum orientalem, cui argumento sese opponit Relator Philips.

Hora 18.40 de novo approbatur textus de *qualificatione*, iam admissus a Commissione die 6 Mart. 1964. Sic finis imponitur positivus infructuosae disputationi diei 22 Oct. praecedentis.

Hora 18.42 incipit examinatio modorum ad Cap. *de Laicis*. Revidentur modi ad numeros 30-34. Hora 19.15 finis.

31 Oct — 3 Nov. 1964.

Vacant labores conciliares ob Sabb., Dom. et festa.

4 Nov. 1964.

Vespere hora 16.30 adunatio in solita aula Congregationum. Absente E.mo Ottaviani, praesidet E.mus Browne. Absunt E.mi Koenig et Léger, Exc.mi Parente, Florit, Schroeffer, Spanedda, van Dodewaard necnon Rev.mi Gut et Fernandez. Adsunt 18 periti. Monet scriptis E.mus Ottaviani ad laborem celerem; idem urget verbotenus Ill.mus Philips. Non infructuose, ut docet eventus.

Hora 16.37-17.00 revidentur modi nn. 35-38 et finitur labor circa caput *de Laicis*.

Hora 17.02 usque ad pausam h. 17.53 revidentur modi de nn. 39-42 et uno tractu expeditur cap. *de Sanctitate*.

Post pausam hora 18.12-19.25 revidentur modi nn. 43-47, i.e. totius capitis *de Religiosis*. Oritur hora 18.34 disputatio decem minutorum de adhibendis vocibus *vincula vel ligamina* loco *vota*, etiam, ut retulit Secretarius ob desiderium expressum a Commissione de Religiosis. Facta est decisio Salomonica scribendo: «vota vel alia sacra ligamina».

Haec decisio videtur non omnino placuisse Commissioni de Religiosis. Quare die 9 Nov. subsequente mane hora 12.00 habita est unio mixta quorumdam membrorum ex utraque Commissione. Ex parte Commissionis Doctrinalis aderant E.mi Ottaviani et Browne, Exc.mus Parente et Rev.mi Anastasius a S. Rosario, Butler et Fernandez; ex parte Commissionis de Religiosis Exc.mi Tabera Araoz, Philippe, Compagnone, Sipovic. Insuper Secretarii Tromp, Philips, Rousseau. Ultimus legit novam redactionem, quae substantialiter non differt ab emendatione facta a Commissione Doctrinali, nisi quod ligamina variis modis specificantur, quod non placuit, quippe quia ut notavit Ill.mus Philips agatur de Schemate dogmatico, non vero disciplinari. Placuit tandem omnibus ut n. 44 legaretur: «Per vota vel alia sacra ligamina, votis sua ratione assimilata».

De hac decisione Commissio tota Doctrinalis certior facta est in sessione vespertina eiusdem diei 9 Nov. Placuit omnibus.

6 Nov. 1964

Vespere hora insolita 16.00 in Aula consueta Vaticana sessio Commissionis praeside E.mo Ottaviani. Absunt E.mus Browne et Koenig, Exc.mi Wright, Schroeffer, Spanedda, Volk necnon Rev. mi Gut ac Fernandez. Adsunt 26 periti.

Hora 16.15-16.45 actum est de quibusdam generalioribus ad Relationem super modos Capitis III de Ecclesia.

Ad n. 22, ubi agitur de comparatione inter Collegium apostolicum et Collegium episcopale, E.mus Ottaviani rogat ut loco «*pari* modo» scribatur «*simili* modo». Defendunt «*pari*» Exc.mi Henriquez et Colombo. Exc.mus Charue suggerit «*eodem modo*». Postquam dixerunt Abbas Butler et Relator, hora 16.20 placet, ut remaneat «*pari*».

Deinde ad eundem n. 22 de novo quaestio movetur, quo modo quis fiat membrum Episcopatus. Exc.mus Doumith rogat ut quaedam dicantur de Patriarchis; idem consentiente Exc.mo Colombo, ut loco «potestate ad actum expedita» scribatur: «ad actum *canonice* expedita». Contradicente E.mo Ottaviani nil mutatur. Fiat tamen additio de Patriarchis.

Postea ad eundem numerum 22 de novo tractatur de natura potestatis Collegii Episcopalis sub R. Pontifice. Placet textus: «subiectum quoque *supremae* et *plenae* potestatis».

Quarto ad eundem numerum discutitur de relatione R. Pontificis et Collegii Episcopalis, seu de verbis «quae potestas non nisi *consentiente* R. Pontifice exerceri potest». Illud «*consentire*» non placet Exc.mo Parente, quippe quia consensus supponit aequales. Loquuntur Exc.mus Colombo, qui proponit «de consensu Capitis» necnon Relator et Abbas Butler. Hora 16.43 placet ut maneat «consentiente».

Expeditis hisce quattuor quaestionibus rogant Abbas Butler et Exc.mus Colombo, quomodo sese habeant verba praedicta cum relatione ad n. 22 (O), ubi legitur: «*independenter* a S. Pontifice». Non debere aliter scribi in textu, aliter in nota. Placuit tamen ut in nota remaneret: «*independenter* a S. Pontifice».

Hora 16.45 incipit revisio modorum de Cap. VIII *de B.M. Virgine*, et examinantur ad unum omnes. Ad n. 56 erat discussio de verbis «gratia plena», quae manent.

Finis hora 19.25.

II. b) RELATIO SECRETARII DE LABORIBUS COMMISSIONIS DE DOCTRINA FIDEI ET MORUM
(17 Iulii — 31 Decembris 1964)

Cet extrait rend compte des travaux de la Commission pendant le point culminant de la crise de la Nota Praevia le 12 novembre 1964.

12 Nov. 1964 — mane.

Hora insolita mane 11.15 in Aula solita convenerunt soli Patres (non igitur periti) ad deliberandum de *Nota Praevia* aliisque connexis ad emendationem Cap. III de Ecclesia. Praeside E.mo Ottaviani adsunt omnes exceptis E. mo Santos et Abbate Gut.

Iuvat quaedam praevia addere.

Die 9 Nov. in pausa sessionis, de qua supra, hora 18.03-18.26 una cum Exc.mo Colombo convenit praesidium Commissionis i.e. E.mus Praeses, duo Vicepraesides et duo Secretarii, ut audirent propositionem faciendam ab Exc.mo Colombo circa expensionem modorum Cap. III de Ecclesia. Rogavit ut expensioni modorum praecederet nova *Nota introductoria* ob obiectiones factas a pluribus Patribus. Maxime sese opposuit Ill.mus Philips ob modum abnormalem procedendi, quippe quia Nota certe procreatura sit graves criticas et temporis perditionem. Attamen statuitur, ut crastina die, i.e. 10 Nov., Exc.mus Colombo ulterius audiatur hora 16.00 ante sessionem plenariam.

Ut statutum erat die 10 Nov., in parva aula annexa convenit iterum praesidium cum Exc.mo Colombo, absente tamen Praeside Ottaviani. Tradit Exc.mus *Notam* magnam *introductoriam ad relationem de «Modis»*, quinque folia complectentem, hac de causa compositam, quia multi Patres in *Modis* suis procedere videntur ex non plene intellecta doctrina de potestate Episcoporum. Introductionis causa dicit Exc.mus Colombo notam tradi, audito Secretario Status, Commissioni Doctrinali ad cognitionem. Comparat modum agendi cum modo agendi Relatoris Gasser in Vat.I die 11 Jul. 1870 (Mansi 52, 1218-1230). Addit Papam cognoscere notam, sed relinquere plenam libertatem Commissioni Doctrinali.

Lecto documento, rogat E.mus Browne quid praesidium censeat. Rogatus Secretarius Tromp notat modum inusitatum procedendi cum periculo, ut iterum fiant rumores de machinationibus. Deinde non sic agi posse acsi Patres post datos modos nondum cognoscerent statum quaestionis. Fieri quoque posse ut *Nota* creet non effectum intentum a redactoribus, sed contrarium. Textum deinde probari debere a Commissione plenaria et provocare posse tot discussiones, ut labor de Revelatione ad finem adduci nequiret. Plura ex Nota iam inveniri in responsione ad Observationes, et quaedam fortunate ibidem non inveniri. Nil tamen obstare ut una aliave consideratio ex *Nota* intraret in *Responsionem* ad Modos. Etiam Secretarius Philips protulit similes difficultates, nec probabat comparationem cum modo agendi Gasser. E.mus Browne habuit gravem difficultatem, provenientem ex verbis Notae, quod in consecratione episcopali daretur vera potestas praeter sanctificatricem. Notavit insuper Ill.mus Philips iam nunc *Notam Praeviam* movisse attentionem preli. Se mane interrogatum fuisse ab ephemerista italo, an *Nota* conscripta esset a Papa ipso vel ab Exc.mo Colombo. Etiam Exc.mus Charue putabat non expedire ut *Nota* legeretur in Aula. Hora 16.40 exitus negativus communicatus fuit cum E.mo Ottaviani.

Die autem 10 Nov. E.mus Ottaviani accepit epistolam ab E.mo Secretario Status, in qua notificabatur Summum Pontificem velle, ut Commissio Doctrinalis faceret *Notam explicativam*, praemittendam textui Constitutionis, de valore et significatione Constitutionis. Quare die 11 Nov. h. 17.57-18.25 durante interstitio sessionis plenariae, iterum convocavit praesidium et decisum fuit ut crastina die 12 Nov. praesidium in S. Officio conveniret et hora subsequenti in Palatio Vaticano plenaria Comm. Doctrin. absque peritis.

Die igitur 12 Nov. in S.O. actum est de epistola Secretarii Status, qui addit suae epistolae quattuor documenta:
1° Emendationes quattuor faciendae in ipso *textu* de Ecclesia
2° addenda ad *relationem* generalem *de Modis*
3° Notula circa *Notam explicativam, praeviam textui*.
4° Votum non subscriptum alicuius periti.

Pontifex desiderat ut fiat *Nota* praevia, in qua habeatur responsio adaequata ad obiectiones prolatas a multis Patribus; quae *Nota* si daretur, fieri posset, ut in votatione ultima haberetur universalior adhaesio. Commissionem certe habere bonas rationes pro suo modo videndi, sed etiam afferore debere bonas rationes quibus solverentur difficultates. Insuper Pontifex desiderat ut quaedam puncta Schematis praecisius dicantur secundum annexum primum et peculiariter velle ut clare exprimatur dependentia constitutiva auctoritatis collegialis Episcoporum a Consensu Romani Pontificis.

Placuit igitur praesidio dicere hora 11.15 in plenaria, agi quidem de voluntate expressa Pontificis, sed eundem quoque velle ut emendationes ab ipsa Commissione procederent. Placuit insuper ut commendaretur strictissimum secretum. Tandem ut Ill.mus Philips referret de *Addendis ad relationem* generalem de Modis circa Cap. III, de *Mutandis in ipso textu*, et de conficienda nova *Nota praevia*.

Die 12 Nov. 1964 hora insueta 11.15 in loco solito Vaticano aderant omnia membra, exceptis E.mo Santos et Abbate Gut. Non aderant periti.

Post pauca verba introductoria de scopo sessionis hora 11.25, Ill.mus Philips refert de mutandis secundum desiderium Pontificis in ipso textu.

1º — de n. 22 pag. 64 lin. 11: «quae quidem potestas *independenter* a Romano Pontifice exerceri nequit». Clarius exprimi deberet illa dependentia. Potestas Papalis est semper in actu: potestas Collegii nisi volente Papa. In voto periti proponitur: «Quae quidem potestas non nisi consentiente R.P. exerceri potest, qui quod ad tale exercitium promovendum, dirigendum, approbandum bonum Ecclesiae respiciens secundum propriam discretionem procedit».

Relator rogat num redeundum ad: «Consentiente R.P.».

2º — de n. 23 pag. 66 lin. 24: «Coetus...qui salva *fidei* unitate, gaudent propria disciplina». Non sufficit unitas fidei, sed salva etiam esse debet «unica divina constitutio Ecclesiae super Petrum fundata».

Relator putat in fide iam omnia comprehendi, sed nihil obstare contra additionem.

3º — de n. 28 pag. 72 lin. 18: «potestas sacra, quae ex voluntate Christi in Episcopis residet». Quae verba non sunt exacta, quia Christus dedit consecrationem et missionem mediantibus Apostolis, quod est addendum.

Relator non videt difficultatem contra additionem.

4º — de n. 28 in fine pag. 75 in proponendis *Suffragiis* dicitur quod diaconatus hominibus maturis conferri potest approbante R. Pontifice. Non sufficit probatio Papae, ei soli res reservetur.

Relator observat hoc dici non posse sine conflictu cum decisione Patrum in Aula.

Hora 11.38 refert Ill.mus Philips de *Addendis ad Relationem de Modis*: vid. n. 1 quod parallelismus inter Petrum et Apostolos ex una parte, et Papam et Episcopos ex altera non significat aequalitatem et 2 quod potestas Episcoporum ut transeat in actum eget «canonica seu iuridica determinatione per auctoritatem hierarchicam». Etiam expediret addere ad n. 24 quod potestas illa datur iuxta normas a suprema auctoritate approbatas et quod circa exercitium clare distinguatur oportet inter validitatem et liceitatem. Insuper quod documenta recentiorum Pontificum circa iurisdictionem episcopalem explicari debent de hac necessaria potestatum determinatione, supra indicata.

Placuit omnibus ut haec omnia exponerentur in Annexis ad expensionem Modorum, quibus dari posset nomen: *Nota Explicativa praevia ad Expensionem Modorum.*

Deinde Ill.mus Philips agit de quibusdam quaestionibus principalibus in *Nota* proponendis:

Hora 11.42 agit de notione *Collegialitatis*. Explicari debet agi de coetu stabili; deinde excludi, quod Episcopi participant dona extraordinaria Apostolorum; tandem excludi quod agitur de aequalitate ubi ponitur parallelismus inter Petrum-Apostolos et Papam-Episcopos, sed de proportionalitate. Hac praecisa de causa scriptum fuisse *pari modo*.

Hora 11.45 explicat Mons. Philips dicendum esse quod in consecratione episcopali dantur *munera*, non *potestates*, quippe quia ultima vox intelligi possit de potestate in actu. Clarius autem exponendum esse, quod, ut habeatur potestas Collegii expedite in actu, requiratur ulterior iuridica determinatio, ideoque in recentioribus documentis pontificiis agi de hac ulteriore determinatione.

Hora 11.49 Relator agit de *plena* potestate Collegii, quid significet. Ut autem clarius appareat vera significatio, expedire, ut addatur «Rom. Pontificem secundum propriam discretionem procedere ad collegiale exercitium ordinandum, promovendum, approbandum intuitu boni Ecclesiae».

Hora 11.54 tangitur quaestio cur dicere expediat «consentiente Capite». Etenim voce *con*sentiente excluditur extraneitas Capitis et clarius apparet communio membrorum et Capitis, dum ex altera parte clare indicatur necessitas actus, qui *soli* Romano Pontifici competit. Explicat dein Ill.mus Philips, quod, ubi agitur de exercitio munerum acceptorum in consecratione episcopali electam fuisse formulam, qua aperta maneret quaestio de liceitate vel validitate potestatis Episcoporum orthodoxorum, de qua re sunt variae theologorum sententiae.

Hora 12.02 incipit dialogus de mutandis in ipso textu. Rogat E.mus Koenig an Commissio sit obligata ad textum corrigendum. Respondet Praeses agi de voluntate Pontificis, sed fieri posse alias formulas si non contradicant dictis a Papa. Exc.mus Charue observat voluntatem Papae spectare *Notam*.

Monente Praeside agendum esse prius de re doctrinali fit discussio de «nonnisi consentiente Pontifice». E.mus Koenig rogat num ista verba contradicant maioritati. Loquuntur Exc.mi Schroeffer, Florit et Parente qui ultimus observat quod forsan potestas Papae fortius exprimitur in antiqua lectione «non independenter» quam in nova: «nonnisi consentiente».

Hora 12.09 inchoatur discussio de longa additione in textu, quod R.P. propria discretione intuitu boni Ecclesiae ordinat, approbat, promovet exercitium actus collegialis. Exc.mus Schroeffer ponit quaestionem num sit necessaria. E.mus Browne praeferret: «invitante et approbante Pontifice». Exc.mus Ancel rogat, ut dicatur clare agi de iure non de facto; Exc.mus Garrone putat additionem non esse necessariam, cui consentit Exc.mus Parente, addens additionem posse provocare difficultates historicas; Exc.mus Charue observat verba esse ex nota periti; Exc.mus Colombo putat addi debere: «iuxta traditionem Ecclesiae»; Exc.mus Granados desiderat maiorem clarificationem: Exc.mus Scherer dicit de verbis: *propria discretione*. Exc.mus Henriquez rogat ut verba non ponantur in textu, sed in Nota. Quod idem magis placebat Relatori, cui postea dicit Secretarius, verba ista minime imponi a Papa, sed esse desumpta ex voto periti, quo nullo modo obligamur.

Hora 12.29 agitur de addenda ad n. 23 de coetibus istis, qui gaudent propria disciplina etc., «salva fidei unitate», phrasi: «et unica divina constitutione universalis Ecclesiae supra Petrum fundata». Idem forsan brevius dici potest: «et hierarchica communione». E.mus Koenig rogat de opportunitate, de qua dubitant Abbas Butler et Exc.mus Doumith, ultimus propter orthodoxos. Rev.mus P. Anastasius putat verba sic abbreviari posse: «et unica Ecclesiae constitutione». E.mus Browne et Exc.mus Franic probant additionem; Exc.mus McGrath probat doctrinam, sed dubitat de effectu; Exc.mus Parente probat approbationem cum quadam praeoccupatione. Tandem Exc.mus Henriquez: «sufficit».

Relator putat nos mentem nostram Pontifici manifestare posse. Hora 12.55: finis.

12 Nov. 1964 — vespere

Hora solita 16.30 in Vaticano continuatur, iterum absque peritis, discussio mane habita. Praesidet E.mus Ottaviani absentibus E.mis Koenig et Santos, Exc.mis Parente, Florit, Dearden, Spanedda et Abbate Gut.

Praelegit Ill.mus Philips quattuor mutationes in textu: videlicet

n. 22 pag. 64. lin. 11 legatur: «quae quidem potestas non nisi consentiente Romano Pontifice exerceri potest (qui ad tale exercitium ordinandum, promovendum, approbandum, intuitu boni Ecclesiae secundum propriam discretionem agit)».

Deciditur: pars prima placet. Quad partem alteram, inter uncos (...) positam, rogetur Pontifex, ut ponatur in *Nota*.

n. 23 pag. 66 lin. 24 legatur: «Plures coetus, organice coniunctos, qui salva fide et unica constitutione universalis Ecclesiae (super Petrum fundata) gaudent propria disciplina».

Doctrina placet omnibus. Disputatur de opportunitate eorum quae sunt inter uncos. Forsan brevius: «salva fidei unitate et hierarchica Ecclesiae constitutione».

n. 28 pag. 72 lin. 18 legatur in textu correcto secundum Modos: «Christus quem Pater sanctificavit et misit in mundum, consecrationis missionisque suae, *per Apostolos successores eorum*, videlicet Episcopos, participes effecit».

Placet additio, in textu correcto facienda, omnibus.

n. 28 pag. 75 in suffragio de diaconatu tertio: «*De consensu Pontificis* diaconatus viris maturis, etiam in matrimonio viventibus, conferri potuerit». Placet omnibus.

Factis hisce quattuor decisionibus, distribuitur textus *Notae explicativae praeviae*, et hora 16.45 inchoatur eius examen.

Incipit discussio ab obiectione generali Exc.mi Schroeffer, qui arguit ex magisterio ordinario Ecclesiae. Etenim, ait, noluimus dirimere an magisterium ordinarium sit exercitium potestatis. Si autem est exercitium potestatis, est certe exercitium permanens. Si ergo dicimus exercitium potestatis Collegii Episcoporum non esse permanens eo ipso asserimus etiam exercitium Magisterii Ordinarii non esse permanens, quod noluimus. Respondit Secretarius antea decisum fuisse magisterium ordinarie esse infallibile ubi rem *definitive* dirimit: at certe non continuo definitive docet. Mons. Philips remittit obiicientem ad notam.

Post observationes generales placet omnibus ut *Nota praevia* praemittatur Observationibus ad Modos Cap. III de Ecclesia.

Dein fit relectio *Notae* quoad singula.

Rev.mus Anastasius a S. Rosario rogat ut in initio omittatur: «pro facilitate lectoris»: placet.

Exc.mus Volk approbat singulas doctrinas *Notae*, quae tamen complexive suggerit ideam Ecclesiam esse potius Petrinam quam Apostolicam. Quibus consentire nequit E.mus Praeses.

Deinde fit discussio de numero altero, ubi agitur de determinatione potestatis episcopalis. Loquuntur Exc.mus Seper, Exc.mus Doumith, qui in dubium vocat dicta de auctoritate patriarchali, E.mus Browne, Exc. mus McGrath, qui auditores attentos facit ad ea quae mox sequuntur: «iuxta normas a suprema auctoritate approbatas», et Exc.mus Ancel, qui desiderat ut melius distinguatur ius et facta historica, quare placuit ut in fine par. *In consecratione* adderetur: «Evidens est, quod haec 'communio' in *vita* Ecclesiae secundum adiuncta temporum applicata est, priusquam in iure veluti codificata est».

Tandem placuit, ut in numero tertio *Notae* in fine addantur ea quae non ita placebat addere in textu, scil. de potestate Rom. Pontificis exercitium Collegii ordinandi, promovendi, approbandi intuitu boni Ecclesiae secundum propriam discretionem.

Statuitur hora 17.22 ut referatur Summo Pontifici, qui iam die sequenti in epistola personali ad E.mum Praesidem gratias egit de labore Commissionis, una tantum observatione facta vid., ut in numero secundo *Notae*, ubi de determinatione canonica et iuridica potestatis episcopalis sermo est, delerentur verba: «nempe Summo Pontifice, vel in Ecclesiis Orientis, ab auctoritate patriarchali».

Et haec de *Nota praevia* sufficiant. Secretum autem hac in re fuit prorsus imaginarium. Non solum iam die 10 Nov. innotuerat ephemeristis, sed ante sessionem meridianam huius diei erronee intraverunt in Aulam Congregationum nonnulli periti, qui ibi inveniebant documenta mane Patribus distributa. Etiam in Aula Vaticana die 12 Nov. aliquis Episcopus notabilis collegis suis dixit Papam misisse Commissioni Doctrinali observationes ad reformanda documenta super modos ad Cap. III de Ecclesia.

II. c) RELATIO SECRETARII DE LABORIBUS COMMISSIONIS DE DOCTRINA FIDEI ET MORUM
(17 Iulii-31 Decembris 1964)

En appendice de cette partie de sa chronique, le Père Tromp joint quelques observations ultérieures qui ont trait à la publication de la Nota Praevia.

Addendum

Imprimis rogo lectorem benevolum, ut perlectis rebus gestis in Aula redeat ad ea quae in initio huius Relationis scripsi. Et quia in hac Relatione *Cap. III* de Ecclesia cum suis *Modis* et sua *Nota explicativa* notabilem partem occupat, iuvat in fine duo referre quae etsi posterius acta, tamen cum praedictis arcte connectuntur.

Mense Decembri actum est in praesidentia Commissionis Doctrinalis scripto et oretenus de edendis et publici iuris efficiendis omnes *Modos* ad Cap. III de Ecclesia. Rationes militantes pro publica editione erant:

a) ut sic poneretur obex nonnullis immoderatis interpretationibus a dextra et a sinistra;

b) publici iuris factam fuisse *Notam* explicativam, ideoque non videri cur non publici iuris fieri possent *Modi*;

c) Notam explicativam saltem pro iis Patribus, qui non sunt membra Commissionis Doctrinalis, non esse talem ut exhauriat quaestiones positas;

d) huiusmodi editionem magnae utilitatis fore pro theologis, imprimis numerosis illis, qui praeparant commentum ad Constitutionem de Ecclesia.

Secretarius negans paritatem rationis secundae, desirabat, ut in textu officiali *A.A.S.* saltem adderentur ii modi ad quos in *Nota explicativa* fit allusio. Ill.mus autem Philips commendabat editionem quorundem modorum, saltem eorum qui in enumeratione sequenti subliniati sunt: videlicet **12**, 22, *35*, *38*, **40**, 43, **53c**, **57**, *59*, 62, *63*, 65, *67*, 75, 77, 79, *80*, **81**, *83*, **84**, 87, 89, *93*, *101*, 106, *107*, *120*, *153*, 163, *168*, 179, 176, *190*.

Clarum est editionem officialem *Modorum* non fuisse nec esse competentiae Commissionis Doctrinalis, sed Secretariatus Generalis. Die 29 Dec 1964 Secretario Commissionis notificatum fuit Secretariatum Generalem censere editionem officialem Modorum non esse faciendam.

Volui tamen tradere membris Commissionis doctrinalis elenchum Modorum principalium, ab Ill.mo Philips confectum, quippe quia pro iis potest esse utilissimus.

Aliud quod mihi referendum videtur, utpote non minus connexum, est quod in ephemerida *Quotidiano* die (...) Nov. articulista scripsit *Notam explicativam* praelectam in Aula ad Cap. III de Ecclesia non habere vim officialem. Quod iam ex eo videtur falsum, quod *Nota explicativa* non tantum cum ipsa Constitutione edita fuit in l'*Osservatore Romano*, sed etiam in pulchra *editione officiali* mense Decembri 1964 omnibus Patribus Conciliaribus missa, sicut etiam in *A.A.S.*

Die autem 3 Martii 1965 l'*Osservatore Romano* pag. 1 modo valde notabili hanc dedit notitiam: «Poichè la Costituzione dommatica è approvata dal Concilio e promulgata dal Sommo Pontefice secondo la mente e alla luce di detta *Nota*, questa rimane fonte autentica d'interpretazione del grande documento Conciliare.»

Quod si haec relatio ad melius recordandum et aestimandum laborem Commissionis quid contulerit, labores suos bene remuneratos censebit Secretarius.

Seb. TROMP, S.J.

VII

TABLEAU SYNOPTIQUE
DE LA GENÈSE DE LA NOTA PRAEVIA

Mgr G. Philips souhaitait être autorisé à publier le rapport de la Commission doctrinale du Concile traitant d'un certain nombre de «modi» ou proposition d'amendement, qui furent à l'origine de la Nota Praevia. À l'époque, cette autorisation lui fut refusée.

Nous présentons ici en une synopse les étapes les plus importantes qui aboutirent aux quatre paragraphes de la Nota Praevia. La première de ces étapes rappelle précisément le texte et le traitement des «modi» en question. Nous en reproduisons ici, après chaque paragraphe, le texte original avec les motifs de leur rejet.

Ces textes proviennent tous du rapport de la Commission doctrinale généralement intitulé «Expensio Modorum» mais qui cette fois a pour titre: Modi a patribus conciliaribus propositi a commissione doctrinali examinati, Caput III (Typis polyglottis Vaticanis MCMLXIV).

Nous reprenons donc après chaque paragraphe:
a) tous les «modi» auxquels la Nota Praevia fait explicitement référence; ces modi sont chaque fois suivis des motifs de leur rejet.
b) tous les «modi» qui dans ce rapport font référence à un des paragraphes de la Nota Praevia.
À droite de chaque «modus» cité, les initiales E.M. (Expensio Modorum) font référence au rapport de la Commission.

Dans une première phase de rédaction, le 2 novembre 1964 G. Philips avait fait un projet de texte, conçu comme des *Addenda ad Relationem Generalem* (texte que nous indiquons par le sigle A; cf. P.075.N.P.02). Lors de la réunion de la Commission doctrinale du 6 novembre 1964, ce texte a subi quatre corrections (un changement dans le n° 1 et 2 et deux additions dans le n° 4), que G. Philips a notés de sa main pendant la session même sur un exemplaire de son propre projet (notre sigle A'; cf. P.075.N.P.03-exemplar in sessione adhibitum). Il a repris les mêmes

* Nous tenons à exprimer ici nos sentiments de reconnaissance à l'égard du professeur M. SABBE, qui a accepté de remanier ce tableau synoptique afin d'y intégrer les variantes et d'en mieux dégager les lignes fondamentales.

corrections sur un autre exemplaire de son projet, après la session, en modifiant légèrement la correction dans le n° 1 (notre sigle A"; cf. P.075.N.P.02).

Dans une deuxième phase de rédaction, le 11 novembre 1964 G. Philips a remanié le texte précédent, en le présentant cette fois comme un projet d'une *Nota Explicativa Praevia* (notre sigle B; cf. P.075.N.P.02). Il a adapté la phrase d'introduction et a employé des variantes des textes A, A', A" dans le n° 1. Dans le n° 2 il a interprété la *hierarchica determinatio* qui doit se faire selon des normes approuvées par l'autorité suprême et à la fin il a ajouté deux lignes sur les documents récents qui concernent la jurisdiction des évêques chinois. Dans le n° 3 la fonction de la tête dans le collège est explicitée et à la fin il a insisté sur le droit du Suprême Pontife à choisir la façon (personnelle ou collégiale) de prendre soin du gouvernement de l'Église. Sauf quelques légères modifications (de l'*indesinenter*, du *non-indesinenter* et des *intervalla*) et une variante pour la collaboration des évêques avec le Pape, il a gardé tout le n° 4. Il a fait suivre l'ensemble d'un N.B. sur l'usage valide et l'usage licite du pouvoir. À son tour ce texte de la *Nota Explicativa Praevia* a subi trois corrections dans la réunion de la Commission doctrinale qui a eu lieu le 12 novembre 1964 (les experts étant absents), corrections que G. Philips a ajoutées sur un exemplaire de son projet (notre sigle B'; cf. P.075. N.P.02): de l'introduction on a laissé tomber l'incise «pro facilitate lectoris», tandisqu'on a ajouté dans le n° 2 après la deuxième alinéa la phrase «Evidens est...» et dans le n° 3 à la fin une remarque ultérieure sur la façon de laquelle le Romain Pontife procède à l'usage collégial de son pouvoir «Romanus Pontifex...». Notre sigle B" (cf. P.075.N.P.02) représente le dernier état du texte que G. Philips, en supprimant dans le n° 2 l'allusion à l'autorité patriarcale, a élaboré pour répondre à une observation du Pape du 13 novembre. C'est ce dernier état du texte que l'Autorité suprême a fait lire en assemblée générale du 16 novembre 1964.

NOTA EXPLICATIVA PRAEVIA

A	B	B'
Ad quas observationes		
Commissio statuit	Commissio statuit, pro facilitate lectoris, expensioni *Modorum*	Commissio statuit expensioni Modorum
sequentia esse respondenda:	sequentes observationes generales praemittere.	sequentes observationes generales praemittere

A	B
1° *Collegium* non intelligitur sensu *stricte iuridico*, scilicet de coetu aequalium, qui potestatem suam praesidi suo demandarent, sed de coetu stabili, cuius structura et auctoritas ex Revelatione deduci debent. Quapropter in Responsione ad Modum 12 explicite de Duodecim dicitur quod Dominus eos constituit «ad modum collegii seu *coetus stabilis*». Cf. etiam Mod. 53 c. Ob eandem rationem, de Collegio Episcoporum passim etiam adhibentur vocabula *Ordo* vel *Corpus*.	1° *Collegium* non intelligitur sensu *stricte iuridico*, scilicet de coetu aequalium, qui potestatem suam praesidi suo demandarent, sed de coetu stabili, cuius structura et auctoritas ex Revelatione deduci debent. Quapropter in Responsione ad Modum 12 explicite de Duodecim dicitur quod Dominus eos constituit «ad modum collegii seu *coetus stabilis*». Cf. etiam Mod. 53 c. Ob eandem rationem, de Collegio Episcoporum passim etiam adhibentur vocabula *Ordo* vel *Corpus*.

A	A'	A"	B
Quia autem parallelismus	Quia autem parallelismus	Parallelismus	Parallelismus

A	B
inter Petrum ceterosque Apostolos ex una parte et Summum Pontificem et Episcopos ex altera parte, non implicat	inter Petrum ceterosque Apostolos ex una parte et Summum Pontificem et Episcopos ex altera parte, non implicat

A	A'	A"	B
	transmissionem potestatis extraordinariae Apostolorum	quod etiam munus extraordinarium Apostolorum ad successores eorum transmittitur,	transmissionem potestatis extraordinariae Apostolorum ad successores eorum,
identitatem munerum inter caput et membra,			*neque, uti patet, aequalitatem inter Caput et membra Collegii,*

A	A'	A"	B
sed solam indicat	sed solam indicat	sed solam	
proportionalitatem	*proportionalitatem*	*proportionalitatem*	
inter primam	inter primam	inter primam	
relationem	relationem	relationem	
	(Petrus et Apostoli)	(Petrus - Apostoli)	
et alteram,	et alteram	et alteram	
	(Papa-Episcopi).	(Papa-Episcopi).	
	Ideo	Unde	

A	B
statuit Commissio scribere p. 63, lin. 16-19, non «eadem» sed «pari ratione». Cf. Mod. 57.	Commissio statuit scribere, pag. 63, lin. 16-19, non *eadem* sed *pari* ratione. Cf. Modus 57.[1]

---

1. *Comparer les Modi 12, 53 et 57*:

AD NUMERUM 19 MODUS 12 (E.M. p. 9)

Modus 12 — Pag. 60, lin. 14: Loco expressionis: «*ad modum collegii* instituit», 99 Patres proponunt ut dicatur: «ad modum *coetus stabilis* instituit», dum 152, e contra, proponunt: «ad modum collegii *seu coetus stabilis* instituit». 10 Patres suggerunt formulam: ad modum *cuiusdam* collegii», dum 9 alii diversas variantes minores eiusdem formulae inducere vellent. 10 denique Patres formulam inducere vellent. 10 denique Patres formulam ipsam delendam esse aestimant.

R. — Secundum illa quae dicuntur in Relatione, pag. 81, C, scribatur: «ad modum collegii *seu coetus stabilis* instituit».

AD NUMERUM 22 MODUS 53 (E.M. p. 17-18)

Modus 53 — Pag. 63, lin. 13ss.: Rogat unus Pater ut Concilium Vaticanum II, in sua loquendi ratione, melius exprimat mentem Concilii Vaticani I, in quo definitum est erga primatialem Petri et eius successorem potestatem, «cuiuscumque ritus et dignitatis *Pastores* atque fideles, tam *seorsim singuli* quam *simul omnes*, officio *hierarchicae subordinationis veraeque oboedientiae obstringi*» (Denz. 1827). Constanter haec relatio subordinationis exprimenda esset per particulam «*sub*».

Timet ne ex textu deducatur supremam auctoritatem Romani Pontifici, ut et Petro, competere *qua et quatenus*, reduplicative, est Caput Collegii Episcoporum.

Admittit existentiam Collegii 12 Apostolorum, sed putat collegium illud per eorum mortem cessasse. Denique affirmat collegium *proprie dictum* Episcoporum non posse probari ex S. Scriptura et aestimat argumenta allata in n. 22 solummodo probare ius ecclesiasticum, non divinum, collegialitatis Episcoporum.

R. — S. Synodus iteratim et solemniter inculcat doctrinam Vaticani I, inde a numero 18 et deinceps. Particula «*sub*» pluries adhibetur, sive explicite, sive aequivalenter per verba «*cum Capite*», quod evidenter stat *supra*.

Diserte vitata est dictio secundum quam Romanus Pontifex *formaliter ut* caput Collegii auctoritatem suam obtineret.

Quod *Collegium* non intelligitur ut coetus *aequalium*, qui potestatem suam Praesidi demandarent, iam apparet ex responsione ad Modum 12, ubi dicitur «ad modum collegii *seu coetus stabilis*». Sententia huius Patris iam nota erat quando Commissio statuit dicere Collegium Apostolorum in Corpore Episcoporum usque ad finem temporum esse perduraturum, ut patet ex Scriptura, praesertim ex Mt. 28,20, et Traditione. Cf. num. 20.

AD NUMERUM 22 MODUS 57 (E.M. p. 19)

Modus 57. — Pag. 63, lin. 16-19: 381 Patres admittunt quidem *aliquem* parallelismum inter collegium apostolicum et collegium episcopale existere, sed non parallelismum *perfectum.* Quapropter 5 ex illis proponunt ut *deleantur* verba: «eadem ratione», dum 376 P. potius rogant ut eis substituantur aliae formulae, v. gr. «*simili modo*», vel «*simili ratione*», vel «*pari ratione*» vel «*similiter*», vel «*ita etiam*», vel «*ita*». 1 tandem P. proponit: «*exinde R. Pontificem, successorem Petri, et Episcopos, successores Apostolorum, inter se coniungi oportere concluditur*».

R. — Scribatur: «*pari ratione*», ut 376 Patres satisfactionem obtineant. Expressio «pari ratione» enuntiat *proportionalitatem in* structura utriusque collegii, non vero perfectam identitatem.

A	B
2° Aliquis fit *membrum Collegii* vi consecrationis episcopalis et communione hierarchica cum Collegii Capite atque membris. Cf. p. 63, lin. 33-36.	**2°** Aliquis fit *membrum Collegii* vi consecrationis episcopalis et communione hierarchica cum Collegii Capite atque membris. Cf. p. 63, lin. 33-36.
In *consecratione* datur *ontologica* participatio *sacrorum munerum*, ut indubie constat ex Traditione, etiam liturgica.	In *consecratione* datur *ontologica* participatio *sacrorum* munerum, ut indubie constat ex Traditione, etiam liturgica.
Consulto adhibetur vocabulum *munerum*, non vero «potestatum», quia haec ultima vox de potestate *ad actum expedita* intelligi posset.	Consulto adhibetur vocabulum *munerum*, non vero «potestatum», quia haec ultima vox de potestate *ad actum expedita* intelligi posset.
Ut vero talis expedita potestas habeatur, accedere debet hierarchica determinatio,	Ut vero talis expedita potestas habeatur, accedere debet *canonica seu iuridica determinatio*
quae consistere potest in concessione particularis officii vel in assignatione subditorum, et	

A	A'	B	B"
quae datur a superiore auctoritate, nempe a Summo Pontifice, vel, in Ecclesiis Orientis, a Patriarcha.	quae datur a superiore auctoritate, nempe a Summo Pontifice, vel, in Ecclesiis Orientis, ab auctoritate Patriarchali.	per auctoritatem hierarchicam, nempe Summo Pontifice, vel, in Ecclesiis Orientis, ab auctoritate Patriarchali.	per auctoritatem hierarchicam.

A	B
	Quae determinatio potestatis consistere potest in concessione particularis officii vel in assignatione subditorum *et datur iuxta normas a suprema auctoritate adprobatas.*
Huiusmodi ulterior norma *ex natura rei* requiritur, quia agitur de	Huiusmodi ulterior norma *ex natura rei* requiritur, quia agitur de

A

muneribus quae a *pluribus subiectis,* hierarchice ex voluntate Christi cooperantibus, exerceri

B

muneribus quae a *pluribus subiectis,* hierarchice ex voluntate Christi cooperantibus, exerceri

A   **B**

debent.   debent.

B'

debent. Evidens est quod haec «communio» *in vita* Ecclesiae applicata est, secundum adiuncta temporum, priusquam *in iure,* velut codificata fuerit.

A

Quapropter signanter dicitur, requiri *hierarchicam* communionem cum Ecclesiae Capite atque membris. *Communio* est notio quae in antiqua Ecclesia (sicut etiam hodie praesertim in Oriente) in magno honore habetur. Non intelligitur autem de vago quodam *affectu,* sed de realitate *organica* quae iuridicam formam exigit et simul caritate animatur. Unde Commissio, fere unanimi consensu, scribendum esse statuit: «in *hierarchica* communione». Cf. Modum 40, et etiam illa quae dicuntur de *missione canonica,* sub n. 24, p. 67, lin. 17-24.

B

Quapropter signanter dicitur, requiri *hierarchicam* communionem cum Ecclesiae Capite atque membris. *Communio* est notio quae in antiqua Ecclesia (sicut etiam hodie praesertim in Oriente) in magno honore habetur. Non intelligitur autem de vago quodam *affectu,* sed de realitate *organica* quae iuridicam formam exigit et simul caritate animatur. Unde Commissio, fere unanimi consensu, scribendum esse statuit: «in *hierarchica* communione». Cf. Modum 40, et etiam illa quae dicuntur de *missione canonica,* sub n. 24, p. 67, lin. 17-24.

Documenta recentiorum Summorum Pontificum circa iurisdictionem Episcoporum interpretanda sunt de hac necessaria determinatione potestatum.[2]

---

2. *Comparer les Modi 40 et 96:*

AD NUMERUM 21 MODUS 40 (E.M. p. 14)

Modus 40 — Pag. 62, lin. 33 ss.: Alii Patres (17, quibus accedunt alii 5) addendum proponunt: ...nonnisi in communione cum Collegii Capite et membris *atque iuxta ordinationes supremae Ecclesiae auctoritatis* exerceri possunt. Alii duo addere volunt *accedente missione canonica;* 12 autem: *mandato accepto a Christi Vicario,* vel *per provisionem canonicam,* vel *missione accepto a successore Petri,* vel Communione a *Capite Collegii concedenda.*

R. — Additio non est necessaria, quia res satis exprimitur per verba praecedentia *de requisita communione.* Qui enim contra ordinationes supremae Auctoritatis procedere vellet, certe *a communione recederet.* Istiusmodi autem ordinationes ex natura rei necessariae sunt, quia agitur *de pluribus* subiectis qui communiter agere debent. Quod fieri nequit sine normis a suprema auctoritate approbandis. Cf. *Nota explicativa praevia, sub n. 2.*

AD NUMERUM 22 MODUS 96 (E.M. p. 29)

Modus 96 — Pag. 64, lin. 22-24: Proponit unus Pater ut loco: «sub uno Capite ...

exprimit», scribatur: «*in communione cum* Capite collectum, *fide caritateque* unitatem gregis Christi exprimit». Ratio: textus propositus tantum agit de grege collecto *sub* Capite. Atque unitas gregis efficitur et exprimitur *in notione communionis*, iuxta totam traditionem, ne unitas concipiatur modo mere humano et quasi physico. Ergo addenda est notio essentialis communionis, quae ad naturam compaginis pro grege pertinet.

R. — Ut antea dictum est, in responsione ad Modum 40, «communio» intelligitur ut «*hierarchica*», a. v. non *mere* consistit in affectu caritatis, sed nititur in exstructione, organis et normis praedita; quae quidem compago caritate animatur. Evidens est autem quod haec «communio» in *vita* Ecclesiae applicata est, priusquam *in iure* velut codificata fuerit. Cf. *Nota explicativa praevia*, sub n. 2.

A	B
3° Collegium, quod sine Capite non datur, dicitur «*subiectum quoque supremae ac plenae potestatis* in universam Ecclesiam existere» Quod necessario admittendum est, ne plenitudo potestatis Romani Pontificis in discrimen poneretur. Collegium enim necessario et semper Caput suum cointelligit.	3° Collegium, quod sine Capite non datur, dicitur: «*subiectum quoque supremae ac plenae potestatis* in universam Ecclesiam existere» Quod necessario admittendum est, ne plenitudo potestatis Romani Pontificis in discrimen poneretur. Collegium enim necessario et semper Caput suum cointelligit. *quod in Collegio integrum servat suum munus Vicarii Christi et Pastoris Ecclesiae universalis.*

A.v.	A.v.
distinctio non est inter Romanum Pontificem et Episcopos collective sumptos, sed inter Romanum Pontificem seorsim et Romanum Pontificem simul cum Episcopis. Quia vero Summus Pontifex est *Caput* Collegii, ipse solus quosdam actus facere potest, qui Episcopis nullo modo competunt, v.g. Collegium convocare et dirigere, normas actionis approbare, etc. Cf. Modum 81.	distinctio non est inter Romanum Pontificem et Episcopos collective sumptos, sed inter Romanum Pontificem seorsim et Romanum Pontificem simul cum Episcopis. Quia vero Summus Pontifex est *Caput* Collegii, ipse solus quosdam actus facere potest, qui Episcopis nullo modo competunt, v.g. Collegium convocare et dirigere, normas actionis approbare, etc. Cf. Modum 81. *Ad judicium Summi Pontificis, cui cura totius gregis Christi commissa est, spectat, secundum necessitates Ecclesiae decursu temporum variantes, determinare modum quo haec cura actuari conveniat, sive modo personali,*

A	B	B'
	sive modo collegiali.	*sive modo collegiali.* Romanus Pontifex ad collegiale exercitium ordinandum, promovendum, approbandum, intuitu boni Ecclesiae,

A	B	B'
		secundum propriam discretionem procedit.[3]

---

3. *Comparer le Modus 81*:
AD NUMERUM 22 MODUS 81 (E.M. p. 25-26)
   Modum 81 — Pag. 64, lin. 10: 164 Patres proponunt ut deleatur vocabulum: «*plenae*», ne plenitudo potestatis Summi Pontificis in discrimine ponatur.

   R. — Textus agit de *suprema* potestate, quam tribuit collegio, *una cum et sub Capite suo*, Romano Pontifice: talis potestas necessario dicenda est *plena*. Per suppressionem vero propositam, ipsa plenitudo potestatis Romani Pontificis in discrimine poneretur. Collegium enim necessario et semper Caput cointelligit; a. v. distinctio non est inter Romanum Pontificem et ceteros Episcopos collective sumptos, sed inter Romanum Pontificem seorsim et Romanum Pontificem simul cum Episcopis, ut dicitur in *Nota explicativa praevia, sub n. 3.*

A	A'	B
4º Summus Pontifex, utpote Pastor supremus totius Ecclesiae, suam potestatem *indesinenter exercet.*	4º Summus Pontifex, utpote Pastor supremus totius Ecclesiae, suam potestatem *indesinenter exercet,*	4º Summus Pontifex, utpote Pastor supremus Ecclesiae, suam potestatem omni tempore ad placitum exercere potest,
	ut ab ipso suo munere requiritur.	sicut ab ipso suo munere requiritur.
Collegium vero, licet semper existat, non indesinenter	Collegium vero, licet semper existat, non indesinenter	Collegium vero, licet semper existat, non propterea permanenter
agere debet;	agere debet;	actione *stricte* collegiali agit, sicut ex Traditione Ecclesiae constat.
a.v. non semper est in actu pleno, immo raris intervallis actu stricte collegiali agit et *nonnisi consentiente Capite,*	a.v. non semper est «in actu pleno», immo raris intervallis actu stricte collegiali agit et *nonnisi consentiente Capite,* Dicitur autem «*consentiente* Capite» ne cogitaretur de *dependentia* velut ab aliquo	A.v. non semper est «in actu pleno», immo nonnisi per intervalla actu stricte collegiali agit et nonnisi *consentiente Capite,* Dicitur autem «*consentiente Capite*» ne cogitetur de *dependentia* velut ab aliquo

A	A'	A''	B
extraneo. Terminus	extraneo; terminus	extraneo; terminus	extraneo; terminus

	A	**A'**	**B**
		«consentiens» evocat e contra *communionem* inter Caput et Membra, et implicat necessitatem actus qui	«consentiens» evocat e contra *communionem* inter Caput et Membra, et implicat necessitatem *actus* qui
ut		Capiti proprie competit. Res	Capiti proprie competit. Res

A

affirmatur explicite p. 64, lin. 11-13, et explicatur ib., lin. 29-43. Formula negativa *nonnisi* omnes casus comprehendit: unde evidens est quod *normae* a suprema Auctoritate approbatae semper observari debent. Cf. Mod. 84.

In omnibus autem apparet quod agitur de *cooperatione* Episcoporum cum Papa, numquam vero de actione Episcoporum *independenter* a Papa. In quo casu, deficiente actione Capitis, Episcopi agere ut Collegium nequeunt, sicut ex notione Collegii patet. Idea autem *cooperationis* omnium Episcoporum cum Summo Pontifice in Traditione certe solemnis est.

B

affirmatur explicite p. 64, lin. 11-13, et explicatur ibid., lin. 29-43. Formula negativa *nonnisi* omnes casus comprehendit: unde evidens est quod *normae* a suprema Auctoritate approbatae semper observari debent. Cf. Modus 84.

In omnibus autem apparet quod agitur de *coniunctione* Episcoporum *cum Capite suo*, numquam vero de actione Episcoporum *independenter* a Papa. In quo casu, deficiente actione Capitis, Episcopi agere ut Collegium nequeunt, sicut ex notione Collegii patet. Haec hierarchica communio omnium Episcoporum cum Summo Pontifice in Traditione certe solemnis est[4].

---

4. *Comparer les Modi 67, 84 et 87*:

AD NUMERUM 22 MODUS 67 (E.M. p. 22)

Modus 67 — Pag. 63, lin. 36s.: Loco «auctoriatem non habet», dicatur: «*non est*», quia Romanus Pontifex non tantum auctoritatem, sed ipsam *existentiam* Collegio tribuit (3 Patres).

R. — Haec mutatio *contradicit* textui, in quo supponitur quod *agere sequitur esse*, et non e converso. Ex quo tamen non sequitur collegium semper motu prorio ad exercitium transire posse. Hoc enim facere non potest nisi «in hierarchica communione», id est *secundum normas* a suprema auctoritate approbatas, ut postea explicite dicitur, in fine numeri 22. Neque sequitur collegium *semper esse «in actu pleno»*. Cf. *Nota explicativa praevia, sub n. 4*.

Ib.: 4 Patres suggeruntut ad hibeatur *formula positiva*: «auctoritatem habet quando ...». Invocant casum Papae qui haereticus vel schismaticus fieret. Formula negativa, aiunt, difficultates suscitaret sub respectu oecumenico.

R. — Propositio debilitaret textum.

AD NUMERUM 22 MODUS 84 (E.M. p. 26)

Modus 84 — Pag. 64, lin. 11: 19 Patres proponunt ut post verbum: «existit, addatur: «*de consensu Capitis exercenda*», dum 4 alii Patres proponunt: «*iuxta ordinationes Pontificis exercendae*». Vel: «a Capite Collegii *determinanda* vel *specificanda*».

R. — Scribatur: «quae quidem potestas *nonnisi consentiente* Romano Pontifice exerceri potest». Particula negative «*nonnisi*» omnes omnimo casus comprehendit. Unde etiam evidens fit quod haec potestas normas ab auctoritate suprema approbatas observare debet. Cf. *Nota explicativa praevia, sub. n. 4.*

AD NUMERUM 22 MODUS 87 (E.M. p. 27)

Modum 87 — Pag. 64, lin. 11-12: 5 Patres proponunt ut loco: «independenter... nequit» scribatur: «*in unione cum Romano Pontifice exerceri debet*».

R. — Formula negativa de se est explicitior. Ceterum haec potestas *non semper* actu pleno exerceri *debet*. Cf. etiam *Nota explicativa praevia, sub n. 4.*

B

N.B. Sine communione hierarchica munus sacramentale-ontologicum, quod distinguendum est ab aspectu canonico-iuridico, exerceri *non potest.* Commissio autem censuit non intrandum esse in quaestiones de *liceitate* et *validitate*, quae relinquuntur disceptationi theologorum, in specie quod attinet ad potestatem quae de facto apud Orientales seiunctos exercetur, et de cuius explicatione variae exstant sententiae.

APPENDICE

VIII

LA CONSTITUTION «LUMEN GENTIUM» AU CONCILE VATICAN II

La constitution, schéma conciliaire «De Ecclesia», fut promulgée solennellement, sous le titre «Lumen Gentium», lors de l'assemblée de clôture de la Troisième Session (21 novembre 1964) par le Pape Paul VI, au nom du Concile.

Pour mieux saisir la portée de cet important document, il convient de connaître les principales impressions des participants à la Troisième Session, notamment au sujet de la suite de l'historique de cette déclaration dogmatique sur l'Église en tant qu'objet de foi.

I

La première impression concerne la diffusion fort rapide d'une conception élargie et approfondie de l'Église et son adoption quasi unanime par les Pères du Concile.

Cela ressort notamment du *contenu des deux premiers chapitres*: «Le Mystère de l'Église» et «Le Peuple de Dieu», qui forment un tout. Le projet original ne faisait aucune mention de l'Église en tant que «mystère» et n'indiquait par la relation existant avec le dogme principal du Christianisme, à savoir la Sainte Trinité. La déclaration que nous commentons maintenant, commence par le dessein de salut que Dieu le Père a réalisé par l'œuvre du Fils fait homme et par l'envoi du St-Esprit, de sorte que l'Église apparaît comme l'unité communiquée des trois personnes divines. Le texte définitif est une déclaration d'une riche substance biblique concernant la révélation de l'être et de la mission de l'Église, que Jésus a fondée et dans laquelle nous vivons.

Certaines considérations de ce document doctrinal méritent une attention particulière. L'unique Église du Christ, dit le texte, est constituée par la communauté catholique qui est dirigée par le successeur de Pierre

---

* Article paru dans la revue *De Maand* en février 1965 (éd. Nauwelaerts) (traduction française qui à l'époque n'a pu être revue par Mgr Philips avant d'être mise en circulation).

et les évêques réunis avec lui. Le terme utilisé est «*subsistit in*», ce qui est assez difficile à traduire; l'expression signifie que l'Église du Christ est pleinement présente, elle est «en vigueur», dans l'organisation ecclésiastique dont le chef suprême est Rome. Il n'est pas confirmé qu'elle «est» l'Église romaine, sans plus, car comme l'explication qui y est jointe, le précise, il existe en dehors de cette institution visible des éléments d'Eglise de sainteté et de vérité. Cela démontre déjà que la conscience œcuménique a atteint presque tous les Pères conciliaires. Pour eux, la division des chrétiens est devenue un problème qu'ils se refusent à éluder.

Un autre aspect notable est le développement du parallélisme entre l'Incarnation et le mystère de l'Église. Tout en soulignant les points de ressemblance, on signale aussi une différence. L'Église poursuit l'œuvre du Christ souffrant et persécuté, en suivant la même voie vers la glorification. Mais le Christ était pur de tout péché, alors que l'Église doit combattre le péché en son sein, chez ses dirigeants et ses membres. Sa seule force, qui fait d'elle le signe et la cause du salut, provient de l'Esprit du Christ, elle a été érigée en tant que sacrement du salut, non pour rechercher des triomphes humaines, mais dans l'humilité et la réceptivité devant les dons du salut de Dieu.

Le second chapitre, traitant du peuple de Dieu en pérégrination est intimement lié au premier. Le nouveau peuple rassemblé est la continuation et la recréation d'Israël dans l'Alliance définitive instaurée par le Christ. La description de l'Église prend ainsi sa *dimension historique*. Ce chapitre contient encore la première déclaration doctrinale officielle au sujet du *sacerdoce universel* des fidèles et de son expérience vécue par les sacrements, et du «sens de la foi» de tout le peuple chrétien, à partir des évêques jusqu'au dernier laïc croyant, comme le dit St. Augustin. Les dons charismatiques que le St-Esprit dispense à son gré, sans acception de personne, sont mentionnés formellement. Pour les simples chrétiens, et même pour nous, les prêtres, cette ancienne doctrine est quelque peu «nouvelle», et il nous faudra une méditation sérieuse pour l'assimiler et la communiquer de façon claire.

Dans son unité, le Peuple de Dieu présente la plus grande diversité dans le temps et dans l'espace: c'est là le véritable sens de sa catholicité. Il est indispensable de déterminer avec précision ses relations avec les catholiques, les chrétiens séparés, les non-chrétiens et même les incroyants. Ne sont membres de l'Église, au sens plein du terme, que les catholiques qui, dans l'esprit du Christ, professent la vraie foi, acceptent tous les moyens de salut et restent unis au pouvoir instauré par le Christ. Cela ne doit pas les porter à la vanité, mais les inciter à avoir une conscience plus aiguë de leurs responsabilités. Néanmoins, l'Église reste unie de diverses façons — imparfaites certes — aux autres chrétiens. L'accent est constamment mis sur l'aspect positif de ce problème. Cette modification favorable de perspective est le fruit des changements intervenus dans la situation et du rapprochement que le St-Esprit favorise sous nos yeux. A l'arrière-plan il y a le problème de l'innombrable masse des non-chrétiens; de ce point de vue, les données fondamentales de l'œuvre missionnaire sont exposées de manière dogmatique.

Tout cela peut créer, surtout au premier abord, un sentiment de dépaysement, parfois même de méfiance ou de refus. Pendant la première session conciliaire, certains souffraient manifestement d'agoraphobie. Mais l'impulsion donnée par le Pape Jean a pu agir pleinement et le texte remanié et complété a été adopté par tous presque sans objections.

Il faut maintenant faire pénétrer cette large compréhension dans le peuple de l'Église, sans créer une crise néfaste autant qu'inutile. Tout dégage un esprit purement catholique, également attaché à la vérité inébranlable et à la charité illimitée. À la lumière du Christ, l'Église a mieux compris sa nature et sa vocation, et elle se communique à tous dans ce renouveau, qui lui vient de la source même de sa foi.

Une seconde impression a trait au débat large et parfois animé sur l'*Épiscopat*, sa nature sacramentale et son caractère collégial. D'où provenait l'opposition prolongée à cette conception? Sans aucun doute de la crainte de compromettre la primauté du Pape, ou d'affaiblir — ne fût-ce qu'en apparence — les dispositions du Concile Vatican I à ce sujet. Les Conciles ne peuvent, en effet, se contredire. Mais chaque Concile peut compléter le précédent et, par les précisions qu'il apporte, contribuer à un exposé plus équilibré.

L'opinion ou l'idéologie plus ou moins consciente de bien des gens est que toute la juridiction des évêques découle de la papauté, et que la consécration des évêques est seulement l'origine du pouvoir d'administrer valablement les sacrements. La «potestas Ordinis» est ainsi séparée de la «potestas juridictionis»; cette disjonction n'a été systématisée que dans la littérature canonique du XIIIe siècle et elle n'a jamais pu obtenir l'adhésion générale. Les fonctions pastorales proprement dites, qui consistent à guider et instruire le troupeau, sont ainsi dissociées en fait de la consécration. Le Pape pourrait conférer ces pouvoirs à d'autres qu'aux évêques, puisqu'il en serait la seule origine. Tout cela ne concorde pas avec la conception qui prévalut pendant les dix premiers siècles, comme les textes liturgiques occidentaux et orientaux le démontrent clairement; l'imposition des mains confère au nouvel évêque la mission et le pouvoir de diriger la collectivité, mais il va de soi que l'exercice de ce pouvoir doit être réglementé par l'autorité suprême de l'Église, dans l'esprit de communauté qu'on appelait jadis «communio» et auquel les chrétiens d'Orient restent toujours fort attachés.

L'histoire permet d'expliquer le caractère unilatéral de la conception juridique et théologique de l'Occident. La séparation de l'Orient y a contribué. En outre, la chrétienté d'Occident s'est débattue pendant longtemps dans une telle confusion que le Pape se devait d'intervenir directement dans l'exercice du pouvoir épiscopal afin de faire régner l'ordre nécessaire. C'est surtout depuis la Réforme que la tendance à la division s'est affirmée, surtout en faveur de la création d'églises nationales indépendantes. Cela explique l'accent mis sur le pouvoir central, et le glissement dans la conception du rôle du Pape, tendant à voir en lui non seulement le législateur suprême, mais aussi la source de la juridiction épiscopale elle-même. En poussant cette conception à l'extrême, on en arriverait à voir dans la papauté un supersacrement des fonctions pastorales, ce que personne n'affirme consciemment.

La reconnaissance du pouvoir pontifical a culminé au premier Concile du Vatican, qui fut interrompu prématurément, de sorte que la discussion des pouvoirs de l'épiscopat, qui figurait au programme, n'a pas eu lieu.

Cette lacune a été comblée par Vatican II, de sorte que l'ensemble est maintenant mieux équilibré. Nous disposons d'ailleurs à l'heure actuelle d'une meilleure connaissance des sources et d'une documentation théologique beaucoup plus vaste. Il est cependant facile de comprendre à quel point la minorité au concile s'est sentie dépaysée par cette conception plus mûre et plus profonde: ceux qui voient toutes choses d'un point de vue essentiellement juridique, comprennent difficilement ce que signifie la «communio», qui est basée sur le sacrement. Les premiers votes mirent en évidence l'existence d'une opposition de quelque 320 (sur 2250) Pères au projet qui leur était soumis. Le Pape Paul VI a fait tout ce qui était possible pour réaliser l'unanimité et éliminer les objections. Il a fini par y réussir puisque, lors du vote final solennel, seules 5 voix négatives furent émises.

La préoccupation de concilier la minorité suscita, en fin de session quelque nervosité parmi les membres de l'importante majorité. Toute assemblée humaine enrigistre ces réactions psychologiques. Cependant, à un Concile, la règle n'est pas simplement la prédominance d'une majorité, mais autant que possible la foi unanime.

La Commission théologique résuma dans une «Nota» spéciale ses réponses aux principales difficultés soulevées. La Note précédait l'«Expensio Modorum», ou réponse aux dernières remarques des Pères, et porte dès lors le nom de «Nota explicativa praevia»[1]. Le document figure parmi les Actes officiels du Concile et a été publié pour faciliter la compréhension de l'ensemble du problème. Il faut voir tout le chapitre III de la Constitution à la lumière de cette Note, qui ne diminue en rien

---

1. Les Pères votant «placet juxta modum» (oui, avec des réserves) présentent leurs propositions de modification, ou «modi». La Commission théologique les examine, les adopte le cas échéant et, en tout cas, y répond. C'est ce qu'on appelle l'«Expensio Modorum».

la portée du texte, avec lequel elle concorde entièrement, en dépit de quelque méfiance manifestée par certains (à tort selon nous).

Les quatre points exposés dans la «Nota» appellent un bref commentaire que voici:

1. Le premier point concerne le *principe du «collège»*, appelé également l'*Ordre* ou le *corps*, épiscopal. Dans le Nouveau Testament, les Apôtres constituent un groupe permanent chargé par le Maître de la première organisation et de l'extension de l'Église. Suivant l'intention du Christ, ce groupe doit se perpétuer jusqu'à la fin des temps (Mt. 28,16-20), et cela dans le Collège épiscopal. Pour éviter cette dernière conclusion, certains ont émis des objections au «Collège» des Douze, bien qu'il en soit fait mention fort clairement dans l'Ecriture Sainte. À certains moments, ils ont mis en doute que la succession des apôtres soit assurée par le Collège des Évêques, sans comprendre que par là, ils donnent aux Protestants l'occasion de mettre en doute la succession de Pierre par le Pape.

Leur opposition ne peut s'expliquer que par une méthode théologique erronée: ils comprenaient le terme «collège» dans le sens qu'il a dans les droits romain et byzantin, c.-à-d. celui d'un groupe d'égaux déléguant leurs pouvoirs à un président. Du point de vue théologique, par contre, il faut voir comment les Apôtres apparaissent dans le Nouveau Testament. Les pouvoirs qui leur furent confiés, tout comme les rapports internes au sein du corps, doivent être déterminés à partir des sources de la foi. Or, ces textes démontrent à suffisance que Pierre est le premier et le dirigeant du Collège, dont il fait partie. C'est pourquoi le texte conciliaire parle avec insistance de Pierre comme Chef des «autres» apôtres. Le pouvoir de lier est confié à Pierre (Mt. 16,19) mais également au groupe tout entier (Mt. 18,18). L'autorité suprême appartient à Pierre, ce qui est dit de façon tout à fait explicite: il est le roc et le détenteur des clés (Mt. 16,18-19) et le pasteur de tout le troupeau du Christ (Jean 21, 16-17). Mais le groupe dans son ensemble exerce avec lui et sous sa direction l'autorité suprême. Il n'existe aucun exemple d'une telle organisation double dans la société civile. L'assistance du St-Esprit, qui a été formellement promise, assure la cohésion et l'accord. C'est ce pouvoir qui est transmis au successeur de Pierre (le Pape) et aux successeurs du corps des Apôtres (l'Ordre des évêques).

Cette thèse n'implique nullement que les tâches exceptionnelles des Douze, comme fondateurs de l'Église, soient transmises à leurs successeurs. Cependant, ceux-ci ont pour tâche de diriger le troupeau du Christ, c.-à-d. l'Église. Le principe ne compromet nullement la structure interne du groupe: le Collège a un chef, qui est le Pape.

Les relations entre Pierre et les autres Apôtres se retrouvent dans celles entre le Pape et les autres évêques: elles seront définies avec plus de précision plus tard. Telle fut la déclaration de base.

2. Comment se constitue le *corps des successeurs des apôtres*? À cette question, le Concile répond: par la consécration des Évêques dans la communauté hiérarchique.

La consécration épiscopale est la plénitude du sacrement de l'ordre. Elle confère la grâce et le pouvoir nécessaires pour exercer ces fonctions. Cela ressort nettement des différentes liturgies et des conceptions du premier millénaire. Le sacre intègre dans le corps des évêques, successeurs du corps des Apôtres.

Mais il s'agit d'une mission qui doit être accomplie par de nombreuses personnes de façon «ordonnée», ce qui requiert une «organisation hiérarchique de la communauté». Il n'est pas loisible à chaque évêque d'accomplir sa tâche selon ses propres vues: faisant partie de l'Église, il doit tenir compte de toute l'Église et respecter l'ensemble ordonné.

Il faut donc qu'il y ait des normes fixées pour la communauté, suivant les dispositions de l'autorité suprême. Pour exercer effectivement son autorité, l'évêque sacré doit être mis en quelque sorte «en puissance», autrement dit il faut qu'une disposition de droit canon règle l'exercice de son autorité en tenant compte de la communauté dans son ensemble. C'est ce qu'on désigne par un terme plus ou moins imprécis: «juridiction», il ne s'agit pas du pouvoir, mais de la réglementation de son exercice. De même, chaque prêtre reçoit par son ordination le pouvoir de pardonner les péchés, mais avant de l'exercer, il faut qu'intervienne un «arrêté d'exécution», lui permettant d'entendre valablement les confessions.

Cette réglementation a évidemment été «vécue» dans l'Église avant de trouver une formulation juridique. La même remarque vaut d'ailleurs pour les Conciles. Ceux-ci étaient célébrés bien avant que la théologie et le droit conciliaires ne soient enregistrés. Les formes juridiques sont d'ailleurs variables et doivent par essence suivre l'évolution de la vie de l'Église au cours de l'histoire. Telle est la forme concrète de la communauté hiérarchisée, constituantunematièrethéologique particulièrement riche: il ne s'agit pas simplement d'un sentiment de solidarité, mais d'une liaison globale et organique, portée par la charité. Les formes en diffèrent d'ailleurs, même de nos jours, en Orient et en Occident.

Il faut encore noter que le Concile parle des fonctions épiscopales comme étant la «plénitude» du sacerdoce, davantage encore que son «sommet»; la ligne est descendante, et non ascendante, et cela vaut aussi pour la hiérarchie instituée par Dieu.

3. *Le Collège des Évêques a lui aussi l'autorité entière et suprême sur l'Église.*
C'est déjà dit expressément dans lé Code pour ce qui est du Concile Oecuménique. Maintenant, le Collège des Évêques dispersé se voit également reconnaître cette autorité; sinon, la doctrine relative au

Concile perdrait d'ailleurs toute base solide. Le Pape ne pourrait conférer l'autorité suprême à une assemblée de Doyens par ex.: ce serait une autorité déléguée, qui ne pourrait être suprême.

Il faut aussi l'appeler «entière» (plena), sinon le Pape perdrait dans le Collège la plénitude de son pouvoir. Il est en effet membre et dirigeant du collège, qui sans lui n'existerait même pas. Il en découle qu'il peut accomplir certains actes qui échappent à la compétence des autres, et cela précisément parce qu'il est le chef: ainsi, il peut convoquer le concile et l'approuver, inviter à un acte strictement collégial, etc. Il juge de la forme qui doit être adoptée «hic et nunc», afin d'assurer le bien de l'Église; ainsi, il décide s'il agira personnellement, comme l'a fait Pie XII pour le dogme de l'Assomption, ou si tout l'épiscopat interviendra dans la décision.

4. Pour qu'un acte soit strictement collégial, le Pape doit marquer son accord: le texte dit «*consentiente* Romano Pontifice». Ce mot a été choisi a) pour souligner que le Pape n'est pas *extérieur* au Collège; b) parce que «consentire» évoque la *communio*: le Pape «avec» les Évêques et les Évêques «avec» le Pape; c) parce qu'il indique que le Pape doit *agir*, c.-à-d. approuver ou du moins accepter. Cela s'est fait également aux anciens Conciles. Il s'agit donc d'une collaboration ordonnée.

Il existe des *formes mineures* de collaboration, ne constituant pas un acte juridique et strictement collégial, mais qui sont inspirées et dominées par la réalité du Collège: c'est le cas de l'autorité doctrinale ordinaire de l'Épiscopat universel dispersé. Sans déclaration formelle d'accord, sous une forme juridique, il sera toujours difficile de déterminer s'il s'agit d'une déclaration doctrinale obligatoire et infaillible.

C'est dans le même sens qu'il faut comprendre l'annonce de la création d'un «*sénat des évêques*» présidé par le Pape. L'évolution des circonstances a eu pour effet, dans l'Église comme ailleurs, une universalisation très marquée qui, cependant, ne supprime pas la diversité légitime, mais qui l'ordonne. De nos jours, des consultations plus ou moins régulières au sommet sont devenues de plus en plus souhaitables, sinon indispensables. Un organe permanent n'aurait pourtant que peu d'utilité, car il ne serait qu'une doublure de la Curie romaine. L'essentiel est que des consultations fréquentes aient lieu avec l'Épiscopat dispersé, pour traiter les problèmes importants qui intéressent l'Église entière.

Une forme plus mineure encore est la *collaboration permanente des Évêques sur le plan régional*: elle a donné le jour aux conférences épiscopales, qu'on peut comparer aux anciens Patriarcats, bien que les formes concrètes en diffèrent.

La préoccupation, marquée par tous les évêques pour l'Église universelle et pour toutes les églises locales, va dans le même sens: chaque évêque doit assurer «d'office» l'aide matérielle et morale d'église à église, et doit contribuer au maintien de la doctrine générale et de l'orientation de la vie de tous les chrétiens. Tout cela renforce l'exercice de l'autorité et le lien de charité dans l'Église universelle, élargit les perspectives et assure un appui plus efficace et désintéressé des parties entre elles. Ce phénomène présente des aspects tant de centralisation que de décentralisation, ce qui est une garantie supplémentaire d'équilibre.

5. Le *Nota Bene* à la fin de la «Nota Praevia» concerne les évêques orientaux (séparés). Ils exercent en fait la juridiction et le pouvoir d'enseignement, mais de façon «irrégulière», puisqu'ils sont sortis de la «communio». Cependant, ils n'ont pas rompu tous les liens avec l'Église, comme une autre partie de la Constitution le dit formellement. Les théologiens ne sont pas d'accord sur l'explication à donner de cet état de fait, et le Concile n'a pas pris de décision obligatoire à ce sujet. Le problème doit mûrir. Le mieux est peut-être de s'en référer à l'ancien droit coutumier, qui n'a jamais été abrogé et sur lequel les évêques d'Orient peuvent se baser.

Pour les catholiques, cette question n'est pas la plus importante. Il faut surtout que la largeur des vues prédomine, dans la vérité et la charité, et dans l'espoir de temps meilleurs, qu'une compréhension mutuelle peut rapprocher.

6. Reste le problème de la «qualificatio theologica» des décisions du Concile: dans quelle mesure ces décisions lient-elles tous les croyants?

La Commission théologique de Vatican II s'est prononcée de façon formelle à ce sujet, dans un texte datant déjà du 6 mars 1964. «Compte tenu de la coutume conciliaire et de l'intention pastorale de ce Concile, le St. Synode ne «définit» en matière de foi et de moeurs que ce qu'il indique clairement comme tel». A ce jour, il n'a caractérisé aucun point de doctrine comme infaillible et irrévocable.

«Tous les autres points proclamés par le St. Synode doivent être considérés comme constituant la doctrine de l'autorité doctrinale suprême de l'Église. Tous les croyants doivent l'accepter et l'admettre dans le sens que le Synode lui donne, et qui ressort de la matière traitée et du mode de déclaration, qui doivent s'expliquer selon les normes théologiques en vigueur». Il s'agit en effet de l'exercice le plus solennel du magistère de l'Église par l'épiscopat tout entier sous la direction du Pape. Nous avons donc la plus haute garantie de certitude, après la déclaration strictement infaillible.

Chacun est donc tenu à l'adhésion religieuse. Même si un théologien très versé en la matière, dans un cas théorique, conserve quelques doutes, il est au moins tenu à un silence respectueux, et il comprendra rapidement que la doctrine du Concile repose sur des bases solides. Répandre le doute mettrait en péril l'unité de la communauté. Si certains

ont voulu, au début, diminuer la portée du Chapitre III de la Constitution, ils l'on fait à tort. L'unanimité au vote final ne permet un progrès
théologique que par une réflexion dans le sens qui a été clairement
indiqué.

G. PHILIPS

LA «NOTA PRAEVIA» SUR LA COLLÉGIALITÉ DE LA CONSTITUTION CONCILIAIRE «LUMEN GENTIUM»

Pendant longtemps encore, la note explicative introduisant l'*expensio modorum* (discussion des amendements) du chapitre sur la collégialité épiscopale au deuxième concile du Vatican, fera l'objet d'interprétations plus ou moins divergentes. Pour saisir exactement la portée de cette note adjointe, il est nécessaire de rappeler l'essentiel de son origine et de son histoire.

I. *Quelques notes historiques.*

L'état de la question apparaît clairement dès avant la troisième session du concile. La minorité s'oppose à la sentence que la consécration épiscopale confère non seulement le pouvoir de l'ordre, mais aussi de juridiction (pour enseigner et gouverner). Au cours de la discussion après la deuxième session, la minorité se replie généralement sur une position moyenne: le sacre épiscopal donne la capacité de recevoir du pape la juridiction; il insère un nouveau membre dans le collège qui est, lui aussi, détenteur du pouvoir suprême.

La majorité de son côté insiste sur le fait que la consécration épiscopale donne sans doute le pouvoir de juridiction et constitue le collège, mais l'exercice du pouvoir doit se faire en communion avec le chef du collège et ses membres et observer les règles ou normes approuvées par le pape. Dès lors, on peut dire que le passage-en-acte de la juridiction est accordé par l'autorité pontificale.

La minorité objecte qu'un pouvoir sans acte est inutile et n'existe donc pas; seul le pape le fait exister. La majorité répond que le collège existe toujours, mais il ne s'exerce pleinement qu'au concile ou quand le pape l'invite à une action collective. Jusqu'à un certain degré, il s'exerce toujours dans le gouvernement pastoral ordinaire. Si le pape ne tenait aucun compte de l'ordre des évêques, il agirait contre la structure même de l'Église. Le texte conciliaire qui reconnaît au pape et au collège le pouvoir suprême et plénier ne diminue en rien la position du pape. On

---

* Article qui a paru dans la revue *IDOC-International*, n° 8 (1969), pp. 51-73, à la veille de l'ouverture du Synode de 1969.

n'oppose pas le pape au collège, mais on distingue entre le pape d'un côté, et le collège (qui contient le pape comme chef) de l'autre côté.

La confusion signalée dans cette dernière phrase a pesé jusqu'à la fin sur l'esprit de la minorité. L'opposition entre les deux groupes se raidit lors des votes (21-30 septembre 1964). Chacune des 39 *suffragationes* (mises aux voix) du texte de la commission obtint largement les deux tiers des voix (sauf la dernière: suppression du célibat pour les jeunes diacres). Mais les *modi* ou amendements introduits à cette occasion se chiffraient par milliers. Ils émanaient surtout d'un groupe compact de quelque 300 Pères sur un total de 2200 environ.

Le dépouillement des *modi* ou amendements de dernière minute a eu lieu pour le chapitre III, au sein de la commission doctrinale, du 22 au 30 octobre 1964, après une préparation faite par un petit groupe technique. Celui-ci formulait des projets de réponse sur lesquels statuait la commission doctrinale.

La minorité a objecté auprès du pape que le vote n'avait pas été régulier, étant donné que le vote sur l'ensemble du chapitre III avait été fait en deux moitiés sans que l'assemblée en eût statué de la sorte. Les modérateurs ont demandé et obtenu après l'approbation explicite de l'assemblée sur cette procédure.

La minorité s'est plainte aussi de n'être pas suffisamment représentée au groupe technique préparatoire. On y invita donc un délégué officiel de la minorité, qui remercia et déclara inutile sa présence, puisque les décisions se prenaient à la seule commission.

Enfin les membres qui voyaient leurs *modi* refusés insistaient auprès du pape pour les faire réintroduire.

Le jeudi 29 octobre, la commission doctrinale approuve formellement une déclaration sur la qualification théologique, d'où il ressort que le texte de *Lumen Gentium* est plus qu'une simple directive pastorale: il possède une valeur proprement doctrinale.

Notons pour être complet que sur les documents imprimés du texte *De Ecclesia*, le mot «Constitution dogmatique» avait disparu pendant un certain temps. Il s'avéra, enquête faite, que jamais aucune décision n'avait été prise dans ce sens; il s'agissait simplement d'un oubli typographique.

C'est le lundi 26 octobre qu'on entendit parler pour la première fois en commission d'une note explicative pour l'article 22. Le vendredi 30 octobre, on suggère de faire une addition à la *relatio generalis* pour exposer d'une façon systématique les principales réponses aux *modi* refusés, dans le but de donner une explication et une certaine satisfaction à la minorité. Au moment même, aucune décision formelle ne fut prise.

Le vendredi 6 novembre fut présenté à la commission doctrinale par le secrétaire adjoint un exposé en quatre points, sous le titre *Addenda ad relationem generalem* (Additions à la relation générale). La commission décide d'admettre ces différents points après y avoir apporté quelques légères retouches.

Le mercredi 11 novembre, le cardinal Ottaviani annonce pour le lendemain une réunion de la commission, à laquelle les experts ne seront pas admis. On y traiterait de *modo procedendi* (questions de procédure).

Le jeudi 12 novembre, la commission se réunit de fait sans les *periti* pour examiner un dossier de documents transmis par le Saint Père et recommandé à l'attention de la commission.

D'abord, le principe d'une note explicative, répondant à la volonté du pape, est admis. Pour confectionner cette *nota praevia explicativa*, on se sert de la *relatio generalis* avec ses *Addenda* (Additions).

En deuxième lieu, on introduit quelques amendements dans le texte du chapitre III. Les voici: a) L'autorité (collégiale) ne peut pas être exercée sans le consentement du Pontife romain; b) Les patriarcats doivent garder l'unité de la foi et l'unique institution divine de l'Église universelle; c) La mission du Christ est transmise aux évêques par l'intermédiaire des apôtres; d) Pour l'ordination des diacres mariés, on exige le consensus du pape.

Troisièmement, on rend plus explicites certaines idées contenues dans les *Addenda*, dont nous exposons le détail dans notre analyse systématique.

Ces décisions furent ratifiées par la commission doctrinale le soir du 12 novembre. Le rapport de cette réunion extraordinaire et la *nota praevia explicativa* qui en était résultée furent transmis au Saint Père le soir même du jeudi 12 novembre.

Le vendredi 13 novembre au soir, le pape fait connaître sa réponse au cardinal Ottaviani. Cette réponse est approbative, moyennant une remarque de minime importance (signalée plus loin).

Les épreuves corrigées et augmentées des quelques lignes ajoutées à la note sont renvoyées immédiatement à la typographie. La nuit même, la brochure de l'*expensio modorum* (discussion des amendements) du chapitre III, comprenant 64 pages, est imprimée à 5000 exemplaires. Elle sera distribuée dès le samedi.

Samedi 14 novembre: la distribution des *modi* des chapitres III à VIII du *De Ecclesia* soulève l'enthousiasme de l'assemblée qui voit se dissiper ses craintes causées par les retards successifs.

Le lundi suivant, en préparation des votes qui auront lieu pendant la semaine, «l'autorité supérieure», donc le pape, fait lire en assemblée générale trois communications. La première assure que la procédure a été régulière. La deuxième rappelle l'autorité doctrinale (*qualificatio theologica*) de la constitution. Ces deux aspects sont de nature à plaire à la majorité. La troisième communication, à savoir la *nota praevia*, est destinée à tranquilliser la minorité. Mais l'insistance même sur la lecture de cette pièce rend la majorité soupçonneuse et mécontente. C'est dans l'esprit et le sens de cette note qu'il faut, disait l'introduction, expliquer et comprendre la doctrine du chapitre III. Surtout un grand nombre de théologiens, qui n'avaient pas pu assister aux dernières délibérations et qui n'avaient à ce moment ni le temps ni le calme nécessaires pour lire le document avec la sérénité voulue, se montraient agités. D'autres, au contraire, ont essayé de calmer les esprits.

Le même jour, lundi 16 novembre au soir, le pape a remercié, par l'intermédiaire du cardinal Ottaviani, la commission doctrinale pour le travail qu'elle avait fourni.

Le Saint Père se disait heureux de donner son approbation au texte et à la *nota praevia* «qui éclairait l'*Expensio modorum*».

Les *modi* corrigés des chapitres III, IV et V ont été mis aux voix le mardi 17 novembre. Pour le chapitre III, on ne compte que 46 *Non placet*. Le pape a donc atteint son but d'obtenir la presque unanimité du concile autour du projet. Certains théologiens de la minorité affirmaient d'avoir obtenu la victoire. Ils ne manqueront pas, plus tard, d'interpréter le texte voté dans un sens défavorable à la collégialité épiscopale. Pareil phénomène se rencontre régulièrement dans l'histoire. Sans pouvoir l'approuver, on fera bien de ne pas trop s'en émouvoir.

Les votes sur les chapitres VI, VII et VIII ont lieu le mercredi 18 novembre, pendant qu'on distribue le texte complet du *De Ecclesia*. C'est le lendemain jeudi que le vote sur l'ensemble a lieu. On ne compte plus que dix *Non placet*. Entre-temps, l'atmosphère est troublée parce que le vote sur la liberté religieuse est remis à la session prochaine et parce que le texte sur l'œcuménisme est corrigé d'autorité en 19 passages, visant davantage la forme que le fond.

Le vote solennel a eu lieu, deux jours après, le samedi 21 novembre. Le *De Ecclesia* est proclamé par 2151 voix contre 5. Malgré ce résultat brillant, l'atmosphère n'est pas triomphale. L'ecclésiologie catholique cependant a fait un grand pas en avant.

II. *Analyse de la nota praevia.*

Le document émane explicitement de la Commission doctrinale qui a décidé, déclare-t-elle, de faire précéder l'*expensio modorum* par quelques considérations générales de nature à dissiper les dernières difficultés présentées par les Pères, lors du vote sur le chapitre de l'épiscopat, vote qui fut, comme on vient de le dire, largement affirmatif.

L'exposé est divisé en quatre points se rapportant:
1. à la notion du collège,
2. à la manière dont on devient membre du collège,
3. au fonctionnement du collège,
4. au rôle du chef au sein du collège.

A la fin est joint un *Nota Bene* écartant la discussion sur la validité ou la licéité des actes posés par des évêques dissidents.

L'autorité supérieure, c'est-à-dire le pape, a fait communiquer aux Pères avant le vote que c'est d'après l'esprit et le sens de cette note qu'il faut expliquer et comprendre la doctrine exposée dans le chapitre III du *De Ecclesia*. La chose allait de soi, puisque la note ne fait que reprendre et présenter organiquement et dans une vue d'ensemble les réponses que la Commission doctrinale elle-même avait rédigées en vue de répondre aux derniers amendements (*modi*).

1° Le collège.

Si certains Pères se déclaraient opposés à reconnaître le collège des douze apôtres, c'était, d'après leur propre affirmation, parce qu'ils voulaient écarter le collège des évêques qui lui ferait suite et qui, à leurs yeux, mettrait en danger la primauté pontificale. Ils pouvaient se réclamer de la célèbre définition du collège que nous trouvons dans les Digestes d'Ulpien: «Forment un collège ceux qui possèdent un même pouvoir.» Les membres délèguent un des leurs pour diriger l'ordre des débats et des travaux, mais aucun d'entre eux ne jouit d'une véritable autorité sur ses collègues.

Seulement, partir d'une définition de droit romain pour décrire les institutions érigées par le Christ n'est évidemment pas une méthode appropriée. La théologie doit se préoccuper de découvrir l'intention de la revelation. Or Jésus a institué autour de lui un groupe restreint et stable de disciples, et lui-même a établi au sein de ce groupe un des membres, nommément Simon-Pierre, pour en être le chef. Pierre ne reçoit donc pas son pouvoir par décision de ses compagnons: le maître lui-même l'a établi comme rocher de son Église, comme soutien de la foi de ses frères et comme pasteur de tout son troupeau. Parler du collège des apôtres est tout à fait naturel depuis que le Nouveau Testament emploie couramment le titre «les douze» pour désigner le groupe des disciples privilégiés. La liturgie romaine n'est pas du tout gênée pour associer saint Mathias au «collège» des apôtres (Collecte de la Messe de saint Mathias).

Les Pères de la minorité du concile, habitués à manipuler les expressions juridiques, n'aimaient pas l'emploi du terme. Au dernier vote, 99 d'entre eux proposaient de dire «*ad modum coetus stabilis*» (à la façon d'un groupe stable), tandis que 152 membres voulaient bien accoler ensemble les deux termes: «*ad modum collegii seu coetus stabilis*» (à la façon d'un collège ou groupe stable). Quelques autres proposèrent diverses variantes, et 10 voulaient radicalement supprimer la notion (*modus* 12).

Le rapport de la commission (p. 81) fait appel au récit de Marc 3,14 et

16 (Jésus choisit douze disciples et il en fit les douze), à l'usage caractéristique du titre «les douze» et au rôle que Pierre joue de fait dans le groupe (par exemple, Act. 2,14). Mais la commission ne fait aucune difficulté pour interpréter le terme collège par «groupe permanent». Allant plus loin, en répondant au *modus* 53c, elle explique que le collège ne s'entend point d'une assemblée de personnes égales qui délégueraient leur pouvoir à l'un des leurs. Par la même occasion, elle refuse d'admettre que le collège des apôtres aurait pris fin avec leur mort. Ce collège persévère au contraire dans le collège des évêques (*modus* 75) et cela jusqu'à la fin des temps, comme il appert de l'Écriture (surtout en Mt. 28,20) et de la tradition.

C'est ici qu'on touche le nerf de la discussion. Personne probablement ne se serait offusqué du collège des douze s'il ne voyait poindre à l'horizon le collège des évêques. Or, un régime collégial quelconque paraissait à plusieurs comme incompatible avec la primauté pontificale. Cette dernière, à leurs yeux, mettait le pape réellement au-dessus et, dans ce sens, hors des rangs des évêques et des fidèles. A leurs yeux, il était revêtu d'un pouvoir discrétionnaire et ne pourrait admettre aucune coalition de dirigeants exposés inévitablement à la tentation de lui imposer leurs volontés. Parfois plus familiarisés avec le droit qu'avec l'Écriture, ils raisonnaient en termes d'oligarchie et de monarchie, puissances naturellement rivales! Pour exorciser à fond le terme collège du code civil, la commission prend soin de faire alterner le plus souvent possible le terme collège avec celui de *corpus* ou de *ordo*, le dernier surtout ayant une consonance plus ecclésiastique.

Sur les instances de Paul VI, la commission ajoute dans une dernière phrase deux considérations dont seule la première pourrait passer pour une addition matérielle, car elle n'est que l'explication du sens contenu dans le texte original. La nouvelle rédaction souligne que les pouvoirs extraordinaires des apôtres ne sont pas transmis à leurs successeurs. Par cette idée scolastique, la minorité voulait éviter de laisser croire que les évêques auraient hérité de l'infaillibilité personnelle ou de la juridiction universelle qu'une conception plus tardive prête aux douze. Attribuer aux apôtres comme qui dirait des carnets de juridiction est un anachronisme flagrant. Entre-temps, les œcuménistes se seront réjouis d'entendre affirmer que les évêques ne sont pas à tous les points de vue les égaux des apôtres, premiers témoins autorisés du Christ ressuscité et fondateurs de la communauté chrétienne.

La seconde idée, recommandée par le pape, à savoir que Pierre et les autres apôtres n'ont pas entre eux une parfaite égalité de fonctions, puisque Pierre est le chef de l'équipe, se trouvait déjà dans les *addenda* (additions) antérieurement admis, au numéro 1. La doctrine envisagée n'enseigne pas que Pierre et les autres apôtres sont égaux, ni non plus que le pape et les autres évêques le seraient, mais simplement qu'il faut reconnaître une proportionnalité ou, en d'autres mots, une similitude de rapports: ce que Pierre signifie pour ses compagnons, c'est cela même que le pape représente pour les évêques. Le *modus* 89 prend acte de ce parallélisme. Personne ne le contestait, mais de nombreux Pères s'employaient à en prévenir des extensions abusives. Ils étaient 376 à proposer à l'article 22,1: «*simili modo*» (de la même façon) ou «*pari ratione*» (au même titre). Cette dernière proposition fut approuvée par la commission en réponse au *modus* 57.

2° Les membres du collège

Pour être membre du collège, deux éléments sont requis: le sacre épiscopal et la communion hiérarchique. L'article 22,1 *in fine*, propose le premier facteur comme origine (*vi consecrationis*) et le second plutôt comme condition (*communione* simplement à l'ablatif). La réponse au *modus* 63 maintient cette position. Elle conserve les deux conditions «qui ne sont pas du même ordre».

La consécration produit une participation ontologique aux fonctions sacrées. C'est à dessein, dit la commission, que nous employons «*munerum*» (fonctions) et non «*potestatum*» (pouvoirs); ce dernier terme en effet pourrait se comprendre d'un pouvoir prêt à passer à l'acte (*potestas ad actum expedita*). Or pour obtenir, après avoir reçu la charge, le décret d'exécution nécessaire, il faut recevoir de l'autorité hiérarchique détermination canonique ou juridique, fixant par exemple un office particulier dans l'administration de l'Église, ou indiquant des sujets ou des territoires à gouverner. Dans cette phrase, les mots «*auctoritas canonica vel iuridica*» ont été introduits pour plus de clarté, d'après une demande du Saint Père. Le texte de la commission spécifiait en outre que cette autorité était le pape ou, en Orient, le synode patriarcal. Paul VI fit observer que plusieurs Églises orientales unies à Rome n'avaient pas à leur tête un patriarche. A la suite de cette constatation, la rédaction fut simplifiée et on supprima simplement la spécification des détenteurs de l'autorité supérieure.

Toutefois, on maintient la stipulation que la détermination nécessaire doit se faire d'après les normes approuvées par l'autorité suprême. Cette incise correspond exactement à la première remarque adjointe aux questions interlocutoires, c'est-à-dire les questions d'orientation, annoncées le 15 octobre et mises aux voix par l'assemblée le 30 octobre 1963: «L'exercice actuel du pouvoir du corps des évêques est réglé d'après des ordonnances approuvées par le Souverain pontife.» A la date indiquée, cette formule fut votée avec plus des 4/5 des voix. Sans aucun doute, non seulement le pape, mais aussi le collège épiscopal, réuni en concile ou équivalemment, peut fixer cette procédure. Mais les décisions du concile à leur tour doivent être approuvées par le pape.

Toute cette réglementation, dans sa forme écrite, est de date récente. Pendant des siècles, l'Église a vécu selon le simple droit coutumier, approuvé d'ailleurs au moins tacitement par Rome. Je pense que les papes ne sont jamais intervenus en Orient pour fixer ces normes, mais plus d'une fois on les a sollicités de juger en appel pour trancher les cas disputés. Chaque église vivait son propre droit canon, mais toujours dans la *koinônia*, dans les liens de l'amitié et de la paix avec les autres. L'ancien usage est rappelé au *modus* 153.

Plus de trente Pères du concile postulaient cependant d'ajouter dans ce contexte une mention explicite du pouvoir suprême du successeur de Pierre. A ce *modus* 40, la commission a répondu littéralement ce qui suit: «L'addition n'est pas nécessaire, parce que l'idée est exprimée avec une clarté suffisante par les mots précédents à propos de la «*communio*» indispensable. En effet, si quelqu'un voulait procéder contre les normes de l'autorité suprême, il s'exclurait par le fait même de la «*communio*». Des ordonnances de ce genre sont requises par la nature des choses, puisque nous sommes en présence d'une action à exercer de concert par plusieurs pasteurs. Comment obtenir pareil accord sans règles auxquelles l'autorité suprême donne au moins son approbation? C'est exactement ce qu'on dit dans les *modi generales*, au numéro 2.»

Ce *modus* 40 figure à la page 15 de la brochure. Nous nous permettons d'observer que la réponse renvoie le lecteur aux *modi generales*, n° 2, alors qu'à la page 5 le titre de ces *modi generales* est devenu: *nota praevia explicativa*, sans que le contenu soit aucunement changé, sauf par l'une ou l'autre explicitation que nous indiquons scrupuleusement.

Voilà bien la preuve que la note tant controversée n'a d'autre origine que les réponses faites par la commission aux derniers amendements des Pères. Pour donner satisfaction au désir du pape Paul VI, on a délibérément modifié le titre de la pièce introductive pour mettre en vedette une note explicative attirant davantage l'attention qu'un en-tête aussi neutre que les *modi generales*. Mais dans la hâte de la correction des épreuves (travail de nuit), les secrétaires ont oublié à la page 15 (et de même à la page 27, au *modus* 87) de substituer le nouveau titre à l'ancien!

Reconnaissons que, dès sa première rédaction, la *nota praevia* ajoute au *modus* 40 les mots: «plusieurs pasteurs coopérant hiérarchiquement entre eux selon la volonté du Christ». Je ne pense pas que contre cet ajout quelqu'un puisse soulever des murmures.

Mais il y a de fait une phrase intercalée en dernière rédaction, à la date du jeudi 12 novembre. De toute évidence, dit cette phrase, dans l'Église ancienne, animée par la charité, on «vivait» ces normes sans code écrit de jurisprudence. L'application a été antérieure à la codification; ce qui est la meilleure garantie pour l'efficacité des lois. La réponse au *modus* 96 le dit explicitement: «C'est évident que cette communion a été appliquée dans la vie de l'Église avant d'être codifiée dans le droit.»

Voilà ce qui a donné aux rédacteurs des *modi generales* et de la note l'occasion de mettre une fois de plus en valeur la notion de communion, que la commission doctrinale, après de longues délibérations, a qualifiée de hiérarchique. En effet, elle est structurée d'après les articulations du corps de l'Église. L'idée de communion est une des plus belles restitutions que *Lumen Gentium* a faites à l'ecclésiologie catholique, trop longtemps raidie par l'idée du droit, infiniment respectable d'ailleurs.

Et qu'on n'objecte pas: cette *koinônia*, même si on emploie le terme en grec, ne couvre qu'un vague sentimentalisme. Loin de là. Elle nous met en face d'une réalité organique qui exige une forme juridique, mais qui ne saurait vivre sans l'animation de la charité. Nous défions n'importe qui de découvrir dans ce passage le moindre trait qui ne soit en parfaite harmonie avec la lettre et l'esprit de *Lumen Gentium* tel qu'il fut voté par les Pères. Qu'on relise le *modus* 40 et le *modus* 96 que nous venons d'alléguer textuellement. Qu'on se rapporte à la discussion dont nous venons de parler à propos de la communion hiérarchique. Qu'on se rappelle enfin la sentence finale de l'article 24 de la constitution elle-même, sentence qui, d'un bout à l'autre des discussions, n'a pas subi de modification, sauf pour un seul mot: canonique. «La mission canonique des évêques peut se faire selon les coutumes légitimes, ou par le moyen des lois, ou par le successeur de Pierre lui-même, toujours en conformité avec la communion apostolique...» Ne sous-estimons pas cette remarque: elle vaut son poids d'or dans les entretiens oecuméniques.

Cependant, il nous faut reconnaître qu'à la fin du numéro 2 de la note se trouve insérée une directive autorisée que la commission doctrinale accueillit avec respect. Elle est libellée comme suit: «Les documents des papes récents, relatifs à la juridiction des évêques, doivent être interprétés d'après cette nécessaire détermination des pouvoirs», et donc non d'après l'obtention de ces pouvoirs. Comme nous l'avons exposé dans notre commentaire «l'Église et son mystère», tome I, p. 274s. (Tournai, 1967), Pie XII à trois ou quatre reprises et Jean XXIII une fois après lui ont déclaré que les évêques chinois sacrés sans autorisation romaine sous la pression communiste n'avaient pas de pouvoir juridictionnel.

Si la phrase insérée dans la *nota praevia* semble difficilement pouvoir servir comme exégèse stricte de ces documents pastoraux, elle contient néanmoins une prescription qui en fixe l'interprétation officielle. Ou plutôt qui dissipe une ambiguïté. Pie XII lui-même, en effet, a enseigné (allocution du 5 octobre 1957) que le pouvoir de juridiction est strictement lié au sacrement de l'ordre. Le terme «juridiction» peut donc viser soit le pouvoir pastoral lui-même soit sa mise en marche canonique au moyen d'une détermination ultérieure. Cette dernière est fixée non par le rite sacramentel mais d'après la volonté de l'autorité ecclésiastique supérieure.

3° Le fonctionnement du collège

Ce paragraphe commence par reprendre le *modus* 81. D'après celui-ci, 164 Pères voulaient supprimer l'indication que le collège possédait le pouvoir plénier, afin d'éviter de mettre en danger la plénitude du pouvoir pontifical. Voici la réponse à ce *modus* dans sa teneur littérale: «Le texte a en vue le pouvoir suprême attribué au collège avec et sous (*cum et sub*) son chef, le Pontife romain: de toute nécessité, il faut dire que ce pouvoir est plénier. Par la suppression proposée, c'est la plénitude du pouvoir du Pontife romain qui serait mise en danger. En effet, nécessairement et toujours, le collège comprend le chef. En d'autres termes, il ne faut pas faire la distinction entre le Pontife romain et les autres évêques pris collectivement mais entre le Pontife romain pris à part (*seorsim*) et le Pontife romain ensemble avec tous les évêques.» Puis la réponse au *modus* renvoie à la *nota praevia* n° 3.

Cette fois-ci, les correcteurs ont donc pris soin de remplacer ie titre réponse aux *modi generales* par le nouveau titre.

Le lecteur constatera que cette réponse au *modus* 81 s'est ensuite alourdie par une incise vers le milieu du texte: «... le chef, qui dans le collège garde intégralement sa charge de vicaire du Christ et de pasteur de l'Église universelle». Ces mots figurent déjà dans la constitution même, à l'article 22,2. Le pape Paul VI a suggéré leur répétition en vue de tranquilliser la minorité constamment inquiète.

D'autre part, la majorité s'est plainte à plusieurs reprises de l'emploi du terme *seorsim* (pris à part), pour qualifier l'action du pape quand il ne consulte pas expressément le corps des évêques. Même dans ce cas, le pape n'est pas «seul»: il reste évidemment dans la communion. Mais il fallait bien caractériser un mode d'agir qui n'a pas pour sujet le pape ensemble avec les évêques. On pourrait traduire: le pape considéré à part mais non séparé. Comment trouver une formule adéquate? Ecrire *solus* aggravait manifestement le danger de méprise. Employer le terme personnel, comme à la fin du paragraphe, en opposition avec collégial, aurait peut-être moins mécontenté la majorité, bien que l'expression ne soit pas non plus parfaitement exacte: pour le pape, l'acte collégial est aussi un acte personnel. Ce qu'on vise ici, c'est l'acte du pape qui n'émane pas d'une décision formellement et juridiquement collective du collège.

La suite du paragraphe 3 rend explicites des considérations impliquées dans le *modus* 81, et dégagées déjà auparavant par les *addenda* aux *modi generales*. D'abord, si le pape est chef du collège, il lui appartient de poser certains actes qui ne sont pas de la compétence des autres membres, par exemple «convoquer et diriger les travaux du collège, approuver les normes d'action, etc.» Contester cela, c'est refuser la réalité même du chef. Ensuite on affirme qu'il revient au pape de faire le choix de la méthode à suivre, personnelle ou collégiale, «selon les nécessités de l'Église qui varient avec le temps». Il convient de valoriser cette vision historique et dynamique.

L'idée se développe dans la dernière phrase, dont voici la teneur exacte: «Le Pontife romain procède, lorsqu'il s'agit de réglementer, de promouvoir et d'approuver l'exercice de l'activité collégiale, en considération du bien de l'Église, suivant sa propre discrétion.» Le rédacteur primitif de ce texte est le Père Bertrams. Il comprend deux éléments. Le premier stipule que, pour le bien de l'Église, la méthode collégiale ne sera pas seulement réglée et approuvée mais aussi développée (*promovendum*) par le pape, ce qui constitue un progrès par rapport à la rédaction précédente. Le second élément n'est au fond qu'une redite: dans le choix qui lui incombe, le pape procède d'après sa prudence personnelle. La plupart des Pères n'avaient sans doute pas remarqué que ces mots figuraient déjà dans la relation du schéma *De Ecclesia*, publiée le 3 juillet 1964, donc plusieurs mois plus tôt: «*secundum suam prudentiam, de qua ipse est iudex*» (d'après sa prudence personnelle dont lui-même est juge). Cette incise explique les termes de l'article 22,2: «... un pouvoir qu'il peut toujours exercer librement». Encore une fois, où découvrir un changement?

4° Le chef du collège

Les plaintes de la majorité rebondirent à la lecture du début du paragraphe suivant. Le pasteur suprême peut exercer son pouvoir «*omni tempore ad placitum*»... «en tout temps, c'est lui qui décide, comme cela est requis par sa charge». L'expression «comme cela est requis par sa charge» appartient au texte même de *Lumen Gentium*, article 22,2. Les autres mots répètent la finale du paragraphe précédent. Là ne gît donc pas le motif du désagrément.

Mais la ligne suivante oppose «la permanence» du pouvoir pontifical à «l'intermittence» des actes strictement collégiaux. La difficulté est plus apparente que réelle, sauf pour celui qui soupçonne quelque noir dessein en dessous de ces termes innocents. Le texte publié ne dit pas *indesinenter*, ce qui pourrait signifier à tout bout de champ; ni non plus *pro lubitu*, expression qui dégage un relent d'arbitraire, mais: «Lorsqu'il le juge utile pour le bien de l'Église»; dans ce cas, il n'a pas d'autorisation à demander et personne n'est en droit de le mettre en échec. Le sens est absolument clair: tous les jours, le pape doit s'occuper de l'administration de l'Église, mais il ne recourt pas tous les jours à une consultation formelle du corps épiscopal. Ce dernier n'est donc pas appelé à faire un usage courant de la plénitude de son pouvoir. Au cours de l'histoire, les actes strictement collégiaux sont plutôt rares. En dehors des conciles œcuméniques, il serait difficile d'en aligner une série. Ce qui ne veut pas dire qu'à l'avenir ce mode d'autorité ne deviendra pas plus fréquent. Le pape, lui non plus, ne fait pas sans interruption appel à la plénitude de sa charge. Pareil régime finirait psychologiquement par devenir intolérable. Dès lors, l'antithèse «permanent-intermittent» est à prendre dans son sens obvie, non dans la rigueur des termes d'un code.

Donc si le collège n'emploie pas sans discontinuer le degré suprême de son pouvoir, cela ne veut pas dire que son existence elle-même soit discontinue. Là-dessus les *modi* sont formels: «Ce changement contredit le texte», ainsi la réponse 67, rappelée au *modus* 77 et au *modus* 106.

La suite de la *nota praevia* reprend le *modus* 84. Une vingtaine de Pères avaient introduit ici l'amendement suivant: Le pouvoir collégial exige, pour qu'il puisse s'exercer (*in actu pleno*), le consentement du chef et l'observation des prescriptions par lui fixées. Voici la réponse de la commission: «On écrira: ce pouvoir ne peut s'exercer sans le consentement du Pontife romain. Cette tournure négative (*nonnisi*) enveloppe tous les cas imaginables. D'où il ressort avec évidence que le pouvoir susdit est tenu d'observer les normes approuvées par l'autorité suprême.» Ici aussi on recommande au lecteur de relire la *nota praevia*, n° 4.

D'aucuns auraient préféré au «sans le consentement du pape» du texte finalement admis, l'expression «non indépendamment de lui». La commission, d'accord avec Paul VI, préféra parler de consentement, et la note en détaille les raisons. D'abord la dépendance requise pourrait se comprendre vis-à-vis d'un pouvoir extérieur alors que le pape est dans l'Église. Ensuite le consentement est une application du précieux concept de communion, réalité qu'on ne recommandera jamais assez. Enfin le «*consensus*» (accord) du pape implique de sa part un acte positif, même s'il ne consiste que dans une approbation tacite, comme c'était le cas anciennement pour plusieurs conciles œcuméniques. Ceux qui préféraient «*nonnisi dependenter*» pensaient surtout au *sub Petro* (au-dessous de Pierre); les autres au *cum Petro* (avec Pierre), sans exclure la soumission à Pierre et à ses successeurs. Or, qu'on veuille bien le noter, tout ceci est expliqué dans la teneur de *Lumen Gentium* au numéro 22,2. Ce qu'on ajoute à propos des normes à observer vient déjà d'être commenté expressément au point 2.

Dans un alinéa final, les Pères de la commission doctrinale ont récapitulé une dernière fois leur conception de la communion hiérarchique, que l'on pourrait appeler la grande redécouverte du concile. La comparaison entre les deux dernières rédactions de ce texte fait apparaître qu'en ultime instance, le mot communion a remplacé le terme coopération, jugé trop neutre et trop pâle. Ce terme perd la chaleur de la charité qui reconnaît aussi de bon coeur et non par contrainte la subordination des pouvoirs et, dès lors, donne à l'action une efficacité au moins doublée.

Les indications historiques dont nous pouvons user désormais nous apportent l'écho d'une discussion assez vive sur la finale de l'article 22, qui exige pour l'acte proprement collégial au moins l'acceptation libre de la part du pape. Quelques-uns voulaient ajouter que cette libre acceptation devait être claire et certaine. Mais de cette manière on entremêlait deux questions: celle de l'existence objective de l'acte strictement collégial — et celle de sa dignoscibilité, c'est-à-dire celle de la possibilité de le constater dans un cas déterminé. Le mélange des problèmes n'était certes pas favorable à la clarté. D'ailleurs l'acceptation libre est de soi de notoriété publique comme l'histoire l'atteste.

Le P. Bertrams suggérait d'ajouter que le pape était toujours «soumis seulement à Dieu» en ce sens, admis évidemment par tout le monde, qu'au-dessus de lui il n'existe aucune instance humaine auprès de laquelle on pourrait interjeter appel contre une de ses décisions.

Mais par ailleurs, comme nous l'avons développé dans notre commentaire («L'Église et son mystère», t. I, p. 304), l'affirmation que le pape n'a de comptes à rendre qu'à Dieu seul est certes superflue, quand le concile a déjà enseigné que le Pontife peut en tout temps agir librement et que le collège ne peut exercer son pouvoir sans que le pape lui accorde son consentement. Que voudrait-on de plus? La formule juridique préconisée négligeait d'ailleurs l'aspect moral, car le vicaire du Christ doit donner l'exemple d'une fidélité sans faille à la doctrine révélée, à l'Écriture, à l'enseignement solennel des conciles, à la structure fondamentale de l'Église, que sais-je encore? Heureusement, le concile n'a pas ratifié les termes canoniques proposés qui n'auraient pas manqué de causer un nouveau malaise.

Le «nota bene» final

Qu'en est-il finalement des évêques validement consacrés qui font acte de pasteurs tout en ne reconnaissant pas de fait l'autorité romaine? L'absolution qu'ils donnent à un pénitent est-elle invalide ou simplement illicite ou irrégulière, tout en accordant la grâce au pécheur repenti?

Les canonistes latins sont portés à croire à une invalidité totale. Souvent ils s'empressent d'ajouter que le Pontife romain, pour le bien des âmes, restitue aux évêques dissidents, du moins tacitement, la juridiction dont ils se sont privés.

Tel n'est pas l'avis de tous les théologiens. Nombreux sont ceux qui admettent que le droit coutumier dans les Églises orientales séparées de Rome est resté en vigueur. Or, d'après cet usage, l'évêque recevait avec le sacre tous les pouvoirs dont il avait besoin pour gouverner l'Église particulière pour le service de laquelle il était consacré.

Quant à Vatican II, dans le *Nota Bene* final de la note explicative, il déclare ne point vouloir entrer dans la controverse. Les *modi* font mention de plusieurs solutions possibles. Au numéro 43 de la série, ils rappellent que la commission doctrinale, appuyée en cela par l'assemblée générale, n'entend pas se prononcer sur la valeur théologique et canonique des pouvoirs sacrés exercés par les évêques des Églises orthodoxes (Même déclaration dans la *relatio* de juillet 1964, p. 86, litt.H). D'après le numéro 153 des réponses aux *modi*, on pourrait invoquer la non-révocation des anciennes règles d'usage ou quelque autre explication théologique.

Le lecteur aura constaté que le concile, là où les problèmes ne sont pas arrivés à un degré de maturité suffisante, laisse délibérément une large liberté à la recherche scientifique. Cette méthode n'est pas un manque de courage, mais la claire perception que le rôle du magistère et celui de la théologie ne sont pas identiques, bien que les deux se fixent le même but.

Questions non tranchées définitivement

Toutes les questions que les théologiens sont capables de se poser n'ont pas la même importance. Notons-en quelques-unes que le concile n'a pas voulu trancher.

Faut-il parler d'un ou de deux sujets du pouvoir suprême? Après avoir d'abord écrit à propos du pape et du collège *subiectum indivisum*, la commission a corrigé son texte en employant l'expression: le collège lui aussi (*quoque*) est sujet de ce pouvoir, et elle a maintenu cette prudente réserve au *modus* 80. Deux sujets, un sujet, un double sujet inadéquatement distinct, chacune de ces solutions a ses avantages. Ce qui en résulte pour le pape, nous y reviendrons dans notre conclusion.

Une objection tenace a évoqué à plusieurs reprises le cas d'un laïc qui serait élu pape. Par le fait même de son acceptation, il devient chef de l'Église et du collège épiscopal, alors qu'en attendant son sacre il n'est pas même membre de ce collège. Mais cette difficulté, examinée aux *modi* 35,62,65, est plus apparente que réelle. Je répondrais que cet homme doit avoir la capacité et la volonté de se faire sacrer évêque. S'il n'accepte pas cette condition, il refuse de fait la papauté. Aux théologiens et aux canonistes de disserter sur son état provisoire et sur ses capacités d'agir. Même réponse pour la «juridiction» (canonique) exercée par un évêque désigné avant sa consécration.

Nombre de Pères se sont demandés si le magistère ordinaire du corps épiscopal était à considérer comme un acte collégial. A s'en tenir à la réponse faite aux *modi* 59, 163 et 176, la commission a refusé de trancher la question. On ne considérera pas cet enseignement ordinaire comme acte collégial au sens strict et suprême, parce que la plénitude du pouvoir n'est pas mise en jeu. Mais si nous sommes en présence d'une «définition», c'est-à-dire d'une déclaration de foi absolue, appuyée comme telle par tous, elle serait un acte collégial au sens strict, qu'elle soit prise en concile ou sans réunion délibérante. Il entre certainement dans la ligne de cette conception de reconnaître une autorité collégiale amoindrie dans ses formes et dans ses effets, lorsque les évêques témoignent chacun de son côté de la foi du Christ, sans donner à leur consentement la forme juridique suprême. Ou encore, lorsqu'ils se préoccupent du bien-être des autres Églises et de la communauté universelle, obligation qui leur incombe, d'après l'article 23,1, parce qu'ils sont membres du collège (*qua membra Collegii*). *L'énumération de leurs devoirs de solidarité est impressionnante. Toute idée de séparatisme ou de sécessionnisme est déracinée à fond, tant dans le domaine de la doctrine que dans celui des lois universelles.* La koinônia fait valoir ses exigences sans restriction; chacun des évêques, dit l'article 23,1, représente son Église; tous ensemble avec le pape, ils représentent l'Église universelle, dans le lien de la paix, de l'amour et de l'unité.

D'autres sujets sont laissés davantage dans l'ombre, même si on les cite en passant. C'est le cas par exemple pour les membres du concile qui ne seraient pas évêques, alors que le concile est substantiellement l'assemblée générale de l'épiscopat. Mais le collège avec le pape à sa tête ne peut-il s'entourer pour ses délibérations et décisions d'un certain nombre d'hommes représentatifs dans l'Église, comme le seraient les préfets apostoliques, les évêques élus non encore consacrés, les dirigeants des grands ordres religieux ou même certains laïcs? Je pense que de telles mesures relèvent du droit humain dont l'Église doit user avec prudence et d'après les circonstances historiques. Telle est en substance la réponse formulée aux *modi* 101 et 107: le texte, dit cette réponse, n'entre pas dans la question de savoir qui peut être invité au concile.

Encore moins le concile s'est-il aventuré dans le fourré des controverses sur les réordinations et sur le pouvoir de l'Église, non reconnu par tous, d'invalider ou de valider les rites sacramentels pratiquement à son gré, et de faire dépendre de là les pouvoirs de ceux qui ont reçu les ordres. Le *modus* 190 refuse explicitement de se prononcer. La question pourtant n'est pas sans importance tant pour les orthodoxes que pour les anglicans et même pour beaucoup de protestants. Sur ce point, les orientaux font appel à la théorie de l'économie qui mériterait de la part des occidentaux une étude plus poussée.

Conclusion.

Nous ne croyons nullement exagérer en soutenant la thèse que la *nota praevia*, pour impressionnante qu'elle soit, n'apporte aucun élément nouveau au texte voté par le concile, mais facilite au chercheur la voie pour se retrouver dans le fouillis de 242 *modi*, dont certains sont fort composites et soulèvent des problèmes compliqués. Ce qui ressort comme ligne dominante est l'idée de communion ou d'harmonie entre les dirigeants et les autres fidèles, et surtout, à propos du pouvoir suprême, entre le pape et les évêques. L'idée de collégialité est essentielle à beaucoup de niveaux surtout au niveau suprême. Pour celui qui partage la foi catholique, ce n'est pas une échappatoire d'invoquer la promesse du Seigneur qu'il sera avec ses disciples tous les jours jusqu'à la fin et qu'il enverra son Esprit pour maintenir entre eux la charité dans l'unique vérité.

Il en ressort que le pape, d'abord à l'égard des évêques et proportionnellement à l'égard de tous les fidèles — n'est jamais seul mais qu'il est toujours le premier. Non premier servi, ce qui, d'après Jeanne d'Arc, ne revient qu'à Messire Dieu, mais premier pour servir. Et pour maintenir l'unité dans la diversité.

On peut même ajouter, sans crainte de se tromper, que les précautions juridiques les plus subtiles seront toujours beaucoup moins efficaces que l'esprit de vraie fraternité autour de celui qui, au sein du collège, est établi chef et pasteur de tout le troupeau du Seigneur. L'évangile en de multiples occasions raconte comment Simon occupe la première place. Il parle même de *protos Simôn* (Simon le premier), sans accorder aux autres un numéro d'ordre (Mt. 10,2). Simon est le premier, il marche en tête. Jésus lui a donné le nom de Pierre, roc de l'Église, sans déclasser ses compagnons qui forment avec lui un groupe compact. Même si le tempérament de Simon le pousse à se précipiter avant les autres, pour sauter à la mer ou pour répondre aux questions du maître, en réalité il n'agit jamais seul, tout en recevant des promesses qui ne s'adressent pas comme telles à ses frères (Lc. 22,31, Jean 21,15 ss.).

Elu le premier sans être seul sera aussi la vocation de son successeur et l'éloge qu'un évêque d'Orient décernera à son Église de Rome sera d'être la présidente de la charité. En langage juridique, cela deviendra *sub et cum Petro*. (En dessous de Pierre et avec lui.) La langue de l'évangile est plus concrète et plus frappante. Le Seigneur a fixé pour son Église un régime sans exemple, dans lequel l'autorité — service d'un chef unique — devra s'harmoniser avec la multiplicité des chefs des Églises particulières, réalisatrices à leur niveau de l'Église de Dieu dans une cité ou région limitée. Le successeur de Pierre aura, lui aussi, son Église particulière, la première entre toutes, pas une «convocation» isolée des autres mais entraîneuse des autres et garante de leur cohésion. Car toutes sans exception doivent être d'accord avec lui et partager sous sa pastoration la sollicitude des Églises-sœurs.

Certes, ce successeur du premier Pierre aura souvent à souffrir de la solitude psychologique d'avoir à dire le premier et le dernier mot sur terre, alors qu'il n'est pas, comme le Verbe de Dieu, la première et la dernière Parole du Père. Toutefois pour lui aussi, le Christ s'est donné en exemple en apprenant par la souffrance, tout Fils qu'il était, le fardeau de l'obéissance et de l'immolation pour les frères.

Ces frères sont là, non pour marcher chacun d'après ses préférences dans des directions opposées, mais pour aider par leur charité commune celui qui porte la charge de tous, en respectant l'unanimité fondamentale dans la diversité des expériences religieuses, et même des cultures temporelles et des époques. L'uniformisation n'est pas l'idéal, mais le danger. D'autre part les particularismes et les divergences détruiraient l'unité de l'œuvre du Rédempteur, si l'Esprit unificateur ne prenait pas son office à cœur.

Pour subvenir aux faiblesses humaines, le Christ a fixé un point central de repère, et dans les vicissitudes de l'histoire, son Esprit fait observer une direction unique fortifiée par une assistance divine. Les formes extérieures de cette collaboration et de cette coresponsabilité avec le serviteur des serviteurs de Dieu changeront avec les circonstances au cours de l'histoire, et si les mutations sont plus rapides et plus profondes, les tensions risquent de devenir plus douloureuses. Dans la même proportion, il faudra intensifier la charité et l'esprit de sacrifice, essentiels au christianisme.

Le pape le premier, mais pas le pape seul: voilà un programme que même les Églises dissidentes s'apprêtent de plus en plus à reconnaître et, espérons-le, à réaliser progressivement. Non sans difficulté et non sans enthousiasme.

Jusqu'ici, le pape apparaissait à leurs yeux comme une espèce de monarque absolu, imposant à tous ses volontés arbitraires sans tenir compte de rien ni de personne. Une pareille figure, les dissidents ne l'admettront jamais et les catholiques n'y reconnaissent pas le Pontife de Rome. Mais un homme de Dieu, chargé par le Christ de porter la charge de tous, de veiller à l'universelle charité, à l'unité de cœur et d'esprit, mais non à l'uniformité, en cet homme-là, la foi montrera à tous une figure évangélique, le chef de toutes les Églises. Lui d'abord respecte ce que chacune d'elles conserve ou redécouvre du patrimoine légitime gardé précieusement depuis l'origine malgré les troubles et les erreurs. L'Esprit-Saint les pousse les unes vers les autres, et au milieu des faiblesses, des fautes, des oppositions et même des injures passées qu'il serait puéril de vouloir nier, il leur fera découvrir dans la plénitude de son service celui qui détient la *cathedra Petri*, le premier et le chef du corps épiscopal de par la volonté du Seigneur. La dignité des patriarcats sera sauve et grandira dans l'union mieux restaurée. Or, cette perspective deviendra «croyable» si, en Occident aussi, le pape, premier et chef des évêques, successeurs des apôtres, accorde par exemple à son synode épiscopal aux moments opportuns l'exercice d'un véritable pouvoir délibératif, expression de leur souci de toutes les Églises. Même dans ce cas, nous n'aurions pas encore un acte collégial au sens strict mais une décision pontificale à laquelle les évêques les plus en vue auraient collaboré, et cela dans l'esprit même de la fraternité épiscopale. De même, travailler ensemble à l'élaboration des conclusions ne signifie pas encore prendre la décision finale. Pour avoir un acte collégial strict, il faudrait qu'au synode, les Évêques soient dûment mandatés par l'ensemble de leurs confrères; sans quoi nous n'aurions pas l'expression définitive de tout le collège. Cette procédure, elle aussi, rentre dans les possibilités.

Ainsi de diverses façons se vérifiera l'enseignement de Vatican II sur le successeur de Pierre, principe perpétuel et visible de l'unité des Églises particulières: «Celles-ci sont formées à l'image de l'Église universelle, c'est en elles et par elles qu'existe l'Église catholique une et unique. C'est pourquoi chaque évêque représente son Église et tous ensemble avec le pape représentent l'Église universelle dans le lien de la paix, de l'amour et de l'unité» (*Lumen Gentium*, n. 22 B).

Si les secousses provoquées par Vatican II sont parfois violentes, c'est que le renouveau est profond et pousse jusqu'à la racine. Viendra un temps où la tempête s'apaisera en partie, jamais totalement et, à ce moment, beaucoup reconnaîtront que la *Nota praevia* qui, pour nombre d'entre eux, fut une épreuve par la grâce de Dieu s'est avérée un bienfait.

G. PHILIPS

X

PRIMAUTÉ ET COLLÉGIALITÉ

Conférence de presse de Mgr Philips, à l'occasion
du Synode des Évêques à Rome le 18.10.1969.

Il y a quelques jours, un journaliste m'a demandé si dans la controverse qui occupe ces temps-ci le Synode épiscopal, il convient de donner la préférence à la sentence qui soutient avant tout la primauté du Pape, ou bien au système qui met davantage en avant l'importance du Collège épiscopal. L'importance de cette collégialité est une des grandes découvertes (ou plutôt-re-découvertes) du IIème Concile du Vatican. Les partisans de la première tendance sont surtout préoccupés par l'idée d'unité qui pendant le dernier siècle a été certainement un des éléments les plus influents de la force de l'Église catholique. Les adhérents de la seconde manière de voir sont plus sensibilisés à la diversité des Eglises locales, et mettent davantage l'accent sur la catholicité dans toute sa variété.

J'ai répondu à mon interlocuteur qu'il existait une troisième manière de voir, qui, à mes yeux, conserve les avantages des deux précédentes, sans en admettre les restrictions plutôt embarrassantes. Il m'est avis qu'il faut embrasser les deux courants de pensée dans une tension dialectique, impossible à résoudre parfaitement, et dont la société civile, pour autant que je sache, n'offre aucun exemple comparable au statut de l'Église.

Le pouvoir suprême de l'Église appartient au Pape, et il appartient aussi au Collège épiscopal, lequel comprend le Pape comme chef. Cela, vous le savez pour l'avoir entendu répéter cent fois au cours des dernières années. Mais vous me répliquerez sans doute que, puisque deux organes exercent la puissance collective, des conflits sont inévitables. C'est d'ailleurs pour étudier ce problème et pour le résoudre dans la mesure du possible, que le présent Synode extraordinaire à été convoqué. Il a d'ailleurs consacré toute la semaine qui vient de s'écouler

Osservatore Romano (éd. fr.), dd. 31.10.1969.

G. PHILIPS

à l'examen de la doctrine sous-jacente à toutes les mesures à prendre pour neutraliser les tensions et les conflits menaçants.

Les évêques ont parlé avec la plus grande liberté, sans cacher le moins du monde les difficultés qui se présentaient à eux dans leurs rapports avec le Pape et davantage encore, avec la Curie romaine.

L'harmonie fondamentale des vues partiellement divergentes ne s'est jamais démentie, grâce probablement à cette grande franchise. Cette concorde sur l'essentiel est garantie dans l'Église par l'assistance de l'Esprit-Saint. Cette assistance ne supprime pas les tensions, mais elle les maintient dans un équilibre vivant.

Au-dessus du Pape et du Collège épiscopal, il n'existe aucun organe d'autorité capable de trancher en appel une question litigieuse: il n'y a plus d'appel possible, sauf au Seigneur, qui envoie continuellement à l'Église son Esprit de vérité et de charité. Or, disait déjà Tertullien au IIIème siècle, l'Esprit ne s'endort pas: il exécute son office.

Le principe que je viens d'évoquer, aux yeux de ceux qui ne partagent pas la foi catholique, a tout-à-fait l'air d'une échappatoire, et je n'entends nullement imposer cette vue aux non-croyants. Je leur demanderai seulement de se mettre quelques instants dans la peau d'un catholique instruit, pour comprendre son attitude, qui leur paraît déconcertante.

Notez-le bien, cet élément curieux, qu'on pourrait appeler à bon droit «spirituel» (c'est-à-dire provenant du Saint Esprit), ou encore «mystique» (parce qu'il a quelque chose du mystère central de la foi), la présence de cet élément, dis-je, est enseignée explicitement par le Ier Concile du Vatican. Il n'y a donc point d'innovation. C'est l'Esprit de Dieu, dit Vatican I, qui donne aux fidèles la joie d'admettre et de vivre la parole révélée.

Mais, direz-vous, cette confiance mystérieuse ne supprime pas les conflits entre les hommes détenteurs du pouvoir dans l'Église. Ces antagonismes proviennent naturellement des circonstances historiques, des tempéraments, des éducations et formations divergentes. Cette observation est parfaitement fondée. Je répondrai simplement qu'avec tous les arrangements juridiques imaginables, avec toutes les normes et prescriptions savantes à observer, les difficultés ne disparaîtront pas non plus. Comprenez-moi bien: ces organismes d'entente sont nécessaires, et il faut nécessairement en créer de nouveaux, et perfectionner leur fonctionnement. Mais sans l'influence active de l'Esprit de charité, toutes les précautions de nos codes de loi seront et resteront inefficaces. Elles doivent, de toute nécessité, s'animer par une unanimité de cœur et d'aspiration.

La collégialité, nous l'avons dit, est une donnée qui est restée dans l'ombre pendant trop longtemps. Il faut la ramener en plein jour. Déjà l'unification du monde actuel exige cet aggiornamento à grands cris. Les théologiens se trouvent devant un travail écrasant. Avec le plus grand soin, ils doivent déterminer le sens des termes employés: que signifie la communion qu'on a qualifiée de «hiérarchique»? Qu'est-ce qu'on entend par «Église locale» — et quelle est son extension et surtout sa nature? Existe-t-il un «pluralisme» légitime, non seulement entre les différentes écoles théologiques, mais aussi entre les diverses expressions mentales d'une même foi au Dieu de Jésus-Christ? Certes, l'«affectus collegialis», dont parlent les textes, serait une caricature si on l'entendait d'une vague sentimentalité et non d'un facteur réel, ontologique. De toute nécessité, il faut écarter tous les dichotomismes désastreux — je ne dis pas les distinctions — entre l'Église ad extra et ad intra, entre la communauté spirituelle et la société organisée, de même qu'il faut écarter la séparation rigide entre le pouvoir d'ordre et celui de la juridiction.

Tout ceci a une importance dogmatique et œcuménique incontestable. Mais le point le plus important à mes yeux, qui est en même temps un grave avertissement, est celui-ci: si nous, catholiques de l'Occident latin, ne sommes pas sur nos gardes, nous aurons tôt fait de vider de son contenu le concept de communion et de collégialité que nous venons de redécouvrir à la faveur de Vatican II. Nous aurons tôt fait, avec notre juridisme presque connaturel, de transformer la communion de la charité en un code de lois canoniques qui risqueront de l'étouffer et de l'éteindre. Et notre état final serait plus déplorable que le précédent. Il est certes urgent de rédiger des lois, mais enfermer la vie dans le légalisme, revient à l'asphyxier. L'importance primordiale appartient à la valeur communautaire vivante. Les États modernes eux-mêmes feraient bien d'y réfléchir.

Croyez-moi bien, dans l'Église, les préceptes et les institutions, si respectables et si indispensables qu'elles soient, feront leur temps et ne passeront pas dans l'éternité. (Au ciel, il n'y aura ni sermon à subir, ni absolution à implorer). Mais la charité de Dieu dans l'Esprit du Christ restera éternellement. Voilà la foi que les Pères du Synode s'efforcent d'énoncer, de répandre et de vivre. Il dépendra en grande partie, Messieurs, de l'influence que vous exercerez, si cet espoir sera déçu ou réalisé. Je vous remercie d'avance pour votre documentation objective.

G. Philips

INDEX ONOMASTIQUE

Je tiens à remercier K. OP DE BEECK qui a bien voulu rédiger l'Index et corriger les épreuves.

BIBLIOTHECA EPHEMERIDUM THEOLOGICARUM LOVANIENSIUM

LEUVEN UNIVERSITY PRESS / UITGEVERIJ PEETERS LEUVEN

* = Out of print

1. *Miscellanea dogmatica in honorem Eximii Domini J. Bittremieux*, 1947. 235 p. FB 450.
*2-3. *Miscellanea moralia in honorem Eximii Domini A. Janssen*, 1948.
*4. G. PHILIPS, *La grâce des justes de l'Ancien Testament*, 1948.
*5. G. PHILIPS, *De ratione instituendi tractatum de gratia nostrae sanctificationis*, 1953.
6-7. *Recueil Lucien Cerfaux*, 1954. 504 et 577 p. FB 1000 par tome. Cf. *infra*, n°s 18 et 71.
8. G. THILS, *Histoire doctrinale du mouvement œcuménique*. Nouvelle édition, 1963. 338 p. FB 135.
*9. J. COPPENS et al. *Études sur l'Immaculée Conception*, 1955.
*10. J.A. O'DONOHOE, *Tridentine Seminary Legislation. Its Sources and its Formation*, 1957.
*11. G. THILS, *Orientations de la théologie*, 1958.
*12-13. J. COPPENS, A. DESCAMPS, É. MASSAUX (éd), *Sacra Pagina, Miscellanea Biblica Congressus Internationalis Catholici de Re Biblica*, 1959.
*14. *Adrien VI, le premier Pape de la contre-réforme*, 1959.
*15. F. CLAEYS BOUUAERT, *Les déclarations et serments imposés par la loi civile aux membres du clergé belge sous le Directoire (1795-1801)*, 1960.
*16. G. THILS, *La «Théologie Œcuménique». Notion-Formes-Démarches*, 1960.
17. G. THILS, *Primauté pontificale et prérogatives épiscopales. «Potestas ordinaria» au Concile du Vatican*, 1961. 104 p. FB 50.
*18. *Recueil Lucien Cerfaux*, t. III, 1962. Cf. *infra*, n° 71.
*19. *Foi et réflexion philosophique. Mélanges F. Grégoire*, 1961.
*20. *Mélanges G. Ryckmans*, 1963.
21. G. THILS, *L'infaillibilité du peuple chrétien «in credendo»*, 1963. 66 p. FB 50.
*22. J. FÉRIN et L. JANSSENS, *Progestogènes et morale conjugale*, 1963.
*23. *Collectanea Moralia in honorem Eximii Domini A. Janssen*, 1964.
24. H. CAZELLES (éd.), *L'Ancien Testament et son milieu d'après les études récentes. De Mari à Qumrân* (Hommage J. Coppens, I), 1969. 158*-370 p. FB 800.
25. I. DE LA POTTERIE (éd.). *De Jésus aux évangiles. Tradition et rédaction dans les évangiles synoptiques* (Hommage J. Coppens, II), 1967. 272 p. FB 600.
26. G. THILS et R.E. BROWN (éd.), *Exégèse et théologie* (Hommage J. Coppens, III), 1968. 328 p. FB 600.
27. J. COPPENS (éd.), *Ecclesia a Spiritu sancto edocta. Hommage à Mgr G. Philips*, 1970. 640 p. FB 580.

28. J. COPPENS (éd.), *Sacerdoce et Célibat. Études historiques et théologiques*, 1971. 740 p. FB 600.

29. M. DIDIER (éd.), *L'évangile selon Matthieu. Rédaction et théologie*, 1971. 432 p. FB 900.

*30. J. KEMPENEERS, *Le Cardinal van Roey en son temps*, 1971.

*31. F. NEIRYNCK, *Duality in Mark. Contributions to the Study of the Markan Redaction*, 1972.

*32. F. NEIRYNCK (éd.), *L'évangile de Luc. Problèmes littéraires et théologiques. Mémorial Lucien Cerfaux*, 1973. Cf. *infra*, n° 71 (XI-LXXX).

*33. C. BREKELMANS (éd.), *Questions disputées d'Ancien Testament. Méthode et théologie*, 1974.

*34. M. SABBE (éd.), *L'évangile selon Marc. Tradition et rédaction*, 1974.

*35. *Miscellanea Albert Dondeyne. Godsdienstfilosofie. Philosophie de la religion*, 1974.

*36. G. PHILIPS, *L'union personnelle avec le Dieu vivant*, 1974.

37. F. NEIRYNCK, in collaboration with T. HANSEN and F. VAN SEGBROECK, *The Minor Agreements of Matthew and Luke against Mark with a Cumulative List*, 1974. 330 p. FB 800.

*38. J. COPPENS, *Le Messianisme et sa relève prophétique*, 1974.

39. D. SENIOR, *The Passion Narrative according to Matthew. A Redactional Study*, 1975; new impression, 1982. 440 p. FB 1000.

*40. J. DUPONT (éd.), *Jésus aux origines de la christologie*, 1975.

41. J. COPPENS (éd.), *La notion biblique de Dieu*, 1976; réimpression, 1985. 519 p. FB 1600.

42. J. LINDEMANS – H. DEMEESTER (éd.), *Liber Amicorum Monseigneur W. Onclin*, 1976. 396 p. FB 900.

43. R.E. HOECKMAN (éd.), *Pluralisme et œcuménisme en recherches théologiques. Mélanges offerts au R.P. Dockx, O.P.*, 1976. 316 p. FB 900.

44. M. DE JONGE (éd.), *L'Évangile de Jean*, 1977. 416 p. FB 950.

45. E.J.M. VAN EIJL (éd.), *Facultas S. Theologiae Lovaniensis 1432-1797. Bijdragen tot haar geschiedenis. Contributions to its History. Contributions à son histoire*, 1977. 570 p. FB 1500.

46. M. DELCOR (éd.), *Qumrân. Sa piété, sa théologie et son milieu*, 1978. 432 p. FB 1550.

47. M. CAUDRON (éd.), *Faith and Society. Foi et Société. Geloof en maatschappij. Acta Congressus Internationalis Theologici Lovaniensis 1976*, 1978. 304 p. FB 1150.

48. J. KREMER (éd.), *Les Actes des Apôtres. Traditions, rédaction, théologie*, 1979. 590 p. FB 1600.

49. F. NEIRYNCK, avec la collaboration de J. DELOBEL, T. SNOY, G. VAN BELLE, F. VAN SEGBROECK, *Jean et les Synoptiques. Examen critique de l'exégèse de M.-É. Boismard*, 1979. XII-428 p. FB 950.

50. J. COPPENS, *La relève apocalyptique du messianisme royal. I. La royauté – Le règne – Le royaume de Dieu. Cadre de la relève apocalyptique*, 1979. 325 p. FB 848.

51. M. GILBERT (éd.), *La Sagesse de l'Ancien Testament*, 1979. 420 p. FB 1700.

52. B. DEHANDSCHUTTER, *Martyrium Polycarpi. Een literair-kritische studie*, 1979. 296 p. FB 950.

53. J. LAMBRECHT (éd.), *L'Apocalypse johannique et l'Apocalyptique dans le Nouveau Testament*, 1980. 458 p. FB 1400.

54. P.-M. BOGAERT (éd.), *Le Livre de Jérémie. Le prophète et son milieu. Les oracles et leur transmission*, 1981. 408 p. FB 1500.

55. J. COPPENS, *La relève apocalyptique du messianisme royal. III. Le Fils de l'homme néotestamentaire*, 1981. XIV-192 p. FB 800.

56. J. VAN BAVEL & M. SCHRAMA (éd.), *Jansénius et le Jansénisme dans les Pays-Bas. Mélanges Lucien Ceyssens*, 1982. 247 p. FB 1000.

57. J.H. WALGRAVE, *Selected Writings – Thematische geschriften. Thomas Aquinas, J.H. Newman, Theologia Fundamentalis.* Edited by G. DE SCHRIJVER & J.J. KELLY, 1982. XLIII-425 p. FB 1000.

58. F. NEIRYNCK & F. VAN SEGBROECK, avec la collaboration de E. MANNING, *Ephemerides Theologicae Lovanienses 1924-1981. Tables générales. (Bibliotheca Ephemeridum Theologicarum Lovaniensium 1947-1981)*, 1982. 400 p. FB 1600.

59. J. DELOBEL (éd.), *Logia. Les paroles de Jésus – The Sayings of Jesus. Mémorial Joseph Coppens*, 1982. 647 p. FB 2000.

60. F. NEIRYNCK, *Evangelica. Gospel Studies – Études d'évangile. Collected Essays.* Edited by F. VAN SEGBROECK, 1982. XIX-1036 p. FB 2000.

61. J. COPPENS, *La relève apocalyptique du messianisme royal. II. Le Fils d'homme vétéro- et intertestamentaire.* Édition posthume par J. LUST, 1983. XVII-272 p. FB 1000.

62. J.J. KELLY, *Baron Friedrich von Hügel's Philosophy of Religion*, 1983. 232 p. FB 1500.

63. G. DE SCHRIJVER, *Le merveilleux accord de l'homme et de Dieu. Étude de l'analogie de l'être chez Hans Urs von Balthasar*, 1983. 344 p. FB 1500.

64. J. GROOTAERS & J.A. SELLING, *The 1980 Synod of Bishops: « On the Role of the Family ». An Exposition of the Event and an Analysis of Its Texts.* Preface by Prof. emeritus L. JANSSENS, 1983. 375 p. FB 1500.

65. F. NEIRYNCK & F. VAN SEGBROECK, *New Testament Vocabulary. A Companion Volume to the Concordance*, 1984. XVI-494 p. FB 2000.

66. R.F. COLLINS, *Studies on the First Letter to the Thessalonians*, 1984. XI-415 p. FB 1500.

67. A. PLUMMER, *Conversations with Dr. Döllinger 1870-1890.* Edited with Introduction and Notes by R. BOUDENS, with the collaboration of L. KENIS, 1985. LIV-360 p. FB 1800.

68. N. LOHFINK (éd.), *Das Deuteronomium. Entstehung, Gestalt und Botschaft / Deuteronomy. Origin, Form and Message*, 1985. XI-382 p. FB 2000.

69. P.F. FRANSEN, *Hermeneutics of the Councils and Other Studies.* Collected by H.E. MERTENS and F. DE GRAEVE, 1985. 543 p. FB 1800.

70. J. DUPONT, *Études sur les Évangiles synoptiques.* Présentées par F. NEIRYNCK, 1985. 2 tomes, XXI-IX-1210 p. FB 2800.

71. *Recueil Lucien Cerfaux*, t. III. Nouvelle édition revue et complétée, 1985. LXXX-458 p. FB. 1600.

72. J. GROOTAERS, *Primauté et collégialité. Le dossier de Gérard Philips sur la Nota Explicativa Praevia (Lumen gentium, Chap. III).* Présenté avec introduction historique, annotations et annexes. Préface de G. THILS, 1986. 222 p.

73. A. VANHOYE (éd.), *L'apôtre Paul. Personnalité, style et conception du ministère*, 1986. XIII-470 p. FB 2600.

74. J. LUST (éd.), *Ezekiel and His Book. Textual and Literary Criticism and their Interrelation*, 1986. X-387 p. FB 2700.
75. É. MASSAUX, *Influence de l'Évangile de saint Matthieu sur la littérature chrétienne avant saint Irénée*. Réimpression anastatique présentée par F. NEIRYNCK. Supplément: *Bibliographie 1950-1985*, par B. DEHAND-SCHUTTER, 1986. XXVII-850 p.